大夏
经典文丛

20

周年

幸福比优秀更重要

李镇西

/

著

华东师范大学出版社

·上海·

图书在版编目（CIP）数据

幸福比优秀更重要 / 李镇西著．
—上海：华东师范大学出版社，2023
（大夏经典文丛：20 周年）
ISBN 978-7-5760-3939-9

I. ①幸 …　II. ①李 …　III. ①基础教育—文集　IV. ① G632.0-53

中国国家版本馆 CIP 数据核字（2023）第 120611 号

大夏经典文丛（20 周年）

幸福比优秀更重要

著　　者	李镇西
策划编辑	李永梅
责任编辑	张思扬
责任校对	杨　坤
装帧设计	奇文云海 · 设计顾问

出版发行	华东师范大学出版社
社　　址	上海市中山北路 3663 号　邮编 200062
网　　址	www.ecnupress.com.cn
电　　话	021-60821666　行政传真 021-62572105
客服电话	021-62865537
邮购电话	021-62869887
地　　址	上海市中山北路 3663 号华东师范大学校内先锋路口
网　　店	http://hdsdcbs.tmall.com/

印 刷 者	北京博海升彩色印刷有限公司
开　　本	890×1240　32 开
印　　张	11.25
字　　数	253 千字
版　　次	2023 年 8 月第一版
印　　次	2023 年 8 月第一次
印　　数	3 100
书　　号	ISBN 978-7-5760-3939-9
定　　价	688.00 元（全套）

出 版 人	王　焰

（如发现本版图书有印订质量问题，请寄回本社市场部调换或电话 021-62865537 联系）

序

中学教师李镇西

常言"好的开始是成功的一半",事物的初始往往包含着事物发展的最重要的质素。镇西老师是这样开始他的教师生涯的:

> 学生们陆陆续续进校了,我朝教室走去。"老师好!"一个声音响起。我没有反应,继续朝前走。"老师好!"声音大了一些,我仔细一看,是迎面而来越走越近的一个男孩发出的,他分明是在叫我。啊?原来是在向我问好啊!我赶紧很认真地大声回道:"你好!"
>
> 这是我听到的第一声对我说的"老师好",那份激动我至今还清楚地记得。这声问候提醒我,我已经是老师了,以后所有学生都会对我说:"老师好!"那一刻,我的眼前春暖花开。
>
> 33年后的今天,我问自己:"我还保持着最初的童心吗?我现在已经是许多人眼里的所谓'专家'了,可是,我内心深处还拥有当年第一次走进校园踏上讲台的那份纯情,那份

憧憬，那份真诚吗？"然后，我又无愧地回答："是的，我依然保持着！"

从教30多年，依然能清晰地回忆起第一次走向教室时学生的问好声，记得当时就对这朴实的问好产生了一种源自心底的感动，并且把这份初朴的感动保持至今。能够被一个人铭记30多年的事物一定是足以影响一个人的职业生涯的最重要的事物。李镇西之所以成为李镇西，正是从那一刻，从与学生相遇的那一刻所激发、展现出来的生命深处的感动，所昭示出来的生命气质，影响着李镇西的人生之路。

那种素朴的感动何以可能？那种感动的产生正是一个人基于自我淳朴生命的向着学生的无条件的认同与开放性，直白地说，就是基于李镇西之自然天性的对孩子们的爱与无条件的接纳。

2014年12月24日，我在北京和镇西老师一起参加"中国教育三十人论坛"首届年会。会议中间，偶然看到李镇西在微信上新发的一组和学生一起欣赏深秋银杏叶的照片，心底特别温暖。他在博客上以"冬日里的灿烂青春"为题，这样描述：

今天，成都冬日融融。银杏树金黄的叶子还没完全褪尽。午后，我拿着相机在校园捕捉美的镜头。本来我正专心拍银杏，结果呼啦啦跑过来一群孩子，争着要和我照相，还要我和他们一起抛银杏叶。我和他们跳着闹着，一个孩子在旁边用我的相机给我们拍照。一个女孩说："李老师，你好有童心啊！"一个男孩说："李老师，你好平易近人，我们好喜欢你呀！"孩子们叽叽喳喳，嘻嘻哈哈，我感到特别快乐！
满目金色，但最灿烂的还是孩子们的笑脸。

这组照片跟他 30 多年前与首届学生在一起的照片几乎没什么质的分别，都是师生彼此的无挂碍，也就是无隔。他跟学生在一起的快乐，完全是一种怡然自得的快乐，是一种基于自我生命本真的快乐，是一种无需理论支撑的快乐，是一种真实地享受着和学生在一起的快乐。正是在与学生相遇的真实的快乐中，李镇西找到了教育的真谛：让人们因我的存在而感到幸福。这里的关键词是两个：

一是幸福，教育当然不止是单纯的幸福，教育实际上也不可能允诺每个孩子幸福，但好的教育一定要让人体验到幸福，找到内心的幸福，即找到自我在教育情景中的真实而愉悦的存在，由此而激活个人对教育的真情投入与对自我成长的美好期许，即使是冬日，也要真实地感受到自己青春的灿烂。个体成长的道路可谓漫长，但缺少了内心愉悦和充实，即幸福的体验，则个体成长就失去了灵魂。李镇西的所有努力，归结起来无非就是让孩子在日常教育生活中找到自我发展的灵魂，即找到自我生命本真的幸福感。

二是他人，每个人的幸福都跟他人分不开，幸福最真实的源泉正是来自与他人的相遇，好的教育正是在他人之中，并且通过他人来敞开自我。李镇西的努力无非就是努力以自我真实而完整的存在朝向学生，并由此而开启学生向着他人的存在，让师生彼此活在他人之中，活在彼此的共同存在之中。如果说幸福代表着教育的方向与主旨，那么和他人在一起，让他人因我的存在而感到幸福，就代表着教育的方法与路径。所谓的教育方法，或者说所有的教育方法，不过是让师生找到彼此共同存在，彼此激励，相互促进，最终彼此达成幸福体验的过程。在李镇西这里，教育的艺术其实就是跟学生在一起，带着童心，以及对学生的真诚的爱，全然无隔地融入孩子的世界，和他们一起发现美的事物、欣赏美的事物、创造美的事物、展现美的事物，进而以周遭美的事物来深深地唤醒、启迪学生的生命世界，也提升自我生命世界，并获得自身作为教师生命的最大成全与本真的幸福。正因为如此，从教 33 年的李镇西并没有总结出班主任兵法三十六计，他是在以自己朴实的行动诠释直抵学生生命的最本真的方法与路径。李镇西自身活生生的生命整体就是他的教育实践的最重要的、最根本的方法。

镇西老师爱学生而不滥爱，有童心而非幼稚，因为他还有一种难得的独立思考的特质与理性精神。换言之，作为优秀教师的李镇西不仅有其与当教师契合的天性与童心，同时还有不断增长着的不可缺少的反思意识与理性精神。他清楚地意识到爱的方向："爱，是教育的前提；但远不是教育的全部。由爱升华为责任——对孩子的一生负责，这才是教育的真谛。"他对自身身份有恰切的意识："先为人，次为知识分子，再为教育者，终为语文教师。"他特别关注批判意识与创造立场："知识分子的特质是思考，是批判，是创造。高素质教师应该是一个思想触觉十分灵敏的人；追求真理，崇尚科学，独立思考，保持个性，应该是每一个教育者坚定的人生信念。"他清楚地意识到这一切的基础乃是心灵的自由，"心灵自由，就意味着独立思考，意味着不迷信任何权威，意味着让思想的火炬熊熊燃烧"。不迷信权威，却不拒绝学习，恰恰相反，镇西老师总是在不断地亲近大师，走向先哲，理性精神的孕育源于其开放的心态与坚持不懈的学习、借鉴、思考。这其中不能不提的就是苏霍姆林斯基，从李镇西的办公室到家里的书房，到处都摆着苏霍姆林斯基的著作。他曾在三峡旅游的轮船上走进《帕夫雷什中学》；曾坐在医院的病房里，一边守候病中的妻子，一边和苏霍姆林斯基一起进行《关于人的思考》；曾因阅读了《给青年教师的建议》《把整个心灵献给孩子》而坚定了一辈子做教师的信念。苏霍姆林斯基带给李镇西的当然不止是从教的信念，更重要的是爱心的启迪与立足学校细微的教育生活，踏实地观察、思考、探索，一点一滴地解决实际教育问题的能力。

如果说爱心乃是要保持教育实践的生命立场，即教育在任何时候都是为了成全鲜活的生命，爱是对生命最好的激励；童心是要保持教育实践的儿童立场，让我们任何时候都站在孩子的视角和儿童发展的立场上来思考、选择我们的教育行动方式，保持教育实践的儿童趣味与审美品格；那么，独立思考与理性精神则是要保持教育实践的文化立场与文明视域，即教育培养人乃是要培养朝向文化与文明的现代个体，不是培养孤芳自赏的神仙高人，教育也不是个人任性的行动，而是基于文化与文明的人类、民族的精神实践。在这个意义上，镇西老师给我们提供了一位优秀教师的人格范例，即永怀教育的爱心与童心，以独立思考、理性探究的方式，持久地在与一拨又一拨的孩子们相遇的过程中践行合乎人性的教育。

李镇西所写的并非什么高深莫测的大道理，他的所思所行不过是——确切地说是应是——教育的常识，孩子的成长需要成人世界的爱心与童心，儿童的理性发展离不开教育的民主与民主的教育。这里的关键不在于他用了何种严密的理论来论证这些主题，而是他在真切地实践。他并非单纯地想想这些教育的基本问题，而是全身心地去做，也就是用自我生命来诠释教育的理论常识。镇西兄著作良多，在我看来，最有价值的也许并不是他写了多少本书，而是他写的这些书背后所承载的饱含着师生倾情交往的生动的生命故事，这些故事中所蕴含的一拨又一拨儿童生命的健全成长以及这种成长中蕴含的美好教育的踪迹。他的著作不是给人以教育教学的秘笈，而是切身性的故事。与其说他是要告诉我们如何去做，毋宁说他是要把他所做的、所经历的呈现给大家，和我们一起思考。他带给我们的不是作为匠人的教师技艺，尽管他的诸多技艺也足以参照，但更重要的是故事中的他如何带着初朴的感动，以真实而完整的自我进入到当下的教育情境之中，以全身心开放的姿态，随时准备着进入与每一个儿童生命的整体相遇的情景之中。他所达到的高度不是或不只是用文字书写出来的，而是用他质朴而温暖的生命情怀与执着坚定的教育理想所抒写出来的教育实践的精神高度。

教师的价值在于我们自身，在于我们自身所抵达的教育的高度。堪称优秀的教师在自我抵达中不仅获得了自身存在的优秀，同样也获得了自我生命的完满，获得了教师的幸福。作为教师的李镇西是幸福的，这种幸福写在他的脸上，在他跟学生在一起的真实笑容里，在他谈论起教育问题时的热情与激昂里，他的幸福正是他作为优秀教师的自我酬报。一位优秀教师本身就是一种价值，一种不需要别的尺度来衡量的自主性价值。教师发展的基本方向是成为更优秀的教师，成为卓越的教师，而不是依靠当校长、局长来证明自己的价值，成为好教师本身就是一种价值。今日李镇西也是一位普通中学的校长，但他的本色就是一位老师，一位离不开学生、离不开教室的中学教师。李镇西用他的生命实践来阐释什么是教师，什么是好的教师。

李镇西向老师们提出"幸福比优秀更重要"，其中所传递的意蕴就是，一个人不断地追求自我存在的优秀，但任何优秀的实践，都需要不断地回到自我本身，回到自我生命的充实与愉悦，即回到自我人生的幸福体验。唯其如此，这样的优秀才是建基于自我生命的，因而是真实的而非表演性的，是可以凭借自我生命的幸福体验而持久地坚持的，而非为了取悦于人，以致弱化了自我在教师生涯实践中的存在，因而无法长久坚持。镇西老师的名气越来越大，即李镇西越来越优秀，但这种优秀的本源正在于中学教师李镇西始终坚持的自我本色，在于他中学教师的身份与世界中所释放、感受到的生命的充实与愉悦。换言之，正是他在学校生活中，在跟孩子们的生动交往中，在他得心应手、游刃有余的细微的教育实践中，所释放、展现出来的自我生命的真实的爱与创造力，滋养着他的名声与气象，他的名与气也就始终有着生动而真实的生命底蕴，他幸福地践行着带有李镇西生命痕迹的教育实践，同样他也在带有李镇西生命痕迹的富于爱与智慧的教育实践中幸福着。我们每个人的名声与气象都植根于我们自身的生命实践，当我们在优秀中幸福着，在幸福中优秀着，我们就在我们的优秀与幸福体验中抵达教育的真谛，生命的真谛。

正如阿伦特所言，每个人都具有开端启新的能力，每个人都可以成为社会的中心。一个优良的社会正是有无数个中心，每个人都向着世界散发出自己尽可能耀眼的微弱的光芒，这个世界就充满了光；每个人都尽可能地照亮力所能及的他人，每个人的前程便都会闪耀出希望；每个人自我的改变都是社会变革的一部分。李镇西就是以自己长期不懈的努力不断地让自己成为社会的微中心，影响着他所能及的人们，影响着越来越多的青少年学生、教师，他在以自己弱小但不可忽视的努力奉献于这个时代与社会。

近年来，一直感怀于鲁迅所写："优胜者固然可敬，但那虽然落后而仍非跑至终点不止的竞技者，和见了这样竞技者而肃然不笑的看客，乃正是中国将来的脊梁。"心中逐渐明白鲁迅所期待的"韧性"的坚持，我们身边"少有失败的英雄，少有韧性的反抗，少有敢单身鏖战的武人，少有敢抚哭叛徒的吊客；见胜兆则纷纷聚集，见败兆则纷纷逃亡"。民族的进步与社会的改进，绝不是靠一朝一夕的呐喊所能达成的，需要的正是无数像李镇西一样的，33年不改初衷、坚持不懈、持续地往上走，而且能不断地享受这种坚持的人，这样的人才是中华民族真正的希望与脊梁所在。

收到镇西兄的微信，是在腊月二十八："华东师大出版社要给我出一本教育随笔，我想请你帮我写个序言，怎么样？"心中真的有几分忐忑：我究竟该说些什么？羊年的春节就一直记挂着这份忐忑。今日勉强成文，心中所想的是说出我对李镇西何以成为李镇西的理解，以阐释我对作为我们的兄弟、朋友的李镇西的意义的一点思考。

刘铁芳

2015 年 2 月 21 日初稿

3 月 24 日改定

目 录

平和心态

向我看齐

引领成长

校长现场

编织童话

师生之间

平和心态

是否还保持着
最初的童心？

从教整整 33 周年了。至今还记得我第一天走进乐山一中校园的情景。

那天早晨，我很早就起来了，骑着自行车来到校园时，大多数学生和老师都还没到校呢！我一个人站在操场上有些激动，仰望天空那朵朵花儿一般的朝霞，觉得整个世界都在张灯结彩祝贺我，祝贺我这个新老师。我想，我就要在这里开始我的教育人生了，在这所学校，我也许会工作几年，也可能是十几年、几十年，直至退休。当然，也许我会中途调离，但我这一辈子都会做教育，这是毫无疑问的。

学生们陆陆续续进校了，我朝教室走去。"老师好！"一个声音响起。我没有反应，继续朝前走。"老师好！"声音大了一些，我仔细一看，是迎面而来越走越近的一个男孩发出的，他分明是在叫我。啊？原来是在向我问好啊！我赶紧很认真地大声回道："你好！"

这是我听到的第一声对我说的"老师好"，那份激动我至今还清楚地记得。这声问候提醒我，我已经是老师了，以后所有学生都会对我说："老师好！"那一刻，我的眼前春暖花开。

33 年后的今天，我问自己："我还保持着最初的童心吗？我现在已经是许多人眼里的所谓'专家'了，可是，我内心深处还拥有当年第一次走进校园踏上讲台的那份纯情，那份憧憬，那份真诚吗？"然后，我又无愧地回答："是的，我依然保持着！"

今年 5 月，我请北京著名的小学语文特级教师王文丽来我校附属小学讲课。刚走进校园，一群孩子看见我，便飞奔着向我跑过来，一边跑一边叫："李老师，李老师……"跑近后，也没有什么事，就往我怀里钻，在我身上蹭，嘻嘻哈哈，叽叽喳喳。当时王老师说："李老师，孩子这么喜欢你啊！你看，一见了你就直往你怀里扑啊！"

孩子们喜欢我，是因为我也很喜欢他们。而这种"喜欢"正是我当年踏进校园最原始最朴素的原因。30 多年后这份情怀依然纯净。

无数人问过我："李老师，你有没有产生过职业倦怠的时候？"我说："如果我说我也有过，你们可能会觉得我很'真实'，会认为李老师'是人不是神'，但那恰恰不真实，因为真实的情况是，我从来没有产生过职业倦怠。我知道现在有人也许认为我的答案'很假'，但我必须诚实。"

想想，时刻保持着最初的童心，随时都和天真无邪的孩子们在一块儿，这是何等的开心！从事如此开心的职业，怎么会倦怠呢？

怕就怕一颗纯净的心渐渐蒙上灰尘。工作第一天，面对孩子们叽叽喳喳的"老师好"，你会感动，会欣喜，进而也激动地大声回应"同学们好"。10 年之后呢？同样是面对孩子们叽叽喳喳的问候，你可能已经不激动了，只是用鼻子"嗯"一声，算是回答。再过 20 年，当又一批孩子们同样叽叽喳喳地对你说"老师好"的时候，你甚至可能因为习以为常而不屑搭理了。如果真的那样，说明你的童心已经失落，而幸福则已离你而去。

职业倦怠往往体现为不再激动，不再欣喜，校园的一切对你来说，都司空见惯，都麻木不仁，一切都是"就那样"。

苏联教育家阿莫纳什维利说得真好："谁爱儿童的叽叽喳喳声，谁就愿意从事教育工作；而谁爱儿童的叽叽喳喳声已经爱得入迷，谁就能获得自己职业的幸福。"

第一天踏上讲台的时候，我们是那样的纯粹，没有功利心，没计较过收入，没想过如何算"工作量"，也没想过什么"教坛新秀""市优青""省级骨干教师"之类，想的只是怎样把眼前的这一堂课上好，怎样把眼前这群孩子带好。那时候，教育就是教育，而不是"荣誉"，不是"职称"，不是"论文"，不是"课题"……课堂上孩子们一双双亮晶晶的眼睛，下课后孩子们一声声无邪的笑声，就是我们全部的追求。

因为单纯，所以快乐。

请每一位教育者经常问问自己："现在，'我'还是这样的吗？"

2013 年 12 月 27 日

宽容与妥协

几年前我送走的一个毕业的学生,她大学毕业后刚踏上教育岗位,便遇到一些困惑:"学校的领导太虚伪""同事都很世故""处处都是陷阱""理想处处碰壁"……她来信问:"李老师,我该怎么办?"

虽然是她的"李老师",但我完全不具备"人生导航""指点迷津"的资格,因为我的人生就不能算完美。虽然已经年逾半百,可我至今并不擅长"外圆内方""拿云握雾"的处世技巧。但几十年经历中的一些教训,让我从反面得到的一些人生启示,可以给她一点建议,正所谓"久病成医"。

我想,如果我的人生能够回到 20 岁重新开始,我将以"宽容"与"妥协"作为我的待人处世的准则。

什么叫"宽容"?我在网上搜索了一下它的解释:原谅,饶恕,不予以计较追究。《大英百科全书》第二十六卷 1052 页写道:"宽容一词来源于拉丁文 *tolerare*(忍耐,容忍):允许别人有行动和判断的自由,对不同于他自己或被普遍接受的方针或观点持有耐心而不带偏见的容忍。"

这个解释告诉我们，"宽容"基于两个前提：一是人都有不完美的地方，都会犯错误；二是每个人都有自己独特的想法和一些独特的行为方式。

既然每一个人都不完美，这个"每一个人"就包括自己，也就是说自己也需要别人宽容。如果人人都不宽容，那没有一个人能够在这个世界上正常地生存——更不要说生活了。

既然每个人都是一个独特的宇宙，都有着属于自己的心灵世界，那么只要其思想和行为不妨碍他人，我们都应该容忍。因为你在宽容别人的同时，别人也在宽容你。

当然不同的人，其宽容度是不一样的。面对同样的思想与行为，有人能够宽容，有人无法忍受。不同的人所拥有的宽容度在这里体现了出来，当然，宽容也是有底线的，这里的底线是"法律"。不过你想想，日常生活中，哪有那么多能扯到"法律高度"的事儿啊！

比如，如何对待周围人对自己的"议论"就很考验我们的宽容心。

我们平时所遇到的来自同事的议论，不外乎三种情况：中肯的批评、善良的误解和恶意的中伤。对于中肯的批评，我们应"闻过则喜"，不应"一蹴即跳"。既然是自己错了，"跳"也没用——那只会显出自己心胸的狭隘。有的人也许会说："既然是中肯的批评，为什么不当面向我提出，而要在我背后议论呢？"我认为，只要人家说得对，就别计较是当面提出还是背后议论；如果硬要"计较"，不妨"计较"一下：为什么别人不愿向我当面提出呢？真的这样一"计较"，可能又会"计较"出自己的一些不足——这不又有利于自己进步了吗？对于善良的误解，也应心平气和地对待。同事之间，在性格特点、处事方式、思维角度乃至教育观念等方面的差异是客观存在的，所以，某些正确的见解与做法暂时不被人接受甚至遭到误解，这是难以避免的。既然人家没有恶意，也就大可不必怨恨人家。明智的做法是，能够解释的尽可能解释，一时解释不清的干脆不解释，自己该怎么干就怎么干；要相信"日久见人心"，更要相信"事实胜于雄辩"——消除误解的最好办法莫过于做出让人信服的成就。至于恶意的中伤，我们是不是就应该"奋起自卫""迎头痛击"呢？我的体会是，仍然尽可能地宽容。恶意中伤者是小人。本不是一个档次的人，他根本无法理解你的思想境界，更无法进入你的精神世界，你何必与他一般见识呢？当然，同事的议论，绝大多数还是属于中肯的批评和善良的误解，真正恶意的中伤是极个别的。因此，面对不那么中听的议论，我们的确应以宽容之心待之。

从某种意义上说，你对别人的宽容度决定着你的幸福感。宽容度越高，幸福感越强。反之，你这也见不惯，那也见不惯，成天都在抱怨，都在埋怨，人家不会因为你的抱怨和埋怨而有任何变化，最后你自己倒是一肚子气，人际关系也搞糟了，而且这都是你自己给自己造成的。

每一个人都有着独特的优势，同时又都不完美，这样人与人之间才有了互补的可能；每一个人都个性鲜明，这个世界才丰富多彩。

心中装着天使，眼前一片光明；心中装着魔鬼，眼前一片黑暗。

再说"妥协"。所谓"妥协"，简单地说就是"让步"。但这个"让步"不是消极地退让，而是积极地以"让步"获益。人生有许多我们就算一意孤行也迈不过去的坎，所谓"有志者，事竟成"更多的是一种激励，而不是生活的必然。但通过妥协，我们不但可以绕过一道道坎，而且还能有所收获。这个"收获"也许并没有百分之百地实现我们的理想，但总比一无所获好，何况眼下有限的收获还为将来更大的成功奠定了基础。所谓"退一步，进两步"。

20 年前，我教完高三重新教初一时，曾给学校领导提出了一个大胆的建议：能否将入学考试中的最后几十名学生——也就是俗称的"后进生"——编成一个班，搞真正的素质教育实验？但学校领导不同意，他们担心由后进生组成的班级可能连正常的教学秩序都无法保证，何谈"素质教育实验"？我对学校领导说，消除这个担心的最好办法，是选派最好的老师到这个班去任教。而且，我明确表示，我愿意担任这个班的班主任和语文教师。可学校领导的想法是让我带"重点班"，毕竟升学压力实在太大。我想教"后进班"，学校却要我带"重点班"，僵持不下。最后我和学校领导经过谈判，各自让步：我答应带"重点班"，他们答应我教"后进班"。于是，我同时担任了两个班的班主任和语文教师——两个班的学生总数达 131 人。这当然给我带来了前所未有的工作量和压力，但也以此换来了我真正的教育实验——转化后进生。如果我不答应带"重点班"，学校也不会同意我教"后进班"。这就是"妥协"，这就是和生活谈判。我觉得值。后来我在这两个班同时进行素质教育实验，成果颇丰，就是那次妥协的结果。

另外，有时我们之所以感到"理想在现实面前碰得头破血流"，是因为我们有许多不切实际的诉求与愿望，好像生活就应该为我们打开一扇又一扇光明的门，但这个世界并不是你也不是任何人的"私人定制"，哪会处处都让你感到"面朝大海，春暖花开"？因此，降低生活的期望值是必要的，甚至是必需的。当你用"理想"去苛求"现实"时，你会时时感到沮丧；但当你适当放弃一些不切实际的目标而根据实际情况调整自己的追求，你会觉得人生道路其实还是很宽的。

我还想强调的是，妥协并非不要理想，更不是放弃我们的积极追求，而是让我们的理想和追求能够"接地气"。不要老想着怎么做才"最好"，而要多想怎么做才"可行"；在"可行"中达到"更好"——而不是"最好"。因此，生活的艺术其实就是在理想与现实之间达到最佳的平衡，而平衡的途径之一就是妥协。

其实，妥协还基于对我们自身素质能力的客观评价。过高地估计自己的素质能力，是"理想与现实碰壁"的主要原因。明明只能挑一百斤，你非要挑两百斤，当然只能被压垮。当年我要求从成都市教科所调回到学校工作时，局长曾经考虑过让我去一所全国名校任职，说实话，这可能是很多想干事业的人所梦寐以求的机会。但我想了很久，觉得局长高估了我的能力，我其实是难以胜任那个职位的，于是我主动跟局长提出放弃，而到了一所城郊结合部的学校。这种放弃，其实是另一种形式的进取。因为从改革的角度看，那所名校已经非常显赫辉煌，我要突破的空间已经不多；而我后来执教的城郊学校则几乎是一张白纸，我可以大显身手。后来面对学校取得的成果时，我想，我的命可能就是在这样的学校干事儿。所以，片面而极端地追求理想，理想不可能实现；而不"死心眼儿"，不"在一棵树上吊死"，适当让步，适当"认命"，说不定离理想会越来越近。

宽容，是对别人言和；妥协，是与生活共赢。

2014 年 6 月 13 日

请谦逊一点

前不久某出版社为我的新著做封面，让我看看样稿。封面上有两行字赫然醒目："一位卓越的教育实践者，一个杰出的教育思想家。"我吓了一跳，赶紧对编辑朋友说："千万不能这样写！又是'卓越'又是'杰出'，还'思想家'，我哪敢当？"但编辑朋友说封面上总得有两句对作者的评价。我说："实在要写，就写'一个真诚的教育思考者，一位执着的教育实践人'。"他跟我讨价还价："还是'实践家'吧！"我寸步不让："不要'家'！"他说："哈哈，理解李校长。我们从出版商业逻辑上更喜欢用点有煽动性的词，尤其是在封面上。"我说："我就怕你们'煽动'。"

前年，某出版社在我新著扉页上的"作者介绍"中，用了大量夸张的用语："著名教育家""成就卓著""提出了一系列在全国产生轰动效应的理念""在广大教师中有巨大的号召力和影响力""其事迹震动了中国教育界"……我当即给出版社打电话："你们这样写我，我都不好意思把这书拿去送人！"他们希望我理解，这是"营销的需要"，我说："可你们却让我无地自容，差死人啦！"后来我重新写了一份"作者介绍"去："李镇西，一位深受孩子喜爱也深深爱着孩子的老师。先后在多所中学担任班主任和语文教师，现供职于成都市武侯实验中学。他的教育理念是：'朴素最美关注人性做真教育，幸福至上享受童心当好老师。'"

再早一些，出版社爱在我著作的封面上写上诸如"著名教育家""中国的苏霍姆林斯基式的教师""一本改变千万教师的教育名著""一首感动广大读者的教育诗""一个永远美丽的教育童话"之类的用语。这些让我脸红的广告词，经我的一再请求，最后都从我的书上消失了。

也许有人会说我"矫情"，我说我是"真情"，因为清醒地认识自己并真实地表达自己比什么都重要，这是对自己的真诚。也许有人说我是"虚心"，我说我是"心虚"，因为我早就说过："和老一辈大师相比，我们连学者都谈不上！"

我们正处于一个空前浮躁的时代，教育界也充满喧嚣。什么话都敢说，什么词都敢用，什么牛都敢吹！而且特别喜欢用"中国"作定语——看看一些文章或著作的作者介绍："中国著名什么什么""中国什么什么第一人""中国当代最有影响力的什么什么之一""在中国教育界掀起一股旋风"……常常接到一些培训班的通知，上面对主讲人的介绍也是让人目瞪口呆："中国自主管理班级理念的首倡者""中国德育与法律之关系研究的先行者""中国班主任集体研究的奠基人""中国班主任队伍中的'教育奇才'""班主任工作专业化的第一人和杰出的实践者""中国天使教师""中国最具震撼力的班主任""中国班主任中的军事家"……其实，这些称谓未必是人家本人的意愿，但如此不着边际地吹捧，恰恰损害了这些优秀教师的形象。还有，动不动就说"奇迹""辉煌""颠覆""刷新""划时代",等等,真是"语不惊人死不休"。再看一些教育会议的名称,也就一个研讨会,却冠名"高峰论坛""卓越论坛""尖峰论坛""中国教育的博鳌论坛",还有什么"武林论剑""巅峰对决",等等,让人感到中国教育刀光剑影,血肉横飞。

我想到吴非在《力戒浮躁》中的一段话:"不要动不动就吹牛,说自己做的事全是'史无前例''开创性工作''成功地改造了什么''填补了什么空白'……你把本领域的文献全看过了吗?你把中国的、外国的'史'全读了?还有:那些贻笑大方的故事,听得还少吗?"

我想到泰戈尔在《飞鸟集》中的一句诗:"瞬间的喧声,讥笑着永恒的音乐。"

2014 年 6 月 24 日

享受教育

　　昨天中午吃饭时，女儿说："爸爸，今天一位阿姨对我说：'你爸爸一生就两个字：奋斗！就是只知道工作，工作，是个工作狂。'"

　　女儿说的那位"阿姨"是我非常尊敬的一位教育专家，也是我多年的朋友。无论是作为教育专家，还是我的朋友，她应该是很了解我的。但她对我的评价是"奋斗"，我觉得并不准确。

　　很多年前就有人说我"不食人间烟火"，这个我承认，因为我不吸烟嘛，自然不食人间"烟火"。还有人说我不喝酒、不喝茶，"那你活着还有什么意思呢？"作为成都人，我居然连麻将都不会打，这更让人匪夷所思了，觉得我"简直就是外星人"。同时，他们又看到我那么沉醉于我的课堂，我的班级，我的学校，连节假日都和学生在一起；而且还写了那么多的书，这不是"工作狂"是什么呢？于是又有人感慨："工作怎么能是人生的全部呢？""这样的人生太可怕了！"

　　我对女儿说："用'奋斗'来概括我的生活，并不准确。应该换个词——享受。我一生就两个字：享受。"

　　且不说我爱好音乐，爱好旅游，爱好摄影，爱好读书，爱好写作……读书和写作可能会被很多人看作是领导布置的任务甚至苦差事，但对我来说的确是爱好，这些爱好让我享受了生活的乐趣；单是我的本职工作就让我获得了无穷的享受。

是的，我是在享受我的工作，或者说我的职业。

也许有人会不以为然："您现在是特级教师了，是教育专家了，著书立说，功成名就，当然可以说'享受'了！我们这些普通教师，哪里敢说'享受'？"

我现在的确"特级"了，也"专家"了，但我十多年前呢？那时也就是一个普通教师而已，但我依然享受着教育。似乎可以这样说，如果没有我三十年如一日的"享受"，就不可能有今天某些人眼中的所谓"功成名就"。

这样说，好像我一开始就是一个很有"理想"的人，早就想到要"功成名就"。不对，从本质上说，我是一个胸无大志的人。说到这里，肯定又有人会大跌眼镜："你可是我们的榜样啊！怎么会'胸无大志'呢？"我知道这样说会"自毁形象"，但我得说实话呀！我参加工作第一天起，就没想过要"改造中国教育"。那时候，教书对我来说，不过就是职业而已，挣工资吃饭罢了。

但是，我这个人有一个天性，就是喜欢孩子。看到天真活泼的孩子就打心眼里开心。现在也是这样，走在街上看到年轻的妈妈推着天真无邪的婴儿，我总要呆呆地盯着孩子看很久，甚至忍不住想伸手去摸摸孩子的脸蛋。当然，也只是想想而已。素不相识的，我哪敢真的把手伸过去？不过，假装同路而跟着孩子走很长一段路的情形是经常的。因此，我一参加工作，很快就融入到孩子们中间，和他们一起玩一起乐，开心得不得了。当然不只是课余时间和孩子玩才觉得他们可爱，在课堂上孩子们一双双亮晶晶的眼睛凝视着我，那更是一种享受。为此我曾经写下一首诗并发表了，题目就叫"眼睛"。我在课堂上给孩子们读小说，读诗歌，读报告文学……孩子们随着我激情澎湃的朗读和手舞足蹈的激昂或开怀大笑，或泪流满面，那氛围让我觉得做教师真好！历届学生都说听我的课是一种享受。其实，置身于孩子们专注目光的包围中，于我才是一种享受呢！那时还没实行双休日，周末只有一天休息。可每当周六下午放学孩子们跟我说"李老师再见"时，我心里总是很惆怅——要后天才能再见到这些孩子们啊，一天啊，时间是那么漫长！

应该说，我是被孩子们一次次感动着，逐渐有了一点点教育的责任感的——也仅仅是责任感，而远远谈不上什么"使命"。这些感动我的故事，我在《爱心与教育》《走进心灵》《心灵写诗》等著作中已经写了很多很多，这里不再赘述。人心都是肉长的，因为感动，我自然会想，孩子们对我这么好，如果我不把他们教好，那我真是没良心！那么怎么才能把他们教好呢？那就研究每一堂课呀，研究每一个学生呀，研究的过程中自然要读相关的书，读的过程中自然会有想法，再把这个想法拿到实践中去试试，哟，这不就是后来所说的"教育科研"吗？有了效果，我自然便有了成就感，而这成就感不就是享受吗？这享受的感觉反过来又促使我更加投入到我的工作中去，投入到我的学生中去；凡事只要投入，没有不出成果的，所以我全身心地投入，又取得了成果——无论是在语文教学还是班主任工作上，这些成果，又促使我继续"投入"。这样的良性循环，让我欲罢不能，乐此不疲。

随着教育经历的丰富，我的实践和思考更加深入，渐渐地看到了许多教育弊端，我觉得我的学生不应该这样度过他们的校园生活，我便想力所能及地改变我能够改变的，比如我的课堂、我的班级。于是我有了可以称作"使命感"的精神动力，顺理成章地便有了一系列的"创新"和"改革"——其实最初大多都是"打擦边球"的"另类做法"。几十年过去了，我的一些做法被越来越多的人承认，还说我"影响了无数普通的教师"，这似乎更是我有"使命感"的证明了。但追根寻源，当初也不过是兴趣和良知而已。

我觉得我热爱教育还有一个原因，就是我一直是一个"文青"，包括现在，我女儿都爱说我是"老文青"。从小我就喜欢文学，喜欢写诗。后来没能当上专业作家或诗人而做了教师，但我参加工作不久就发现，教育和文学有着天然的血缘关系。人性，灵魂，感动，诗意，纯真，情趣，敏锐，童心，真性情，心灵激荡，泪流满面……这些既是教育的，也是文学的。我完全可以把文学梦托付给教育，或者说得更直接一些，我完全可以把教育当诗来写——

当我和学生用身体在冬天的峨眉山雪地上摆成"一班"两个大字时，我觉得我们在创作最浪漫的童话；当我和后进生一次次谈心，看着他们一次次进步，而又一次次反复，然后又一次次进步时，我觉得我的教育生活胜过任何故事惊心动魄、情节跌宕起伏的电视连续剧；当我翻开一本本我给历届学生编撰的班级史册时，不同年代学生的面容浮现眼前，让我或沉思或微笑甚至热泪盈眶，我就觉得每一个班都是我的一行诗，而《未来》《花季》《童心》《恰同学少年》《花开的声音》等一本本班级史册便铸成了我的教育史诗，或者说，我就一直生活在芬芳纯真的教育诗篇之中；当我看着一届又一届学生唱着谷建芬老师为我们谱写的班歌，而且一唱就是 30 年的时候，我就觉得我把每一个平凡的日子缔造成了一个不朽的传奇，或者说我用了几十年的实践导演了一部属于我的青春大片，这部大片的名字叫作——"致我们永不逝去的青春"。

我对教育从来就没有过超出职业的奢望，比如我工作那么投入，做了那么多校长并不要求我做的事情，可我从来没有想过要校长表扬我，或者"破格"提拔我，也没有想过学生和家长要对我"感恩"，等等。因为我从来都认为，我所做的一切都是我应该做的——我领了工资呀！我要对得起工资。至于我做了校长并不要求我做的，比如带学生到处去玩，包括去探险，还有给学生编了那么多的书，这些书和应试一点关系都没有，纯粹就是为了他们将来有充满人性的温馨记忆……这些事我愿意做是因为我觉得学生对我太好了，我心甘情愿要回报他们。

是的，我说的是我要回报我的学生。这话听起来好像有些别扭，因为我们听惯了要学生"感恩老师"的话。可我要说，我们做教师的，教书育人是我们的本分，不是周末"学雷锋"，每个月领的工资，其实就是学生的家长们通过国家工资的方式给我们的报酬。有什么"感恩"不"感恩"的？我们去商店买了东西，会对营业员"感恩"吗？我们乘坐了公交车，会对驾驶员"感恩"吗？当然，我们应该尊重每一个为我们服务的劳动者，这是教养，也是文明。但尊重不等于一定要"感恩"。至于现在许多老师苦口婆心地教育学生要对老师"感恩"，甚至还有学校领导直接叫毕业生给老师买礼物表示"感恩"，这是教育者自己丢了自己的尊严。

因为没有对学生抱任何"感恩"的期待，所以学生每次对我的哪怕一点点温馨，我都感到惊喜，因而感动。我对学生"好"——这里的"好"无非就是工作认真负责之类，其实前面我已经说了，这都是我的职业本分，是我应该做的，是学生的家长花钱买我的劳动；但学生对我的"好"才真是纯粹而高尚的，因为他们没有义务一定要对老师"好"。当然，我这个说法在许多老有"学生就应该感恩老师"想法的人看来，简直就是"歪理邪说"。但我依然要顺着我的思路说，学生没有义务却持续地对我好，我怎能不感动？经常生活在惊喜中，生活在感动中，怎么能不幸福呢？过着这样幸福的教育生活，我怎么会有"职业倦怠"呢？

说到"职业倦怠"，人们常常归因为"工作累""待遇低"，这当然是重要原因，但我觉得还有更重要的原因是兴趣与职业的错位，以及心态与职业分离。所谓"兴趣与职业的错位"，就是干的不是自己想干的，想干的自己却又不能干。一个想当演员的人却当了厨师，一个想当厨师的人却当了钳工，一个想当钳工的人却当了导游……这些人当然都不能幸福。即使从业之初因为新鲜好奇，可能也会有点快乐，但时间一长必然倦怠。而如果兴趣与职业能够融合，那就不一样了。一个喜欢驾驶的人当了职业赛车手，一个喜欢下棋的人成了职业棋手，一个爱写作的人成了专业作家……这些都是兴趣与职业的融为一体，自然不可能"倦怠"。有人会说，我因为阴差阳错现在已经成了教师，又不可能改行，难道我就痛苦一辈子吗？这就要说到我刚才说的"心态与职业分离"了。我经常对我学校的老师说："如果你对职业不满意，只有两个选择——要么改变职业，要么改变职业心态。"既然你无法改变职业，那当然只有改变心态了。既不改变职业，又不改变心态，心态和职业如此分离，永远都无法获得幸福。改善心态的渠道其实有很多，比如：尽可能多地和孩子一起活动，让童心感染自己；尽可能感受来自孩子在一些细节上不经意体现出来的爱，你在一次次感动中，会爱上孩子的；尽可能不断地让自己的教育教学多一些"创意"，让自己每一天的教育生活都是新的；把每个难题都当作课题来研究，而且是持续不断的研究，你将从中体验到教育科研的乐趣，并收获教育成果的；等等。

我曾经说过教育的四重境界，由低到高为"应付""饭碗""事业""宗教"。有人问我："您达到了事业或宗教的境界了吗？"我说："都没有。"如果说是"事业"，我似乎没有那么崇高的使命感——当然，作为一个老教师，我现在不能说没有教育追求，甚至我也可以说我多少有点使命感，但我的使命感远远没有人们想象的那么强烈和崇高；而在我看来，如果真正把教育当事业，那前提就是强烈而崇高的使命感。如果说是"宗教"，那宗教必须超越一切功利，而我对教育远远没有达到超功利的状态，比如我依然要靠教育谋生，哪能"超功利"呢？孔子把教育当作事业，苏霍姆林斯基把教育当宗教，而我都不是。

如果有人问我："那你把教育当什么呢？"我会回答说："当兴趣。"一个人干自己感兴趣的事，当然会其乐无穷，所以别人看我很投入，觉得我"很苦""很累"，很像"苦行僧"，其实我是在享受。因此，用"奋斗"二字来概括我的人生，用"工作狂"来描述我的生活，显然是大大的误解。没有人会对沉迷电脑游戏的人说他在"奋斗"，也没有人对痴迷麻将的人说他在"奋斗"——人家不过是兴趣使然，哪是什么"奋斗"啊！因为兴趣，我享受教育，而且看来我将终身享受教育了。

2013 年 7 月 12 日

幸福比优秀
更重要

常常听年轻老师跟我诉说刚参加工作便"热情冷却""理想碰壁",问我如何才能"坚守教育信念",如何才能"成为优秀教师"。

我总是这样回答:"坚守教育信念是对的,但不是为了什么优秀,而是自己的快乐。别在意优秀不优秀,要在乎你自己每天是否幸福。因为幸福比优秀更重要!"

也许有人会不以为然:"您现在是著名教育专家,名也有了,利也有了,却叫我们'别在意优秀不优秀',站着说话不腰疼!"

我想到我的 80 年代,那时候我是一个刚大学毕业走上讲台的年轻人,除了激情一无所有。那时候,我初生牛犊不怕虎,没学会走就直接跑,当然也有无知导致的无畏,于是语文教改有声有色,于是班主任工作有滋有味,于是也引发了无数争议,但我不管,每天都乐呵呵的,用比较文艺的说法,叫"意气风发";我每个星期天、每个寒暑假都和孩子们泡在一起,在小溪里捉鱼,在岷江边戏水,让风筝在海洋般的蓝天上优雅而自信地写诗,让歌声在似乎走不到尽头的原始森林中激荡我们肆无忌惮的青春……而这一切,几乎都受到非议,但我不管，开心就行！有时候领导批评我，我也不觉得委屈，因为这一切都是我"自找"的。什么"中高"，什么"特级"，不给我评没关系！没有什么比拥有一颗自由而幸福的心更重要的了。一直到2003年评上四川省中学特级教师之前，我几乎没有什么"拿得出手"的荣誉。但我真的很坦然——幸福比优秀更重要！这里的"优秀"特指有些"荣誉称号"。

身被名缚，哪来自由？心为形役，何言幸福？何况现在评优选先有很多水分、很多人情因素，托关系，走后门，搞勾兑，拉选票……很累的。就算"优秀"了，幸福却失去了。

当然，年轻时的我也不是不追求优秀，但我更追求自己认可的优秀。这里的"优秀"就是我自己给自己拟定的"好老师标准"——课上得好，班带得好，分考得好。只要做到了这"三好"，家长信任我，学生依恋我，我就有了安身立命之本，我就"万事不求人"。我因此也就拥有了行动的潇洒和心灵的自由，除了忠实于自己的良知，我不用看任何人的脸色行事，更不会患得患失，斤斤计较。

一次和我校一位年轻老师谈心，我说："作为普通教师，通过自己卓有成效的工作赢得世俗的名利——'优秀'呀，'先进'呀，'学科带头人'呀，'特级教师'呀，我们理应感到自豪，因为这是我们价值的标志之一。但是，由于种种原因，可能这些'优秀'我都没有，也不要紧：我不'优秀'，但我很幸福啊！这也就够了。"

我现在越来越坚定地认为，一个教师，是否"优秀"不是最重要的，是否"卓越"更无关紧要，最最关键的是，是否"幸福"。

所谓"优秀"，至少有两个含义：一是指我们做得比别人相对出色一些的工作，二是指我们获得的各种荣誉称号。不管是在哪个意义上使用"优秀"这个概念，我都认为幸福比"优秀"更重要。

如果是在第一个层面说"优秀"，那么我们总要和别人比较，因为"优秀"总是相对而言的；因为比较（攀比），我们求胜心切，我们精益求精，我们永不满足，我们"欲壑难填"……当然，从积极意义上看，这正是我们上进心的表现，"永争第一"嘛！但同时，在这比较的过程中，我们渐渐失去了从容自如的心态，失去了"慢教育"的智慧，也失去了教育的优雅与情趣，甚至我们潜在的或者说沉睡的功利心渐渐苏醒，让我们备受折磨，于是，教育的幸福也不知不觉远离我们而去。

如果是在第二个层面说"优秀"，那么我们免不了要关注教育以外的人和事，因为"优秀"不能自己说了算，总得要人家来评比和选举。也许你的工作的确比别人做得好，去年高考你也"培养"（其实，哪是你一个人培养的啊）了一个县"状元"，于是你自认为优秀，可这次学校却只有一个"优秀"的名额，而还有比你更优秀的——和你同一教研组的一个同事今年还"培养"了一个市"状元"呢！于是，这"优秀"的桂冠便落到了他的头上。你想"优秀"也不能。何况，如果你所在的学校风气不那么正，即使你的工作和成果的确出类拔萃，可是你不善于搞庸俗的人际关系，更不善于和领导拉关系，那无论是群众投票，还是领导推荐，人家就是不让你"优秀"！

想"优秀"而不得，怎么办？我的回答是，那就别管什么"优秀"不"优秀"啦，还是追求纯粹的教育幸福吧！因为——

"优秀"与否是别人的评价，"幸福"与否是自己的感觉。

幸福，源于心态；不幸福，也源于心态。我曾给年轻的老师们评论过网上流传的一些段子，比如："一等教师是领导，吃喝玩乐到处跑。二等教师管后勤，轻轻松松维持人。三等教师体音美，上班还能喝茶水。四等教师史地生，周末还能去踏青。五等教师语数外，比比看谁死得快。六等教师班主任，累死讲台无人问。"我说，这些段子初一看觉得很解气很痛快，"终于有人为我们鸣不平了"。但实际上这些段子大多似是而非，夸大其词，不但不能减轻自己的郁闷，反而会增加自己的痛苦。而且段子中的"教师"也完全可以置换成"医生""警察"等。不要老觉得自己最不幸，不要老觉得自己遭遇的最不公平。放眼整个社会、整个国家，更多的人比我们更苦更累。我经常对老师们说："如果我们对自己的职业不满意，其实只有两种选择：要么改变职业，要么改变职业心态！"

　　我不是主张面对不公不平逆来顺受，如果我们的权益与尊严受到了侵犯，我们完全可以也应该依法维护自己的权益与尊严。问题是，由于种种原因，很多时候事情并不那么简单，也不是所有的"不公平"都达到了"法律的高度"，而且种种不公也不可能在一个早晨彻底消失。那怎么办呢？还是得调整心态，从容应对。何况很多时候缠绕我们的不过是一些琐碎的烦恼，完全可以一拂了之。李白有一句诗："空长灭征鸟，水阔无还舟。"不是天空没有飞鸟，而是晴空万里，辽阔无边，一两只鸟简直微不足道；不是水面没有船只，而是烟波浩渺，水天一色，一两只船也就微乎其微了。这是胸襟，也是心态。从某种意义上说，拥有了好心态，便拥有了幸福。

　　我所在的成都市武侯实验中学有很多这样幸福的老师。比如邹显慧老师，几十年来就是踏踏实实地上好每一堂物理课，认认真真地带好每一个班集体，直到快退休才评上高级职称。可是她很幸福，因为面对学习基础和行为习惯都不甚理想的学生，她却取得了让人敬佩的教育成果；更重要的是，一届又一届的学生爱她。有一年教师节，邹老师班的三个男生天没亮就起来，为他们敬爱的邹老师熬鱼汤，上学的时候三个男孩子小心翼翼地将热腾腾的鱼汤送到学校，放到邹老师的办公桌上。邹老师非常感动。中午，她把鱼汤热了之后又端到教室里去，让每一个孩子都品尝这份鲜美，分享这份情感！邹老师没有什么"拿得出手"的荣誉称号和"优秀"证书，但是她从不为此烦恼，反而随时都乐呵呵的，因为她幸福。

南京市芳草园小学的郭文红老师也是一位幸福而不"优秀"的老师——如果"优秀"仅仅体现在各种荣誉证书上的话。郭老师长期担任小学高段的教学，也就是说，她带班往往就一年或最多两年。可是，哪怕是只教学生一年，孩子们都能对郭老师产生依依不舍的情感。有一年，又一届孩子要毕业了，郭老师带着他们最后一次春游。在路上，孩子们想到不久就要离开郭老师了，他们决定给郭老师亲手做一件礼物。说干就干，他们用随身带的糖果、果冻、巧克力等小零食在草地上摆弄起来。过了一会儿，一件特殊的"礼物"做成了。孩子们把郭老师请到礼物前，郭老师睁开眼睛便热泪盈眶，原来草地上摆了四个大字："精忠报郭"。孩子们用这种方式向郭老师表达着他们的爱。一个曾经让郭老师操碎心的后进生，毕业时来跟郭老师告别，说："郭老师，我们走了以后，你千万千万不要教下一个年级的三班啊！"郭老师问："为什么呀？"这个男孩认真地说："因为那个班的学生呀，个个比我还坏！"一位男孩回家对妈妈说："妈妈，我不想毕业！"妈妈问他为什么，男孩回答："我不想离开郭老师！"一位女孩对在省教育厅工作的爸爸说："爸爸，你把郭老师调到中学工作吧！那样郭老师就可以继续教我了！"……孩子们的想法很天真，说法很幼稚，但感情很纯洁。拥有这样纯洁的感情，郭老师因此幸福。

应该说，在一个风清气正的环境里，教师的优秀和幸福并不矛盾，二者完全可以和谐统一。领导正直，同事善良，评价科学，程序公正，幸福的老师怎么可能不优秀呢？于是，由于自己突出的业绩，各种荣誉纷至沓来。这时，我们也不用刻意推辞，完全可以坦然而无愧地接受。因为这是教育给我们的馈赠。只是我们把这份馈赠仅当作意外的收获，因为我们从来就不是冲着这些荣誉而工作的。没有这些荣誉，我们也不会有丝毫的懈怠，因为教育关系着我们自身的幸福。

"优秀"教师是有限的，而且往往和机遇甚至人际关系有关；但幸福的教师有千千万万，而且就在我们身边，甚至就是我们自己。

2014 年 4 月 2 日修订充实

都不容易

　　去医院看便民门诊，医生得知我是教师时，立刻表现出羡慕："还是你们当老师好啊！至少有十分钟的课间休息，能上一趟洗手间；而我，你看，有时候一上午都不能上厕所，只能憋着。"我说："你没看到我们辛苦的时候，工作不分上下班，晚上熬夜备课，周末有时还要家访呢！"他说："你们平时是辛苦，但毕竟还有寒暑假嘛！我们呢！唉……"

　　朋友聚会，一位当警察的没来，快结束了他才匆匆赶到，说："本来今天我休假，但临时又被一个电话叫去了。唉，当了警察我都不是自己的了。"其实，我们知道不光他不是他自己的，连他老婆都因受不了而和他离婚了，也不是他的了。他这次来的时候，我发现他眼角淤青，问他怎么回事，他说是前几天抓偷车贼时在搏斗中被打的。听他这么一说，满座的朋友都觉得对不住他，纷纷给他敬酒："干，干！"

　　一个学生曾在电视台工作，但干了一年便辞职了。旁人不理解，他说："太累！熬夜是常态，有时甚至通宵熬夜，除了春节，所有节日和我没关系。"记者的待遇是工分制，拍一条新闻如果播出了便加多少分，每月结算便根据工分定收入。他说："有时候半夜突然接到电话，说哪里发生车祸了，我赶紧奔赴现场。场面越惨烈，工分越高。所以哪里又出事了，我都喜出望外，唯恐天下不乱！"他苦笑道。

长期给我理发的师傅，是一位朴实善良的中年人。我倒是没有听他埋怨过什么，但我知道他的不容易。20多年前他和老婆带着幼小的女儿从老家来成都开了这么一个理发店。每年除了春节休息三四天之外，每天都朝九晚九，一天不漏。春天郊外如云的桃花，秋天满城金黄的银杏叶，包括成都市民在冬天暖暖的阳光下喝茶打麻将，都和他没关系。有时候我想，他这么忙呀忙的，究竟是为了什么？其实答案很简单，为了生活呀。

那天早晨去教育局开会，怕堵车我就去得比较早，离开会还有一点时间，我便在锦江边疾走健身。走到锦江大桥，看到桥头三五个早点小摊热气腾腾，摊主都是中年男子或妇女，戴着帽子，穿着大衣，但双手都利索地忙碌着，他们用笑脸迎接着一拨又一拨匆匆来又匆匆去的顾客。我想，这么寒冷的天，他们得多早就起床呀！当时我情不自禁前后看了看，真担心有什么人来驱赶他们，同时在心里为这些普通的劳动者祝福。

昨晚下班回家，路过一个建筑工地。昏暗的灯光下，模模糊糊看到一群农民工蹲在墙角，每人端着一个红色的塑料饭盒，一副大快朵颐的样子，时不时发出爽朗而肆无忌惮的笑声。正在这时，听到收音机里正在讨论农民工兄弟买火车票难的问题，说许多农民工兄弟根本不会网上抢票，去窗口排队也买不上票。一位农民工兄弟说："希望火车站能够有送票到工地的服务。"我想，不知眼前蹲在墙角吃晚饭的农民工兄弟们，买着回家的车票没有啊？

……

作为从业 30 多年的教育者，我深知当教师的酸甜苦辣，真是一言难尽。但想想医生，想想警察，想想记者，想想无数普通的劳动者，"不容易"的哪里只是教师？彼此理解吧，都不容易啊！先别谈什么这个"梦"那个"梦"的，首先把自己眼下的工作做好，这个国家就有希望了。

写到这里，听电视里说又一个贪官落马了。本来，两年来的"打虎拍蝇"，我对这样的新闻已经麻木；但此情此景，我突然醒悟，其实最不容易的是贪官啊！白天，在主席台上要演"主旋律"，到基层视察要演"正能量"，上级面前要装孙子，下属面前要装"平易近人"，一天下来，脸上的肌肉都僵硬了。晚上，回到家里睡在床上，还要担心已经被双规的谁谁谁扛不住而把自己供出来，担心哪个情妇去举报自己，担心第二天自己也被双规……于是辗转反侧，彻夜难眠，好不容易睡着了却噩梦不断，第二天醒来去上班，又要开始装……哎呀呀，当贪官容易吗？！所以，这个国家最令人同情的高危职业，其实是贪官，他们才是"弱势群体"。

真的都不容易啊！

2014 年 12 月 25 日

向我看齐

请走进我的
青春时代

　　按教育局安排，本期开学前，是对老师进行师德教育方面的培训，于是我今天给我校附属小学老师的讲话题目是"幸福比优秀更重要"。题目源于我今年4月写的一篇文章。我先读了该文开头两段作为对题目的解释。

　　读完之后，我和老师们重温了我以前给他们讲过的"好老师的标准"：课上得好，班带得好，分考得好，这就是"好老师"；如果加上"能说"和"会写"，就成"名师"了。而要成为好老师和名师，还得做到不停地实践，不停地思考，不停地阅读，不停地写作。我讲了我校唐燕老师通过研究"后进生"，通过不断阅读和写作而得以成长的故事。

　　然后我着重谈了"幸福源于心态"，在我们这个浮躁而喧嚣的时代，如何守住自己一颗宁静朴素的教育心。我分析和批评了网上某些让老师们感到"解气"的段子。比如："校长官员化，领导多元化，教师奴隶化，学生祖宗化，人际复杂化，加班日夜化，上班无偿化，检查严厉化，待遇民工化，翻身是神话。"我说，这些段子初一看觉得很痛快，但实际上大多似是而非，夸大其词，比如，哪些老师"上班无偿化"？也许收入低，但绝不可能"无偿化"。读这样的段子读多了，不但不能减轻自己的郁闷，反而会增加自己的痛苦。而且段子中的"教师"也完全可以置换成"医生""警察"等，比如"院长官员化，领导多元化，医生奴隶化，患者祖宗化……"其实其他任何职业都不容易。我们只看到别人的风光，却不见得知道人家职业的艰辛。我们在羡慕别人的同时，人家也在羡慕我们呢！

我讲了新教育实验榜样教师敖双英（桃花仙子）的故事。她开始是一个人在湖南山坡上的小学做新教育，最后走进了北京城，还是做新教育。无论是在湖南的山坡上，还是在北京的校园里，敖双英都保持着执着的新教育之心。我说我已经邀请敖双英老师下周到我们学校来给大家谈她的新教育历程。

我问老师们："你还保持着你当初的纯真吗？"王蒙说过一句话："忠实于少年时代的友爱、热情和誓言，这是人生最严肃的事情。"想想我们当初第一天走进校园的情景吧。那份激动，那份真诚，那份憧憬，那份单纯……现在还保持了多少？人一辈子其实只要忠于自己的誓言、承诺和良知就很了不起了。或者说，如果我们用对孩子说过的话来要求自己，我们就非常高尚了。区教育局要求老师们都签订师德承诺书，其实我们要把这看成我们自己对自己的承诺。

我对老师们说："和老一辈大师相比，我们连学者都谈不上！但这不妨碍我们回望大师，敬仰大师。"接着，我给大家播放了大师马相伯的纪录片。马相伯在国家危难时，一生钟情于教育，培养了蔡元培、于右任、邵力子等著名大师。他毁家兴学，创办震旦公学，后来又创办复旦大学，他的故事感人肺腑。纪录片播放完毕，我看见不少老师在擦拭眼泪。我说："现在我们这个时代，还有没有马相伯这样的大师？我们这个国家，今天还有多少人知道马相伯这个名字？但是，我们武侯实验中学附属小学的老师们知道了这个名字，就比其他学校的老师多一分尊严和自豪！因为这体现了我们的视野比别人开阔，我们的人生标杆比别人更高！"

最后，我说："请走进我的青春时代吧！"我给他们介绍了学校由钱梦龙老师题写馆名的"镇西资料馆"。我先谈了这个资料馆的来历：《班主任》杂志在北京为我举行从教30周年研讨会时，朱永新老师提议建立"李镇西教育博物馆"，当时武侯区教育局雷福民局长便说那还是建在我们武侯区吧，就建在武侯实验中学里面。后来，我觉得"李镇西教育博物馆"这个名字太高大上，还是低调一些吧，便定名为"镇西资料馆"——资料馆嘛，无非就是有关我的资料展示而已。尽管如此，本来我还有些顾虑，怕"个人崇拜"之嫌，但后来我想，无论如何，我那么多教育资料，应该对年轻老师还是有所启迪的。正如资料馆的说明中所写——

这里的每一行文字，每一幅照片和每一件实物，都见证了他教育成长的足迹。他有过改革的成功，也有过探索的失误，有过引以为豪的硕果，也有过追悔莫及的败笔。无论如何，他的经验，或者教育，客观上都已经成为广大一线教师共同的财富。

我给老师们展示了资料馆的一些内容，老师们都听得非常专注。然后我带着老师们来到资料馆。在资料馆，大家被一件件实物吸引了：初中的作文，大学准考证，读博时自制的英文卡片，未来班的歌单，谷建芬老师的手稿，我的第一本备课本，我八九十年代的班主任工作日记本，我第一部著作《青春期悄悄话》的手稿，《爱心与教育》中后进生万同抄写的《烈火金刚》手抄本……我给老师们解说着每一件展品背后的故事。不少老师啧啧赞叹，用"震撼"一词来表达感受。

　　我说："30 年后，你们也会有这么一笔教育财富的！"

　　晚上，我收到王玉梅老师的微信："今天谢谢您，又让我们感动了一把，更震撼的是那一张张黑白相片，一本本泛黄的记忆！下学期我和孩子们学习探讨名人传记，要仿照您的做法，可别介意我抄袭啊！"

2014 年 8 月 20 日

谈　心

今天下午，我陆陆续续请了刘佳、王颖、彭昊、李晓燕、代亚秋、王秋菊等老师到我办公室，我分别和他们谈心。这些老师都是去年九月才到我校的。

每个老师在我办公室坐下，我都先问问他们到我校后有什么感受，有什么故事，有什么困难，还有什么需要我帮忙的，等等。老师们都会跟我说他们和学生的交往，包括感动和生气；老师们还会谈到办公室其他老师对自己的帮助；等等。

我对每一个老师都提了这样四点建议——

第一，要有韧性，就是要坚韧。你们刚来就遇到不少困难，但这只是开始，未来还有无数困难等着你们。对一切困难都要有"我早就等着你来了，你终于来了"的心态。每一次困难对我们都是磨砺，同时也都是一次智慧的积累。我工作32年了，正是无数困难让我现在相对比较有智慧。我说过，求职就像恋爱，浪漫的憧憬多一些；而工作就像是结婚，酸甜苦辣什么都有，而且都是常态。我们学校地处城郊结合部，学生大多是当地失地农民和进城务工人员的孩子，比其他学校的学生更难教，所以困难更多。但一定要坚韧，尽可能避免在学生面前失态，或惊慌失措，甚至哭着离开讲台说："我不教你们了！"多一些坚韧，就是多一份从容。如果我们认真去做教育，每一次对困难的攻克，都伴随着巨大的成就感。

第二，要永远保持最初的那一颗纯洁的教育心。这颗心，意味着善良，意味着纯真，意味着理想主义，意味着不竭的激情。怕就怕时间一长，看什么都是"就那么回事儿"。回想一下，第一天工作的时候，对面走来了学生向你问好，你多感动，赶紧认真回礼"同学好"；现在呢，还这么感动和认真吗？我自豪的是，我就一直保持着这份对教育的单纯。无论现在别人怎么认为我是"著名专家"，我心灵深处都依然是教育者，面对孩子，我就是喜欢他们并被他们喜欢的"李老师"。这份单纯，其实就是善良。一个善良的人无论做什么都会认真的，都会做好的。我经常说，你们敬佩的潘玉婷老师，她其实是把她的善良投射到了教育上。其实她做什么都会很优秀的。我们越是保持着一颗单纯的教育心，就越容易感受到教育的幸福。

第三，要有阅读的习惯。不要用忙来原谅自己。知识分子必须要有开阔的视野和源源不断的知识。对学生来说，我们要用拥有一种源于知识的人格魅力，让学生觉得你是有学问的人。他可能会因为爱你而爱上你所教的学科。如果你很久不读书了，而且又没有半点不安和内疚，那说明你已经不知不觉地堕落了。看到你们，我就像看到我女儿一般。我女儿有一个好习惯让我欣慰，就是她至今保持着阅读纸质书的习惯，经常从网上买许多人文书籍。读书，不但要读你所教学科的专业书，读教育教学方面的书，还要读文史哲，要站在人类的精神高地俯瞰我们的教育。脑子里装的东西多了，你在课堂上自然信手拈来，游刃有余，学生自然会迷上你的课。

第四，要有写作的习惯。你不一定是教语文的，但也要有写作的习惯。写得不好不要紧，关键是要写，并慢慢养成习惯。写什么呢？写教育故事，写课堂实录，写随时产生的教育感悟，等等。一周哪怕只写一千来字，一年也至少是五万多字，到时候你自己都会为自己惊讶的。写作的过程就是反思的过程，我让你们写，就是让你们反思，反思自己每一天的教育经历。写作，也是为将来留下温馨的教育记忆。我现在已经出版了60多本书，还不包括我主编的，这些书都是我的教育记忆，因为里面充满了我的教育故事，我教过的学生，我走过的教育道路，等等。这是多么宝贵的财富呀！你们写出来，我帮你们看，帮你们改，如果我觉得不错，就帮你们推荐发表。这样便慢慢成长起来了。

每一个老师离开我的办公室时，我都请他在我的书橱里选一两本书，我借给他看。我说："希望在一周之内看完还我。这样你才能抓紧时间看。这些书，你们在读的时候，可以圈点勾画，读完后都在最后一页签上你的名字。这样，若干年后，这本书将有不同的读者的笔记和签名。将来我捐给学校图书室，到了几十年或更长时间以后，武侯实验中学的老师从图书室里借到这本书，看到这密密麻麻不同笔迹的批注，将会有怎样的感觉？"

今天老师们从我这里借走的书有：《给教师的一百条建议》《36天，我的美国教育之旅》《今天怎样做班主任》《大江大海1949》《一位青年教师的专业成长之路》………

2014 年 3 月 27 日

幸福比优秀更重要

小何老师的
郁闷与幸福

上午在开行政会时，初三主任龚林昀老师告诉我，小何老师班上有两个男生扬言要打小何老师，小何老师很生气，几乎要哭了，想要放弃班主任工作。我一听就火了："中午叫这两个学生到我办公室来，我来教育他们！"老师的尊严必须维护，生命安全更应该得到保障。

龚林昀老师说他先调查一下情况再说。过一会儿，龚老师对我说，经调查，情况不实。学生没说过要打小何老师，但学生对小何老师不够尊重是事实。

原来，昨天课间操的时候，小何老师调整队列，有几个男生不服从，小何老师批评了他们，他们就不高兴，说了一些不尊敬小何老师的话。今天经过龚林昀老师的帮助，这几个男生都承认了错误。

小何老师是去年九月应聘来我校工作的。下午班主任会结束后，我请小何老师到我办公室，我和她谈心。我先请她讲了讲事情的经过。她说完后，说自己心里还有些气，有些疙瘩。我给她提了以下建议——

要大度。学生犯了错误，甚至冒犯了我们，我们不可能不生气，但不要老是生气。尤其不要记恨学生，学生毕竟是学生，小孩儿嘛！不懂事，我们作为老师，作为成人，不要和他们计较。要有这样的胸襟，又有一种宽容的心态。永远不要以学生为敌，永远要意识到学生是在成长中的孩子。

　　要坚韧。也就是要有耐心。成长中的学生不可能一下子就很优秀，对于那些比较差的学生，更不可能短时间内变成优秀学生。后进生的特点就是反复。昨天承认了错误，今天又犯错误，这太正常不过了。学生改正了错误，让我们高兴，但几天后又旧病复发，也很正常。作为老师，就是要有耐心。我从来不相信那种什么"通过一次谈心""通过一次报告"等，某个学生一下子就"变后进为先进"，教育从来就没有这样的神话。所以，你要有打持久战的思想准备和智慧。

　　要从容。面对犯错误的学生，千万不要表现出来惊慌失措，手足无措，更不要哭鼻子，或者说"不教你们了"。这样只能在学生面前表示你的无能。作为人，我们都有七情六欲，有喜怒哀乐，但作为老师，我们要尽可能在学生面前表现出从容不迫、处变不惊，这是一种自信的体现，也是一种智慧的表现。我的教育生涯中，遇到过太多的困难，遇到过太多的头疼学生，但现在回头一看，那么艰难的坎我都翻过了，我就有一种自豪感。我们学校的徐芬老师去年九月接了一个很糟糕的班，当时她很郁闷，我也是这样对她说的，我说："明年六月这个班毕业时，你一定会自豪地想，去年我那么艰难，不也过来了吗？你会有一种幸福。"

要记录。建议你把这件事记录下来，这是你的成长过程。记录这过程中你的感悟，你的收获，包括你得到的帮助。写作，不是功利地想"发表论文"，而是积累智慧。我经常说，我们的教育要给学生的未来留下充满人性的温馨记忆。其实，这个记忆也是我们自己的。我写了几十本书，都是我珍贵的记忆。你现在刚刚开始工作，未来的日子还长，你一定要通过实践和写作，给自己留下温馨的记忆。

小何老师说："我就是那年听了你的报告才决定一定要到武侯实验中学来工作的。"她说，2010 年我去西华大学给研究生讲课，她很感动，于是研究生毕业后便特意前来应聘。我说："谢谢你对我的尊敬！但我多次说，求职是恋爱，工作是结婚。你来这个学校之前，可能有许多美好的憧憬，但其实教育就是每一天都做琐碎的事，也有许多烦恼。不过，你还要多想想学生让你感动的地方。这次，学生让你生气了，你就应该多想想他们好的一面。你工作半年来，有没有被学生感动的时候呢？跟我说说。"

她笑了："昨天就有的。昨天我在讲台上站着，没注意讲台桌上有水，结果一个男生赶紧伸出手臂，用衣袖使劲擦桌子，我好感动呀！还有，那天我在办公室趴在桌上休息，咳嗽了一声，突然就有人在我背上轻轻地拍，我一抬头，原来是我的一个学生，当时我很感动！"我说："是呀，这就是点点滴滴的感动。"

她又说："还有上次，学生问我生日是哪一天，我说这不能告诉你们，是秘密。但几天后，学生给我买来一个大蛋糕，我说不是我的生日呀！学生说，不要紧，我们不知道你哪一天过生日，我们就把今天当作你的生日，提前给你过生日。"

我都被小何老师讲的故事感动了。她去年才来我校工作教数学，后来接替一位生孩子的老师担任班主任，虽然是中途担任班主任，但孩子们很快便认可了她。

我说："虽然只有半年，但我已经从不少老师口中知道了你的工作很不错，方方面面都很认可你的。你要继续向其他优秀老师学习。你跟我说说，在我们学校，你最敬佩哪些老师？"

她一下被问住了："我觉得我周围的老师都很好呀！真的。"她想了想，说："潘玉婷老师非常优秀！"

我问："你听过她的课吗？"

"没有。其实我现在也没有和潘老师接触过，但很多老师都对我说潘老师很优秀，说她很有智慧，课也上得非常好。我还没来得及听她的课。"

"噢，现在你还没接触过潘老师，就知道了潘老师的优秀。"我说。

"嗯！"她点头，"潘老师在我们学校是一个美好的传说。"

"你还敬佩哪些老师呢？"我继续问。

"陈玲老师。她是我的师父。她对我非常关心，毫无保留地教我，包括我刚当班主任，她也给我出主意。我郁闷时，她安慰我。她很优秀的。"

我说："是的。陈老师很优秀，你可以从她身上学到很多。"

"还有任昌平老师也帮我的。昨天她还帮我买了许多发夹，拿来给女生夹长发用。还有很多很多老师，龚林昀老师也帮我很多，我很感动。"

我说："你还会遇到很多很多困难，但你也会收获更多更多的感动和幸福。过段时间，如果你觉得有必要，我可以找有关孩子谈心，也可以到你们班上给学生上一堂班会课。反正我会帮你的。"

2014 年 3 月 28 日

课堂的魅力
就是教师的魅力

昨天下午最后一节课，参加青年教师风采大赛的老师开总结会。我给老师们即兴讲了讲我对课堂教学的想法——

在座的老师都很年轻。我再过几年就退休了，不会再与你们共事了，因此我不是作为校长在"培养"同事；未来几十年，你们也不一定一直在武侯实验中学工作，这谁说得清楚呢？因此，我也不是在为武侯实验中学的未来"培养"老师。我就是以一名老教师的身份，为国家"培养"你们，呵呵！

作为一名教师，把课上好是最最基本的条件，也是你们的立身之本。我在对你们进行新教师培训的时候，就说过"好老师"的标准，第一条就是"课上得好"。好到什么程度呢？好到学生上你的课觉得时间过得很快，盼着第二天听你的课。怎么才能把课上好呢？我有这么几条建议，供你们参考——

第一，要不断研究自己的课。

你们什么时候备课、上课最认真呢？不就是校长要来听课的时候吗？不就是教研员要来听课的时候吗？不就是赛课的时候吗？不就是这堂课决定你是否能够转正，是否能够评职称的时候吗？……好，你们就把每堂课都当成校长要来听课，教研员要来听课，当成赛课，等等。这样，你备课、上课一定格外认真。天天如此，坚持数年，你的教学水平肯定会提高。

我想到我年轻的时候，学校有一台笨重的录音机，我就去借来搬到我的讲台上，把每堂课都录下来，然后晚上就听自己的课堂录音，哪个地方还比较满意，哪个地方有些遗憾，包括哪句话说得不够好，等等，我都认真听，认真琢磨。这样坚持下去，我觉得自己的教学水平真的就慢慢提高了。这么多年来，我备课有一个原则，就是无论我讲过多少遍这篇课文，我都当作第一次讲这篇课文来备课。比如讲《祝福》，备课时我不会去看以前的教案，而是把这篇课文当成第一次讲来钻研。而这种"钻研"首先是站在学生的角度思考，他们在学习这篇课文时可能会有怎样的困难，哪些地方会有阅读障碍，等等。我还会关注学术界对《祝福》这篇文章的最新研究成果，关注鲁迅研究的最新成果，这些成果我都会吸收到我的教案中。另外，我相信大家都会认真写教案的，但是不是都会认真写教后记呢？从某种意义上说，写教后记更重要，因为这是你对自己课堂的反思，这种反思将直接有助于你教学水平的不断提高。

其实，最重要的研究是课堂魅力的研究。所谓"课堂魅力"，说白了，就是要让课堂对学生有吸引力，让孩子们爱听你的课。要让课堂充满情趣，让孩子们感到妙趣横生，如沐春风。教师的口才特别重要，就是要学会说话。大家想想，教育也好，教学也好，不都主要是通过口头语言与人沟通吗？好的课堂总是师生共鸣，氛围和谐，而不是油水分离，油是油，水是水。让课堂有吸引力，就要琢磨如何开头，如何结尾，如何和学生交流，如何面对突发事件，等等。这里我举两个例子谈谈如何处理突发事件，因为这最能体现出教师的机智。

我校有一位语文老师叫周艳，有一次讲《故宫博物院》。她先问学生"世界有哪四大宫殿"。这个问题把学生难住了，但有一个学生说："故宫。"这个学生很聪明，心想老师讲《故宫博物院》便问"哪四大宫殿"，虽然不知道另外三个宫殿，但故宫肯定在"四大"之内。

周老师表扬了他，然后继续问大家："还有呢？"学生们都说不出了。这时候有个男生大叫："还有子宫！"教室里一片笑声。很显然这个答案是胡说八道的，而且可能是故意扰乱课堂、哗众取宠的。很快，教室安静了下来，大家都紧张地等待着周老师怎么处理这个同学。

我不知道在座的老师们如果遇到这样的突发情况会怎么处理。我想，如果遇到没经验的老师可能会把这个学生大骂一顿，如果那样，课就无法继续上了。周老师是怎么做的呢？

周老师走到这个男生面前，笑眯眯地说："其实，你答得真好！"同学们有些惊讶。周老师继续说："因为子宫的确是人类最伟大的宫殿！"其实在这里，周老师偷换了概念。但这种"偷换概念"是必要的，也是必需的。这是教育的需要。周老师的表情庄严而神圣起来，说："子宫，真的让我们人类肃然起敬。它是胎儿的宫殿，是我们所有人当然包括在座的同学们的生命的摇篮，因此，我的确认为它是世界上最伟大的宫殿，也是最神圣的宫殿。对着伟大而神圣的宫殿，我们应该怀有敬意，而不应该轻慢地谈论。"在这里，周老师很自然地对孩子进行了有关敬畏生命的教育。最后她说："当然，这节课我们不研究这个问题，我们把这个问题交给生物老师，下次生物课的时候再讨论，好吗？好了，同学们，我们还是回到刚才的话题吧。"

你们看，周老师的处理多好！真正是"谈笑间，樯橹灰飞烟灭"。这就是教学机智。

还有一个相反的例子。有一次，一位刚参加工作的小伙子在课堂上被学生骂了。怎么回事呢？这位老师转身往黑板上写字，后面"哐当"一声，他转身一看，是一个坐在中间的男生把旁边同学的文具盒往教室后面一扔，结果发出声响影响了上课。这位老师特别生气，他指着这个男生，厉声喝道："出去！"这个学生当然不从，而且还骂了这位老师。老师更加愤怒，便继续呵斥这个学生，于是两人便吵了起来。最后，小伙子说："这课没法子上下去了，好，你不走，那我走！"说完，便愤然走出了教室。这堂课果然"没法子上下去了"。

你们看，这种局面本来是可以避免的。如果换了在座的老师，你们会怎么处理呢？

白老师，你会怎么办？（白勇老师感到很突然，来不及思考，便实话实说："我还没想好。"）杨老师，你呢？会怎么做？（她说："我可能会用比较幽默的话缓和气氛，含蓄地批评他。"）

很好！幽默是机智处理的方法之一。也可以严肃而温和地说："这样不好吧？"虽然是淡淡的一句，但犯错的学生一般都会感到不好意思的。还可以盯着那个学生，不说话，就看着他，看几秒或几十秒。以这种方式表达你的态度，用眼神告诉这个学生，你这样做是不对的，老师很生气。这种方式既表明了你的态度，又不至于惹恼学生。当然，还可以有其他的方法，但无论哪一种，都一定不要激化矛盾。最关键的是，课后都一定要找这个学生单独谈谈。

所以，研究课堂，的确大有学问。

第二，要多读书。

这个话题我讲过多次，但我觉得无论多么强调读书都不会过分的。课堂的魅力就是教师的魅力，而教师的魅力其实主要就是学识的魅力。教师在讲台上一站，就要让学生感到你有一种源于知识的人格魅力。这种魅力，更多来自阅读。

我有一个不一定严谨的说法，只要教师肚子里真的有学问，那他无论怎么教，甚至哪怕他"满堂灌"，都叫"素质教育"，都叫"新课改"！旁征博引，信手拈来，雄视古今，联通中外……这样的课不但吸引了学生，而且震撼了学生的心灵，打开了学生的视野，激发了他们的思考与创造！比如钱梦龙老师，只有初中文凭，但因为钱老师善于自学，读了很多书，所以成了学问大家，他的课自然就有一种超出一般教师的境界。你们看他80年代的课堂实录，那不是"素质教育"是什么？不是"新课改"是什么？虽然那时候并没有"素质教育"和"新课改"的说法。如果老师肚子里空荡荡的，只会根据教参来备课、上课，课堂上必然捉襟见肘。

读什么书呢？教育经典，专业读物，都是应该读的，我就不多说了。我这里特别要强调的是多读人文书籍：政治的、哲学的、历史的、经济的、人物传记、长篇小说等，都应该在我们的视野之内。我们阅读，不要有"明确的"功利色彩，不是说为了备课找资料才去阅读什么书。我们阅读是为了充实我们作为知识分子的精神世界，为了让我们能够站在人类文明的精神高地俯看我们的每一堂课。

最近我在读《任仲夷画传》。"任仲夷"这个名字你们年轻人可能不熟悉，但他是改革开放的先驱者之一，也是改革大将之一。当年的改革，不仅仅有邓小平、胡耀邦、赵紫阳等领军人物，还有万里、习仲勋、谷牧、任仲夷、项南等冲锋陷阵的大将。他们都是我国改革开放的元勋。最近出版社出版了一套《改革开放元勋画传》，已经出版了《谷牧画传》和《任仲夷画传》，我正在看。看这些书，我的心自然回到了当年改革开放的火热年代，想到自己的年轻时代，进而再想到中国的今天和未来。你说这些书对备课有直接的帮助吗？当然没有，但它丰富了我们对国家历史的认识，有了这些内涵再去上课就是不一样。

北京十一学校有一个叫"魏勇"的历史老师因为书读得多，所以他的课上得特别棒，而且很会启发学生思考。比如他讲鸦片战争，没有简单地让学生记鸦片战争的起因、过程、结果和意义，而是问：同样在日本也曾经有过类似被列强打开大门的情况，日本是怎么做的呢？他讲辛亥革命，也不让学生简单地记忆"知识"，而是问学生：为什么清朝帝制被推翻，中国却没有很快走向强盛与富裕？我这里强调读人文书籍，并不只是针对文科老师。人文素养是不分文科、理科的。著名特级教师孙维刚，他的数学课上得特别棒，对学生非常有吸引力，因为他书读得多，学识渊博，所以给学生讲数学史，还给学生用俄语唱歌吟诗，这么有魅力的老师，他的课堂怎么会不受学生欢迎呢？

第三，把自己的课交给学生监督与评判。

每天都给学生上课，我们是否问过学生的感受？不要说学生不懂教学，至少他们的意见可以作参考。让学生给自己的教学提意见和建议，就是在帮助我们改进教学。我最近出了一本新书，叫"老师教我当校长"，其实我很多年前还写过一篇文章，叫"学生教我当老师"。怎么教呢？我定期在学生中作无记名调查，比如每个月发一张纸条给学生，让学生回答：这个月，李老师讲得最好的一篇课文是哪一篇？李老师讲得最差的课文是哪一篇？李老师出得最好的一篇作文题是什么？李老师出得最差的一篇作文题是什么？……这样，我随时都可以知道学生对我的课的感受。由于形成了一种高度信任的关系，不一定是在搞调查的时候，就平时他们也会随时跟我说他们的想法。比如有一年我教高一，一次有学生就直接到我办公室来说："李老师，我感觉你最近这个文言文单元上得不是太好。"我就和他聊了起来。在聊的过程中，我就知道了我的一些不足。还有一次讲《我与地坛》，我由课文讲到了社会，讲到了人生，把学生引向了很开阔的世界。一下课，就有一个学生走向讲台对我说："李老师，散文就得这样上！"30多年来，可以说我的课一直都在学生的监督和评判之中。我真的很感谢我的学生们！

而有的老师不愿或不敢把自己的课交给学生监督和评判。明明上得不好，学生也不好跟他说，他自己又不知道，于是自然就无法改进，就越上越差。学生天天都受罪啊！于是就回家跟爸爸妈妈说。爸爸妈妈听孩子每天回家都在抱怨老师上课上得不好，心里就着急了："这还得了啊！我的孩子就交给这样的老师啊？"于是，家长就给校长打电话，或者给局长写举报信。然后这个举报从上面一级一级传下来，校长找你谈话，甚至停止你的教学工作，还影响你的绩效。你看，你这不就被动了吗？但本来这一切都是可以避免的。如果你随时都让学生直接给你提意见和建议，你的教学水平不断提高，哪会有这些事儿呢？

今天我啰啰唆唆说了这么多，不一定都对，但绝对真诚。我真是希望你们快些成长起来。孩子们喜欢你的课，你自己都有成就感。我今天上了三节课，看着孩子们课堂上的神情，我自己都觉得很舒服。最后我建议大家可以听听我的课，也许你们会有启发的。

好，谢谢大家！

2014 年 10 月 18 日

我成长历程中的关键事件、关键人物和关键书籍

　　我同意李希贵先生的说法，在任何人的成长历程中，都有着一些关键事件、关键人物和关键书籍。我多次说过，成长是一种自觉选择、自我培养和自由发展。而在这个过程中，与一些关键事件、关键人物和关键书籍的相遇，是至关重要的。这种相遇，也许是偶然的，但相遇后对自己成长产生的影响，则是必然的。

　　我想到了我自己。33年来，我的教育之旅也伴随着许多关键事件、关键人物和关键书籍。和这些事件、人物和书籍相遇，多数时候并不是我刻意为之，但一旦相遇，便嵌入了我的灵魂，滋养着我的成长。

一、关键事件

第一篇论文在《班主任》杂志发表

　　1985年春节期间，回顾我三年的教育，许多故事和感悟涌上心

头，我情不自禁拿起笔一气呵成地写了 9000 多字夹叙夹议的文字。开学不久，我从《光明日报》一则消息中得知，北京教科所的《班主任》杂志即将创刊。我想到我那篇文字，便不知天高地厚地给《班主任》杂志投去了。很快我便收到该杂志王宝祥老师的回复，说"大作拜读，甚好。拟分两期刊载"云云。这对我这个刚刚工作三年的小伙子来说，是一个多大的鼓励啊！这件事更为重大的意义，是让我信心倍增：原来文章居然可以这样写！于是，从那以后 30 年来，我且做且思且写，其乐无穷。如今，我已出版了 60 多部著作，发表上千篇文章。这一切的源头，都在 1985 年的《班主任》杂志。

《爱心与教育》的出版

1997 年 8 月，我在搬家过程中无意看到了许多老照片，也读到我写的教育日记。这些照片和日记已经发黄，勾起了我美好而温馨的回忆。回忆中，一些故事浮现脑海，恍惚中，已经毕业的孩子们笑着向我跑来……我禁不住热泪盈眶。就在那一刻，我作出一个庄严的决定，我要把这些故事和人物写下来，让更多的人分享我教育的幸福。两个月后，《爱心与教育》脱稿了。那时还没有"炒作"一说，但仅仅是凭着读者的口碑，这本书出版后至今畅销不衰，产生了出人意料的社会影响，我收到无数封泪迹斑斑的读者来信。这本书对我的意义至少有三：一是让我在更大范围内结识了更多的教育志同道合者；二是让我开始有意识地以教育故事或者说教育案例的方式，记录并传播我的教育收获；三是——我得坦率地承认——这本书为我赢得了巨大的声誉，让我成了所谓的"名师"。

出席纪念苏霍姆林斯基八十诞辰国际学术研讨会

1998 年 11 月，我去北京出席苏霍姆林斯基八十诞辰国际学术研讨会。最初我很自卑，因为与会者大都是中外著名的苏霍姆林斯基研究专家。因此当主持人王义高教授请我发言时，我根本不敢接招："我是来学习的，讲不出什么理论。"王教授说："谁叫你讲理论了？你讲你的故事就行！"这给了我信心，因为我的故事太多了。第二天，当我讲完故事时，坐在我身旁的苏霍姆林斯卡娅递给我一张纸，赵炜教授当即给我口译，原来这是一段表达感动并鼓励我的文字，其中有"你是中国的苏霍姆林斯基式的教师"的评价。坦率地说，这个评价很高，但我能接受。因为所谓"苏霍姆林斯基式的教师"，就是富有爱心和智慧的教师，我觉得自己有爱心也有一定智慧。当然，"苏霍姆林斯基式的教师"不止我一个人而是很多，但我作为其中的一员无比光荣。正是从那时开始，我的视野更加开阔，我对苏霍姆林斯基的学习和研究更加积极主动。这为我的教育实践注入了可持续的精神动力。

前总理温家宝的批示

2007 年 7 月 22 日，我通过邮局投寄了一封平信，收信人是"北京国务院温家宝"。八天以后，我得知温家宝给这封信写了一段长长的批语，然后转给当时的四川省委书记。我写这封信的背景，这里略去不说。我想说，信的内容绝无任何个人要求，谈的全是平民教育。我呼吁总理支持平民教育。按中国眼下的"国情"，总理批语的信自然会让各级政府"认真贯彻落实"，于是不只是我所在的学校，包括成都市乃至四川省的农村教育一时间都得到高度的重视。总之，这封信产生了极好的效果。也有人误解我，认为我给总理写信有点"那个"。但我认为，一个公民给另一个公民写信很正常。只有骨子里缺乏平等意识的人才觉得给总理写信怎么怎么。当然，这事我后来很少提起，因为我并不认为这值得炫耀。在我们校园，看不到温家宝的批示，我在外讲学也极少提起。这次我写这篇文章也想过不提，但这件事的确是我成长历程中的关键事件之一。我得诚实。

二、关键人物

谷建芬

当写下这个名字时我心中充满了感激。其实，到现在我和谷建芬老师也没任何私交。刚大学毕业不久，为了让我的教育既有意义也有意思，我决定把我的班取名为"未来班"，并和孩子们一起设计班训、班徽、班旗和班歌。班歌歌词由全班同学共同起草，经过我修改后交给音乐老师谱曲。可孩子们从他们在音乐课上唱的谷建芬的歌中，喜欢上了这位谷阿姨，便提出："能不能让谷建芬阿姨为我们谱班歌？"这个想法大胆而奇特，但当我们给谷建芬老师写信提出这个请求时，谷老师居然答应了。从此，她专门为我班孩子谱曲的班歌《唱着歌儿向未来》就一直伴随着我的班主任工作。我之所以把谷建芬老师视为我成长历程中的关键人物，是因为 30 多年来，我一直觉得她的目光注视着我，我因此而感受到一种激励。她答应为我谱班歌，对我来说是一种"运气"，是偶然；但谱了歌之后，我却有意识地把她视为一个标杆，这是必然。每当我的工作有所懈怠时，我就问自己，连和教育没有直接关系的作曲家谷建芬老师都那么关心我的学生，我有什么理由不好好爱我的每一个学生并做好每一天的工作呢？

王绍华

说起"王绍华"，绝大多数读者会感到陌生，但对我来说，这也是刻入我生命的名字。王绍华是我在成都市石室中学工作期间的校长。他当年诙谐而真诚地用"谈恋爱追对象"来比喻他希望我到千年名校石室中学工作的迫切心情，至今让我感动不已。但他对我的影响绝不只是"感动"。记得我刚到石室中学，他便问我有什么要求，我说我就希望能安安静静地当一名语文教师和班主任，王校长马上说："好！我就让你当一名教师，并尽量创造条件让你朝名师和专家的方向发展。"我顿时有一种被理解的感动。以后王校长果然没有"打扰"我，我得以从容不迫地上课带班。关键时候他总给我有力的支持。1998 年 11 月，我想去北师大参加纪念苏霍姆林斯基八十诞辰国际学术研讨会，但不够某种"资格"，是王校长努力争取让我得以成行。我因此而结识了苏霍姆林斯卡娅，我的教育视野也提升了一个境界。

两年后，当我提出要考博士时，王校长不但很爽快地签字同意我报考，而且还特意勉励我向著名特级教师顾泠沅学习，说顾老师也是作为一名中学教师攻读博士学位的。应该说，王校长在这两件事上对我的支持，都加速了我的成长。另外，王校长的仁慈、大度和智慧，都影响了我后来做校长。现在每当遇到困难，我往往会情不自禁地想，如果是王校长，他会怎么做呢？

朱永新

许多熟悉我的人都知道我是朱永新老师的博士生。但朱老师对我的影响，首先却不是知识和学问，而是他的为人。第一，他毫无功利地爱才。我当然算不上有多大的才，但他却把我当作"才"来爱惜与提携。我两原本素不相识，偶然相见后，他便提出要调我到苏州工作，我婉言谢绝后，他又提出让我考他的博士生。博士毕业后，他希望我留在苏州工作，但我回到了成都。从那以后到现在，他多次对我表示出期待，可我每一次都坚守成都没让他如愿。但他依然一如既往地支持我帮助我。不光对我，他还帮助了许许多多普通的老师，但从没要求过"回报"。在我看来，他对人的帮助，就是他善良的自然流露。他总是希望所有有理想有才能的人都能做出一番成就。第二，他胸襟博大。他曾亲口对我说过："只有大胸襟，才能做大事业！"他的大气大度，感动了很多人，也包容了很多人。有时候我们都觉得他的宽厚到了"没有原则"的地步，但他总说："谁没缺点？看人只看他的优点就是了，大家一起做事，需要彼此多包容。"这点对我影响很大。第三，他对教育全身心地热爱与投入。作为民进中央副主席、全国政协副秘书长和中国教育学会副会长，他有多忙可想而知。但他依然利用周末和节假日投身"新教育实验"，常常马不停蹄，甚至通宵达旦地奔波。他说："我愿意为新教育打工！"我曾把他称作"中国教育第一义工"。现在，我无论多么忙，只要想到朱老师，我就觉得自己所谓的"忙"实在不算什么。

雷福民

雷福民是原成都市武侯区教育局局长，以前他在位时，我不便公开向他表达我的敬意和谢意，现在他退下来了，我写文章夸他，不至于被人视为"拍马屁"吧？我之所以把雷局长视为我成长路上的关键人物之一，固然是因为他给了我一个做校长的平台——当初我打算离开成都时，他给我发了一条短信："明天到我办公室来一趟！"这条短信决定了我继续留在成都，也决定了我出任成都市武侯实验中学校长。但这还不是他对我"最关键"的唯一原因，甚至不是主要原因，主要原因还在于他对我的理解与包容。所谓"理解"，就是他明白我的追求是什么，也知道我的长处和短处，进而给我以实实在在的支持。我说我当校长不是目的，搞平民教育才是我的追求，于是他把我派往郊外的一所农村学校（随着城市化进程，现在这所学校叫"涉农学校"）；为了不让繁琐的管理杂务缠住我，他给我配备常务副校长，把我解脱出来，让我脚踏实地、专心致志地思考与研究。他不但理解我，更包容我。他了解我的个性，并包容我的个性，尽可能给我以思想的自由，也给我行动的宽松，他甚至允许我不参加教育局的校长会。所以我在他面前说话从来坦诚直率，有时候甚至肆无忌惮。正是这种自由，让我这几年的心灵相对舒展，我的行动也相对潇洒。顺便说说，雷局长退了之后，他的两位继任者都延续了他对我的理解和宽容。这是我的幸运。

三、关键书籍

《青春万岁》

这不是一本教育理论书，而是一本反映校园生活的长篇小说。今天读来，这部写于 20 世纪 50 年代初的书，很是幼稚与粗糙。但当我在大三读这本书时，我却被书中纯净清新的校园气息所陶醉了，被主人公的纯真健朗所打动了，被作品所洋溢的理想主义和浪漫主义所感染了。原来教育是这样的美丽而美好！《青春万岁》激起了我对中学校园的向往，它也成为我踏上中学讲台后给学生全文朗读的第一本长篇小说。

《给教师的一百条建议》

无论怎么评价《给教师的一百条建议》对我的影响都不过分。这本书我不知读了多少遍，每读一遍我都心潮起伏。书中包含哲理的语句，以及浓浓的人情味，让我痴迷，甚至让我感到我在亲耳聆听苏霍姆林斯基的教诲。我常常能够从字里行间读到我自己，我的故事和我的思考，进而坚定我的教育信念。这本书还影响了我的文风，寓思考于故事，在叙事中抒情，让思想闪烁着人性的光芒，这是苏霍姆林斯基教给我的写作风格。

《帕夫雷什中学》

在我看来，这是一部学校管理的百科全书。在书中，苏霍姆林斯基全方位地展示了他在德育、智育、体育、美育、劳动技术教育以及学生个性发展、教师专业成长等方面的探索实践。和作者的其他著作一样，该书同样以案例呈现其教育理念。"教育如童话般美丽"是这本书的精髓。可以说，我教育中的浪漫，正是源于《帕夫雷什中学》。

《陶行知教育文选》

这本薄薄的小册子蕴含着丰富的教育的爱、思想和智慧。打开这本书，一股浓郁的中国气派、生活气息会扑面而来，让人感到朴素亲切而且富有鲜明的时代感。如果我们细细清理陶行知先生为我们留下的丰厚的教育遗产，我们会强烈感受到他在教育实践中所体现出来的鲜明的民主精神。正是先生的民主教育思想，深深地影响了我，直到现在。

2014 年 11 月 19 日晚写于北京至成都的航班上

得失寸心知

——执教《理想》的回顾与剖析

一

2014 年 12 月初，接到成都市教科院谭文丽副院长的电话，说成都市教育局将在 9 日和 10 日举行名师论坛，其中有一个环节是让成都名师上一堂课，专门讲成都名家入选中学语文教材的作品。她希望我讲流沙河先生的诗《理想》。她还说："到时候我们还会将流沙河先生请到现场听你讲他的作品，课后还要请他评课呢！"

我当即答应："没问题！"

其实，十多年前，我就在《人民教育》上发表文章，声明我不再借班上公开课。五年前，我在写给程红兵的信中，也鼓动他和我一起抵制那种"一招鲜吃遍天"的"公开课"。因此，这么多年来，我一直拒绝借班上课。我到现在都坚持我的观点——应该取消借班上课的充满表演性的所谓"公开课"！无论它有怎样的"必要性"，这种非常态的公开课对教育来说，弊大于利。

但这次我这么爽快地答应上公开课，而且是我反对的借班上课，不只是因为成都市教科院是我原来工作过的单位，更因为我将讲的课文是我尊敬的流沙河先生的作品。我想，以这种方式和流沙河先生在精神上相遇，是一件很有意思也很有意义的事。于是，我妥协了。

还有一个更深层次的原因。最近，中学语文界就某些名师的公开课产生了争议，我因此正在思考"语文课应该怎么上"这一朴素的问题。我想借这次公开课，进行一些深入研究与探索。

多年来，一些老师一想到公开课，考虑的就是"亮点""高潮""突破""深刻""催人泪下"……至少要让人"耳目一新"。这种思路，是着眼于听课老师或评委，而唯独很少想到学生。我想，这次既然是诗歌，那可不可以就带着学生读一读，议一议，说一说，练一练呢？大家是否接受我这个所谓的"名师"上一节朴素甚至"平淡"的公开课呢？

我想，我就试试上一堂没有"亮点"和"高潮"的公开课吧！

接到任务的当天晚上，我在微信上表达了我这个想法，得到朋友们的普遍点赞。

二

我从没教过《理想》这首诗。找来教材把《理想》看了看，读了读。坦率地说，这是流沙河先生写得并不太好的一首诗。要讲好还真不容易。我请教我校语文组老师，大家也说不好讲，以前讲这篇课文都是让学生自己读读而已，反正按教材安排这也是一篇自读课文。在今年秋季的新教材中，这首诗已经被删去了。

但不管怎样，既然答应了，我当然还是要认真上，"认真上"的前提就是认真备课。我开始细心研究这首诗。研读这首诗时，我有了许多自以为独到的发现，也找到了突破的"亮点"。

比如，这首诗其实是一首用形象的语言写成的议论文，而且是"总分总"结构：先说什么是理想，然后说在不同的年代有哪些理想以及理想的意义，最后号召人们树立远大理想并为之奋斗。整首诗是逻辑思维，而非形象思维，尽管用了许多形象的表述。我想：我可不可以带着学生以"诗的特点"为研究重点，对这首诗进行探讨呢？

又如，这首诗明显带有作者个人的人生体验，沙河先生历经坎坷而依然执着于学问研究，这正是坚持理想的体现。不同的年代、不同的境遇下不同的人都可以有不同的理想，而不是像过去一样，一说到"理想"就是指"共产主义"。如果我和学生一起分析，各自结合自己的实际——我也可以把我的经历带进课堂，与学生彼此平等对话，互动探讨，也挺有"新课改"味道的。

再如，这首诗虽然主要是在说理而非抒情，但语言的运用是值得学习的，顶针、比喻等修辞，还有富有节奏的音乐美，都是可以让学生学习的。可以想象，如果我带着学生造句或仿写，将会出现多少意想不到而精彩的句子啊！

越琢磨，越觉得这首看似浅显的诗是可以上出"新意"和"深度"的。

我提醒自己，谈理想的课文，尽管是一首诗，很容易上成励志课甚至上成"共圆伟大的中国梦"的思想品德课，但那就不是语文了。

我要避免把语文课上成班会课。

三

我拨通了沙河老师的电话，向他请教他写这首诗的有关背景。

沙河先生非常客气，在电话里说："我这首诗写得并不好。这首《理想》不过是押韵的说教文字，叫'论理想'。"

我暗想，这正和我的感觉一样嘛！但我又觉得先生这样说是出于谦虚。

先生继续说："这首诗并不是我要写的，是奉命之作。当时是《诗刊》副主编柯岩约我写的，我就想要将这诗写得与众不同。过去说到'理想'，就一种共产主义，而我想表达理想不仅是多元的，也是多时多态的，不同的环境、状态、时间、境遇，都有不同的理想。"

我问道："沙河先生，您为什么说您这首诗写得并不好呢？"

他直率地说："因为这首诗是违背诗的本质的。"

我大吃一惊："为什么？"

他笑了："诗应该是非说教的，应该具有美感。而我这首诗恰恰是说教，只是我说教的语言比较美，但本质上是说教。你看，这首诗可以归纳为一二三，先说什么后说什么之类，教育人们要有理想。凡是能归纳的，都不是诗。诗不是要人们明白道理，而是要获得美感。"

他又给我举例："你看孟浩然的《春晓》。第一句'春眠不觉晓'，写诗人睡得多香，完全不知道天已经亮了。就突然醒来，也没完全醒，还闭着眼睛在享受，耳边传来鸟鸣，清脆悦耳，让人想到窗外的春光烂漫。这么听着，这么陶醉着，突然想起，哦，昨晚是迷迷糊糊醒过一次，是下了雨，刮了风，哎呀，那花瓣该被吹落了好多啊！他告诉我们道理了吗？没有。他想说明什么呢？说不清楚。如果知道了，而且能够说清楚，就不是诗了。但我们感到了快乐，而这快乐又说不清楚。说不出的快乐，才是真正的快乐。最绝妙的是欧阳修的《梦中作》，四句诗全是梦境。你说得清楚作者要表达什么吗？说不清楚。说不清楚的诗，才是好诗。"

先生的一番话，印证了我对《理想》的肤浅的感受，但先生说得更透彻。我觉得我完全可以从"批判性思维"的角度，以"诗的本质"为切入口开始我的课堂教学。

但到时候沙河先生就在台下坐着听我的课，我这样"批判"合适吗？

我问先生："沙河老师，那我可以对学生说您这首诗并不符合诗的本质吗？"

沙河老师不假思索地说："当然可以，而且必须这样讲，你才能够上出新意。"

我心里踏实了。好，就这样讲。

他又说："李老师，到时候你需要我怎么配合，你说就是了。我一定全力配合你！"

"谢谢！谢谢沙河老师！"我发自内心地说。

但我还是有顾虑："这样一来，您这首诗还有什么教学价值呢？"

沙河先生说："这首诗对于中学生来说，也有值得学习的地方，比如用词准确，没有一句多余的话，可让学生仿写有韵的句子。"

嗯，既从"批判"的角度讲"诗的本质"应该是形象思维，又从学习的角度让学生借鉴语言运用。这样挺好的。

我基本上确定了我的讲课思路了。

四

我在电脑上敲下"教学提纲"——

让学生齐读全诗。

和学生一起分析概括诗的内容——

第一部分（1）：理想是什么？（是前进的方向）

第二部分（2—11）：理想的意义。

（2—3）：理想的历史意义。（推动历史前进的精神支柱和动力）

（4—7）：理想的人格意义。（使人格更完美）

（8—11）：理想的人生意义。（使人生更积极）

第三部分（12）：鼓励人们树立远大理想，并为之奋斗。

（所谓"总—分—总"）

看这个结构，问题出来了：这不是议论文吗？

是的，从某种意义上说，《理想》的确是议论文，但又不是一般的议论文，而是用诗的语言写的议论文。

诗的特点：形象思维。

诗所表达的思想或者情感是含蓄的，朦胧的，是说不清的，诗的最高境界就是能够意会不能言传。比如《春晓》。

还有哪些类似的诗？请同学们接下来想一想，找一找。

诗当然可以说理，但说理的诗肯定不是最好的诗。

《理想》能够分析成一篇议论文，因此，这虽然是一首诗，但这不是一首最好的诗，因为它本质上还是一种说教。

但这种说教又很形象。这和其语言表达有关——形象，音乐美（押韵与节奏）。

请学生起来读自己最喜欢的段落，并略作分析。

学习模仿课文中的比喻句。

……

五

翻看十年前出版的《听李镇西老师讲课》。重读我当年写的序言，读到这样的话——

所谓"举重若轻"，是指教师的内在功底以及对教材的处理艺术。这里的"重"，指的是教师本人的文化储备和课文固有的文化内涵；"轻"则指的是深入浅出的教学。备课时，教师应该尽可能深入地钻研教材，挖掘文本的精神内核，感悟其深刻厚重的文化内涵；但是在课堂上，则要尽可能尊重学生的认知水平和能力基础，将课文深刻的思想内容和学生的生活打通，让他们轻松地感悟课文内容。任何因脱离学生实际而让学生不知所云的"精彩讲解"、"深刻分析"，都不过是教师"举重若重"的自言自语。

对一篇课文来说，首先是学生学，而不是教师学。因此，现在我主张，要把（教师）"教"的过程变成（学生）"学"的过程，无论备课还是上课，都应该从学生的角度来思考、设计和操作。

读自己的话，我居然感觉被人当头棒喝："你怎么忘记了你自己的主张了？"

这几天的思考琢磨，不都是在想"教师怎么教"而不是"学生怎么学"吗？我老想着这样"深刻"那样"新意"，唯独没有"从学生的角度来思考、设计和操作"！

我自以为得意的教学思路，恰恰违背了我当年"在课堂上，则要尽可能尊重学生的认知水平和能力基础，将课文深刻的思想内容和学生的生活打通，让他们轻松地感悟课文内容"的主张，而堕入了我当年所批评的"让学生不知所云的'精彩讲解'、'深刻分析'，都不过是教师'举重若重'的自言自语"！

昨天还在微信朋友圈批评一些老师上公开课"着眼于听课老师或评委，而唯独很少想到学生"，还说这次上课"要带着学生读一读，议一议，说一说，练一练呢"，要"上一节朴素甚至'平淡'的公开课"，可一不小心，心灵深处那个表现欲就冒了出来。我这不是自打耳光吗？

毫不夸张地说，我出了一身冷汗。自责和反思之后，我在微信朋友圈写道——

我的教学对象是初一的孩子，千万不要脱离他们的实际而过于"深刻"，既不要把这堂课上成关于"中国梦"的励志课，也不要把讲台变成我在宣读研究论文的地方，不要剥夺孩子的思考权和表达权。哪怕让学生在我的引导下理解了五分，也比我灌输十分强。语文教师要学会在课堂上克制自己的"表达欲"。让语文课回归语文，让学生成为学习的主体。因为是他们在学，不是我在学。这是常识。

六

走出自我欣赏的陷阱，我真正把学生放在首位，决定让孩子们多诵读，多欣赏，多研讨，多仿写，以文本诵读与语言训练为重点。

关于"违背诗的本质"，在最后涉及，但不作为重点，只是作为一个开放性的话题，拓展学生的思考空间。

我重新调整教学思路——

以朗读开始教学，让学生齐读全诗。

然后交流讨论：这首诗写的是什么？或者说，想表达什么？有什么问题吗？最喜欢的段落是哪个？

引导学生品味语言的形象与音乐美（押韵与节奏）。

请学生起来读自己最喜欢的段落，并略作分析。

读一读第1、2、3节和第12节。说一说这些段落的语言有什么特点？

训练：

顶针，比喻，把抽象的东西形象化。

学生练笔：友谊，幸福，善良，（妈妈的，爸爸的，老师的，朋友的）爱……

学生自己写，自己说。

拓展视野，给学生讲讲流沙河。

讲流沙河先生为何不承认自己是诗人。

诗的特点：形象思维。

大家讨论：这首诗符合"形象思维"的特点吗？不作结论，开放式的争鸣。

上课前两天，和学生见了面，布置预习要求：（1）多读几遍课文；（2）想想这首诗说的是什么？（3）最喜欢的段落？（4）有什么疑问？

七

上课的前一天晚上，读到我去年写的一篇随笔《这些年被我们败坏的词语》，文中提到的"被我们败坏的词语"中就有"理想"这个词。我这样写道——

> "理想"：这个词的高贵与神圣不言而喻。尽管"文革"中，这个词被赋予云端空想的内涵，它的前缀词往往必定是"共产主义"，但我认为"理想"本身是人之为"人"的精神特质之一，正是理想把我们与猪猡区别开来了。也许是"理想"这个词曾经被"伪圣化"，作为对它的反动，便是"理想"一词一落千丈的贬值，乃至被奚落。现在，如果我们周围有人说他"有理想"，人们多半会一愣："这人有病，而且病得不轻！"因此，如今这个词几乎只存在于中小学生的作文中。而在生活中，"理想"一词差不多和"矫情""假大空"同义，人们唯恐避之不及。如果非要表达"理想"的意思，那宁肯说"梦想"。比如"中国梦"。

我自然想到了即将执教的《理想》。这首诗写于 80 年代，那是一个理想主义高扬的年代。而在今天，相当一部分人理想失落，而堕入物质主义的泥潭。在这种情况下，对初一的孩子还是应该正面引导他们坚守理想，至少要有一种精神追求。如果我一味引导学生谈这首诗如何"违背诗的本质"，尽管是一种"研究"，但对初一的孩子来讲，则是一种很容易喧宾夺主的误导。

我想到我尊敬的钱梦龙老师对我说过的话："我认为，教师解读教材，是一种'教学解读'，跟一般读者的欣赏性解读或学者的评论式解读应有所区别。'教学解读'是一种'目中有人（学生）'的解读，其解读的深度必须依学生的发展水平而定，它不像一般读者那样可以随心所欲地解读文本，也不必像学者那样刻意求深求新求异。"

我决定彻底放弃对所谓"诗歌本质"的探讨，正面引导学生学习本诗。看起来，这是一种"学术倒退"，或者说"浅显阅读"。但这是符合语文教学特点的"教学解读"。

是的，是面对初一孩子的"教学解读"！

八

我的课是安排在下午两点钟开始。上午十一点钟左右，我打算再读一遍这首诗。读到开头第一节和第二节，我感觉字里行间有一种沉甸甸的东西。这"东西"是沉重的历史，是丰厚的人生。而这份"沉重"与"厚重"是初一孩子不容易理解的。

需不需要给他们讲解？如果不讲，他们可能无法真正理解诗歌要表达的内涵；如果讲，会不会成为教师的"强势灌输"？

这实际上是一个尊重学生与引导学生的关系问题。处理好这个分寸，掌握好这个平衡，就是教学艺术。

我想，到时候如果学生读到这里提出问题，或者说，他们的理解有误，我以平等一员的身份给他们谈我的想法，是完全可以的。尊重学生不等于放任自流。

但怎么讲呢？这让我有些犯难。因为一讲必然涉及沙河先生的个人经历，而先生似乎不太愿意我在课堂上过多涉及他那段坎坷遭遇。但我想，既然这首诗已经是课文，那它就有着相对独立的位置，我也应该独立地进行教学。

我想到一个很好的办法，就是用沙河先生自己写的反映那个年代的诗来解读这首《理想》，比如《中秋》《哄小儿》《焚书》，等等，既帮助学生理解为什么说不同年代有不同的理想，明白逆境中坚守理想的可贵，又让学生更全面地了解沙河先生的人格，同时扩大了他们的阅读面。

关于语言训练，我想到我 25 年前写的一首小诗《元旦吟》，就是把抽象的"元旦"用一系列比喻将其形象化。我可以将这首诗展示给学生，作为一种示范，让学生也学会类似的语言表达。

还有，我本想以学生朗读这首诗作为教学的开始。但这首诗比较长，读一遍就要 5 分钟，读两遍需要 10 分钟。而课堂时间只有 40 分钟。按说讲诗歌的课不让学生朗读有点说不过去，但如果真的要读，时间哪够？

想了想，我决定减少朗读，一开始就让学生交流讨论。因为学生预习时已经读过了，如果课堂上还要学生读，这不是做给听课老师看的吗？没必要。

当然，在教学过程中，如果需要，可让学生读片段。总之，视现场情况而定。

临上课前，我的教学思路才真正敲定了——

学生交流：预习时查了哪些字词？诗写了什么？有什么疑问？

围绕这些问题学生发言、讨论，教师和他们一起研讨。

最喜欢的段落和语句是什么？为什么喜欢？有什么特点？

很自然地让学生朗读，并仿写。

语言训练：

1. 造一个顶针句。

2. 续写："理想是……"

3. 比喻句：幸福（贫困中相濡以沫的一块糕饼，患难中心心相印的一个眼神，父亲一次粗糙的抚摸，女友一个温馨的字条……），友谊，善良，爸爸妈妈的爱……

4. 我的《元旦吟》。

九

站在台上看下面，黑压压的一片。上千名听课老师坐满了整个演讲厅，密密麻麻，水泄不通，墙角还站着许多没找到座位的老师。

我终于感到了压力。但我告诉自己，就按我的想法上，就算没上好，难道就把我的特级教师撤消了？这样一想就轻松了。

"大家读了吗？"我问孩子们。

"读过了！"大家说，并点头。

没有"起立""同学们好""老师好"，似乎不经意间，我开始上课了。

"既然读过了，那你们有没有发现不认识的字词呢？都查了吗？"我再问。

有同学举手了。

我突然想到，是不是该分组讨论一下？我问同学们："是分组讨论交流一下呢，还是就这样举手发言交流？"

同学们都说："就这样吧！"

"那好，这位同学说吧！"我请第一位举手的同学。

他站起来说了自己查过的几个字和几个词。

另外几个同学也分别说了自己查过的字词。

我表扬了这几个同学，然后说："大家知道这首诗写了什么吗？"

同学们纷纷说："写了理想是什么。""还写了有了理想的意义，如果人没有理想会怎样。""作者希望我们都有理想。"……

应该说，就写了什么而言，这首诗是不难理解的。我没有在此多花时间，更没有按议论文的思路分析"结构"。而是很快引导学生进行讨论和研究："有什么不懂的问题吗？"

孩子们纷纷举手，表现出极大的热情：

"为什么理想既是一种获得，又是一种牺牲？"

"为什么说总有人抛弃了理想，理想却从来不抛弃任何人？"

"理想为什么会被玷污？"

"为什么说'理想如果给你带来荣誉，那只不过是它的副产品'？"

"'大写的人'是什么意思？"

……

每当一个学生提出问题，我总是习惯性地问其他同学："对这个问题有同学能够回答吗？"一个同学回答后，我又问："还有同学有不同的看法吗？"

我这两个问题，实际上就是"挑起"研究和研讨，学生的思想就是这样被点燃的，课堂的研究性氛围就是这样被营造的。

有时候，我也适时加入我的评论，发表我的看法。作为平等而主导的一员，我有权利发表我的看法。

一个又一个的问题，一次又一次的研讨，有学生的提问和发言，有我的补充和分析，尽管很"耗"时间，但我还是比较沉着地尽量让学生说，我提醒自己要"克制"。

本来这个时段应该是课堂最精彩的环节。我说的是"应该"，就意味着实际上并没有达到应有的精彩。这里，我得坦率承认，恰恰是在这个环节，我没做好。失去了很多让学生思维熊熊燃烧的机会，留下了无法弥补的遗憾。这点，我后面还要细说。

十

基本上没人提问了，我偷偷看了看时间，还有 15 分钟就下课了。

我问:"刚才大家就一些问题进行了研讨,现在我们交流一下各自喜欢的段落或语句吧!"我由此把课堂引向欣赏和品味的阶段。

孩子们纷纷举手,说各自喜欢的部分。每一个同学发言的时候,我都让他先把相关段落朗读一遍,然后再赏析。

有一个同学说,她喜欢开头两段,读起来很美。我接过话题,请大家把这两段齐读一遍:

> 理想是石,敲出星星之火;
>
> 理想是火,点燃熄灭的灯;
>
> 理想是灯,照亮夜行的路;
>
> 理想是路,引你走到黎明。

> 饥寒的年代里,理想是温饱;
>
> 温饱的年代里,理想是文明。
>
> 离乱的年代里,理想是安定;
>
> 安定的年代里,理想是繁荣。

然后我也把这两段朗读了一遍,并趁此分析了这两段的语言和节奏。

这两段表面上看,是用形象的语言在说"理想是什么",字面上的意思学生不难理解。但这几句话实际上饱含着作者沉甸甸的切身感受,我应该给学生作些补充,让学生更深刻地理解。

我的语气变得舒缓而沉重起来:"'饥寒的年代里,理想是温饱',

这里面有着作者的切身体验。大家可能知道流沙河爷爷的遭遇，历经20年的坎坷。下面我给大家读几首流沙河爷爷写的诗，这些诗真实地展现了那一页不堪回首的历史……"

我开始给大家朗读——

中　秋

纸窗亮，负儿去工场。

赤脚裸身锯大木。

音韵铿锵，节奏悠扬。

爱他铁齿有情，

养我一家四口；

恨他铁齿无情，

啃我壮年时光。

啃完春，啃完夏，

晚归忽闻桂花香。

屈指今夜中秋节，

叫贤妻快来窗前看月亮。

妻说月色果然好，

明晨又该洗衣裳，

不如早上床！

哄小儿

爸爸变了棚中牛，
今日又变家中马。
笑跪床上四蹄爬，
乖乖儿，快来骑马马！

爸爸驮你打游击，
你说好耍不好耍？
小小屋中有自由，
门一关，就是家天下。

莫要跑到门外去，
去到门外有人骂。
只怪爸爸连累你，
乖乖儿，快用鞭子打！

夜　读

一天风雪雪断路，
晚来关门读禁书。
脚踏烘笼手搓手，
一句一笑吟，
一句一欢呼。

刚刚读到最佳处，

可惜瓶灯油又枯。

鸡声四起难入睡，

墙缝月窥我，

弯弯一把梳。

焚　书

留你留不得，

藏你藏不住。

今宵送你进火炉，

永别了，

契诃夫！

夹鼻眼镜山羊胡，

你在笑，我在哭。

灰飞烟灭光明尽，

永别了，

契诃夫！

　　我朗读的时候，自然联想到了我"文革"时的经历，想到了父亲去世后母亲遭受迫害的场面，想到了我和妹妹在外受尽歧视和欺凌只好躲在家里的情景，想到我偷偷读禁书的夜晚……我感到我不是在读沙河先生的诗，而是在读我自己的经历。苍凉的声音回荡在大厅。

我说:"知道了这些,就知道了为什么'饥寒的年代里,理想是温饱''离乱的年代里,理想是安定'!正是在那饥寒而离乱的年代,流沙河爷爷知道自己不能再写诗了,他没有放弃追求而转为做学问,研究祖国的汉字,研究祖国的文化,因而成了一代大家!让我们向流沙河爷爷表达我们的敬意!"

同学们热烈鼓掌,向台下坐着的流沙河爷爷表达敬意。

我看时间只有 5 分钟了,还没有进行语言训练,心里有些慌。对学生说:"这首诗说的是理想,但不是抽象地说,而是用了许多修辞,比如顶针和比喻。"

我已经不管什么"启发"和"引导"了,而是直接灌输。因为快下课了,我迫不及待。

然后我进行了短时间的语言训练。本来想让学生写顶针句,但没时间了;我便让学生仿写一个或几个句子,尽量形象,用比喻。我说:"这实际上就是在写诗了。有的诗也就是一句或者几句比喻和想象。比如泰戈尔的小诗:'鸟儿愿为一朵云,云儿愿为一只鸟。''树是空中的根,根是底下的树。'大家试试。可以续写理想,也可以用比喻来写幸福、友谊、母爱等,想写什么就写什么。"

学生开始写,但我看快下课了,便叫了两位已经写好的同学起来读自己的"作品"——

母爱是一顿晚餐,多么美味;母爱是一件衣服,多么温暖。

理想像嫩芽,穿破土层,寻找广阔的天地。

虽然粗糙，但不乏灵气。如果继续让大家交流，课堂气氛会非常好，而且孩子们肯定会有更多收获，但时间已经不允许了。

最后，我读了我写的《元旦吟》，让学生看我是怎样将"元旦"这个日子具体化、形象化的："是滴血的婴儿在护士手掌中快乐地啼叫，是破晓的雄鸡在农人矮墙上庄严地鸣唱，是油黑土地在残雪覆盖下对春天的初恋，是碧绿江河在朝霞浸染中对风帆的企盼……"

然后，就下课了。

十一

课后，许多老师都说我这堂课"上得好"，什么"大气从容""收放自如""潇洒自然"，还说"只有你才能这样上，因为你是在讲你自己"……

晚上，我在微信上写道："今天的课，自我感觉还将就。但没有达到我能够达到的最佳水平。和每次上公开课一样，这次也有不少遗憾。而且今天我在回答老师提问时就说了，不少遗憾是公开课本身造成的。我打算就这次备课和上课的情况，写一篇总结。这比上课更有意义。"

说"还将就"，是因为这堂课至少体现了我的一些追求，比如自然，比如尽可能多地让学生说，让他们研讨，不追求人为的"亮点"和"高潮"，总之，比较朴素。

但问题也不少。

表面上看，最大的问题是在后半部分我还是没能克制自己，讲得过多。好些时候，学生提问，我来不及让学生互相讨论，便直接回答了。但为什么我不能克制自己呢？是因为时间不多了。为什么没有时间呢？是因为前半部分我都把时间给学生了。

课后我曾经这样想：唉，如果前半部分不让学生讨论那么久，后面的时间会充裕一些。但仔细想，这还是我引导不得法。如果我善于捕捉，善于切入，我完全有机会既自然而然地和学生一起研讨，又不动声色地控制好课堂节奏。但因为我的失误，这堂课前半部分基本上是任学生讨论而缺乏教师的引领，后半部分基本上是教师的强势灌输。我一直追求语文课堂教学的尊重与引领的有机统一，而这堂课前后两部分却明显脱节。所谓"尊重"成了"大家说"，所谓"引领"成了"一言堂"。

十二

前半部分当然不是一无可取。最大的亮点，是我尽可能把时间留给学生，让他们多讲，而我尽可能克制自己，努力做倾听者。当然，也不只是倾听，也有引导，而且我有些引导还是不错的。比如——

有学生问："为什么说'理想既是一种获得，理想又是一种牺牲'？"

我让大家讨论。

有同学说："为了理想的实现，我们就会牺牲一些个人利益，但在实现理想之后，我们收获到人生的阅历与成功的幸福。"

有同学说："因为凡事有舍才有得。"

有同学说："因为在实现理想的过程中，我们要付出代价。这种代价就是一种牺牲。"

有同学说："'获得'指的是理想带来的成功和幸福；而'牺牲'指的是辉煌背后的付出。"

……

学生的这些回答都是不错的，但都还是概念式的说法。我给他们讲了我的一段真实体验。我说："今天早上我收到著名作曲家谷建芬老师的一封信和一个珍贵的包裹，包裹是她送给我校孩子的音乐CD，是她新创作的作品。谷建芬这个名字可能你们不一定熟悉，她就是《歌声与微笑》的作者。这让我很感慨！我刚当老师的时候就有一个理想：我一定要把每个学生教好，就这么一个朴素的想法，要让每一个在我班上的孩子都觉得很开心，所以我请谷建芬老师为他们谱了一首歌。30年过去了，今年我们搞了30年聚会，又唱起了她当年为我们谱的歌。我对我的学生们说：'我们用30年的岁月的金络，编织了一个童话，这个童话至今温暖着也愉悦着彼此的心。这就是一种收获！'那有的老师和同学可能会问，什么又叫'牺牲'呢？我也'牺牲'了很多，当然这种牺牲是一般人的看法，比如说我几乎没有星期天，还有许多节假日和学生在一起，等等，但我不认为这是牺牲。还有的人认为我应该得到的一些'名利'没有得到，我也不认为这是一种牺牲。我认为这种生活多好啊！在旁人看来，我失去了许多世俗的功利，这是一种牺牲，但其实对我来说，这种牺牲是值得的，因为我所获得的远远大于所谓的'牺牲'。有的人却觉得这是一种牺牲，但我就认为这未必是一种牺牲啊。个人的看法不一样啊！'理想就是一种获得，又是一种牺牲'，我说这些同学们未必都懂，希望你们用未来的岁月去验证这句话！"

孩子们听得非常认真，显然被感动了。

在这里，教师的人生阅历成了现场生成的教学资源。

有个女生的问题比较特殊："为什么作者说有理想的人是'大写的人'？"

我明白她应该知道"大写的人"是什么意思，便问："你知道'大写的人'是什么意思吗？"

她说："是高尚的人。"

还有同学说："是伟大的人。""崇高的人。"

我说："对，所谓'大写的人'就是指高尚的人。但作者为什么要用'大写的人'这种表述呢？其实'大写的人'是从国外引进的词语，是音译词，最早是苏联的高尔基在写作的时候用到这个词，在俄语里要强调的词语字母就要大写，所以后来'大写的人'就成了一个典故，不过现在很少用了。非常感谢这位同学让大家增加了知识。"

同学们表示明白了。这里，我基本上是直接回答。因为这个问题已经超越了学生的知识范围，我只能直接回答。我认为，在这里教师直接回答而没让学生讨论，是对的。

有个同学问："为什么说'理想如果给你带来荣誉，那只不过是它的副产品'？"

我照例让学生发表自己的看法。

有同学说："对我来说，荣誉并不是产品，追求理想并不是为了荣誉。"

我笑了："副产品也是产品啊，作者并没有否认产品啊！"

他似乎有些不理解。而其他同学也答不上来，大家都看着我。

我说："副产品也是产品，虽然不是我们追求的，但也是一种不错的收获。然而，这是一种意外的收获。"

我看有的同学似乎还不太明白，便决定用班上同学中的现成例子来说明这个道理。我问："你们班谁的成绩最优秀呀？谁获得的奖励最多呀？"

大家都说出一个名字，并指着前排一个男生，对着他笑。

我走到那个男生面前，笑眯眯地问他："听说你的成绩很优秀，这次考试时考了年级第三名，是吗？"

他有些不好意思，小声说："还可以。"

我笑了："嗯，一点也不谦虚啊！那我问你，你为什么会这么努力地学习呢？"

他想了想，说："为了长大后有一个好工作。"

"嗯，这个想法是不错的。"我说，"你学习是不是为了奖励呢？"

他摇头："没想过。"

"没想过，但你努力学习却获得了老师的表扬和奖励，这就是副产品！但你本身并不是为奖励而学习的。"我说。

我继续举例："比如我们去登峨眉山，目的是上金顶，但走到洗象池，突然看到一群可爱的猴子在嬉戏，我们特别开心。这个场面本身不是我们预料中的，但它的突然出现让我们很快乐。这就是意外的收获，也可以叫作副产品。所以，我们要把各种荣誉都当作意外的收获。没有，我们并不失落；如果有，我们也乐于接受。"

同学们都点头，表示明白了。

这里的引导我觉得还算成功，因为我联系生活，特别是用学生熟悉的生活来帮助他们理解比较抽象的道理。

作为平等的一员，教师适时发表看法，给学生的思维搭桥，让他们理解。这是应该的，甚至是必需的。

十三

但遗憾更多。

我好几处引导不得法。这里仅举一处——

有一个学生问："理想为什么会被玷污？"

这是一个很有研究价值的问题。但我因为感到时间紧迫，干脆便来了个"答记者问"，直接说出了我的理解："举个例子吧，在李老师出生的那个时候人们也很有'理想'，搞'大跃进'等，死了那么多的人，李老师的奶奶活活饿死，姨父被饿死，这些人都是为了美好的'理想'在奋斗啊，一直到'文革'。那个时候人们的理想是实现共产主义，后来却越搞越穷，越搞越穷，后来邓小平说，贫穷不是社会主义。而那段曲折的历史，就是'理想被玷污'啊！本来都是很美好的理想啊。想实现美好的理想，结果适得其反。希望中国富强，希望中国走向文明和进步，这是没有错的，由于种种原因，却走上了歪路，这就是理想被玷污，当然这就不是语文课能解释清楚的问题了。下课大家可以找些书来看。"

在这里，我用学生不熟悉的生活去解释，他们会更加糊涂的，何况我还是如此激昂地灌输！

这是我这堂课最大的败笔。

表面上看，是因为学生的研讨花了许多时间，但其实是因为我的"滔滔不绝"占用了不少时间。于是，后面的欣赏、吟诵、仿写等，就只好草草收场了。

因此，这堂课从时间上看，大半都在分析内容，而涉及形式，即语言表达的研讨与训练只占少数时间，这等于说这堂课主要还是在进行关于理想的教育。本课的"语文"气息自然减弱了。这与我的初衷大为相悖。

十四

在评课与互动阶段，流沙河先生很幽默地评价这堂课："写诗容易讲诗难。我这首诗写得不好，但李老师讲得很好！"

我当然知道先生是谦逊与客气，当不得真的。不过，先生的一个观点倒是颇为前卫："作者一旦完成了作品，阅读包括教师，就完全不必顾及作者的想法，完全可以有自己的解读。"这有点"后现代"的味道了。另外，先生说这诗虽然写得不好，但从语言训练的角度看，还是可以让学生学习的。他强调，语文课还是要把学习语言作为重点。

我谈了我的教学设想，强调了语文教学中对课文的解读，其重点并非纯欣赏性的解读和研究性的解读，而主要还是教学解读，尽管教学解读也离不开欣赏与研究。

许多老师提了许多问题。其中不少老师提到了阅读理解的困惑：究竟怎样才算理解了作品的原意？作者要表达的意思究竟能不能被理解？可否离开作者的写作动机对作品意义进行"再创造"？

流沙河先生当然是主张完全抛开作者不管，想怎么理解就怎么理解。我不知道先生真是这样认为，还是由于对自己作品的一种超然与洒脱。但我决不同意"想怎么理解就怎么理解"。

我坚决反对理解问题上的绝对主义和相对主义。我认为理解是相对和绝对的统一：相对之中有绝对，确定之中有不确定性，差异之中有同一性。

因为"理解"本身就意味着对象是可以被理解的。正确的理解是可能的。所谓"正确的理解"就是把握文本的本意。当然，对某一个具体的理解者来说，其"正确理解"只是"相对正确"，只是绝对真理长河中的一瓢水，但无数理解者理解到的"相对正确"却构成了所有理解者对文本的"绝对正确"，当然，这是一个无穷无尽的过程。理解者之间的差异，也是正常的。差异之间符合文本意义的重叠，便是绝对正确的理解。正如世界上没有完全相同的两片树叶，但世界上也没有完全不相同的树叶一样，理解没有完全一样的，但理解也没有完全不一样的。

以"一千个读者心中有一千个哈姆雷特"为例：每一个读者理

解到的"哈姆雷特"都是原作的部分意义与读者"前理解"结合的产物，属于相对理解；但一千个"哈姆雷特"中把握到的原作意义（亦即对原作理解一致的部分）的总和，便是绝对理解。

只要理解，总有误解；只要理解，总能理解到点什么（总能这样那样地理解作者的思想、情感），在相对的理解中有绝对理解的成分。

因此，所谓"随心所欲的理解"或者"只要言之成理的理解"都可以成一家之言的时髦观点，我是不赞同的。

有一位老师用"纠结"一词向我表达了她听完这节课的感受。她说："李老师，我感觉您这堂课上得很'纠结'，主要体现在三个方面。一是角色意识上，您努力想要处理好学生主体和教师主导的关系，但您总是会控制不住地介入，而违背了您的初衷。二是阅读体验上，您努力想要尊重学生自主的、个性的阅读体验，但又会有意无意地用自己的阅读体验来替代学生的阅读体验，在赏析开头两节时表现得尤其明显。三是教学内容上，读写结合，水乳相融。这堂课临到结束时加了个尾巴，增加了语言训练，感觉比较生硬和突兀。"她还提了一个问题："您刚才提到阅读分为欣赏型阅读、研究型阅读和教学型阅读三种。但这三种其实不是截然分开的，而是互为交叉的。关于教学型阅读，除了欣赏、研究的比重、难易、深浅有所不同外，较于其他两种阅读，它最主要的特点是什么？"

我听出了她对我这堂课的委婉批评。我说："你所说的我这堂课的第一点和第三点纠结，多半都是由公开课这种形式造成的。"我没展开说这个话题。如果时间充裕，我会对她说，如果是平常上课，我也许会从从容容地处理好学生主体和教师主导的关系，让学生在阅读理解的基础上，进行语言训练。比如第一节课可能就专门让学生学习、讨论、理解；第二节课我再进行引导，并进行比较充分的语言训练。但因为公开课只有40分钟，不可能有"第二节"，我留出更多的时间让学生做"主体"，我的"主导"自然不足，同时训练得也不够。

对她的提问，我这样回答："我理解教学解读最主要的特点，还是扣住语言本身学习并进行训练，因为这是语文课。当然，教学解读也需要欣赏性解读和研究性解读的成分，但重点还是语言学习。另外，我还想补充的是，对这几种解读我们也不能绝对地进行区分，对不同年级、不同年龄段的学生，欣赏和研究在教学中所占的比重肯定会不一样，阅读理解的深浅也会不同。比如对高中生，可能研究，包括深度研究的成分就多一些。但对初一的孩子来说，欣赏和训练的成分则多一些。还有文体不同，这三类解读的侧重也会有所不同。"

十年前我写过一段文字："最理想的课堂教学，是尊重（学生）与（教师）引领的和谐统一。但可能是对过去过分强调教师深度解读因而造成课堂上教师话语霸权的反感，我在课堂操作上，生怕自己的思想侵犯了学生的思想，因而情不自禁地尊重有余而引领不足。如何真正让二者水乳交融？这是我一下步努力的方向。"

这个努力至今还没有结束。

十五

课上完了，思考却没有结束，听说许多老师在网上还就我这堂课展开了热烈的讨论。

回想八九十年代，我上公开课确实有些紧张，因为有得失之虑，有名利之心。现在我彻底放开了，反正我就按我的想法上，因此便很放松很自由。这堂课便是如此，虽然并没达到我最初预想的让学生"读一读，议一议，说一说，练一练"的课堂效果，但朴素、自然、不做作，的确是一堂原生态的"公开课"。

尽管我反对公开课，特别反对名师借班上公开课——不得不声明，研究性、探索性而且是对自己学生上的公开课，我是从来不反对的，但由于种种原因，这样的课恐怕还会继续上下去。因此，我想表达对公开课这样的期待——

真正把学生放在心里，而不要把评委和听课老师放在首要位置。要着眼于学生怎么学，而不是评委及听课老师怎么看。

备课的全部心思要放在如何组织学生研读课文，如何展开交流，如何学习课文的可学之处，而不是绞尽脑汁地设计多么"别开生面"的开头，多么"震撼心灵"的高潮，多么"耐人寻味"的结尾。成功的标志是学生是否走进了课文并有收获，而不是让评委觉得"耳目一新"。

备课时，教师当然要深度研读课文，思维越开阔越好，甚至有些批判性思维也无妨，但课堂上一定要有所克制。学生当然也需要引领与提高，他们的思维也需要教师的拓展与深化，但这必须以尊重学生为前提，循循善诱，巧妙引导。千万不要把课堂当成宣读自己博士论文的讲台，也不能为显示自己的深刻与博学而"剑走偏锋"，故作惊人之论。须知你的"深刻"，与学生是没多大关系的。

老老实实地上语文课，不要老想着"颠覆"什么，"构建"什么，或者"率先提出"什么。语文课就是语文课，其根本任务是培养学生运用祖国语言文字的能力。语言当然是精神的载体，任何课文都和文化有关，也和生命有关，但语文课不是"文化讲座"，不是"生命教育"，一切自以为"独到""深刻"的"挖掘"与"一针见血""鞭辟入里"，都不过是教师的自言自语。不要以"人性"的旗号泯灭了语文——这和"文革"期间用假大空的意识形态阉割语文没什么本质的区别，是另一种形式的思想专制。

当然，我在这些方面有时也做得不好，因此上述所言，也是对我自己的提醒。

2014 年 12 月 13 日

"请像我一样
做教师！"

今天上午第三节和第四节课，我分别给初三两个班的学生上课，主题是"给未来留下温馨的记忆"。

我对同学们说："年级主任希望我给初三每个班的同学上一节课。上什么呢？讲学习吗？你们老师每天都在给你们讲，我再讲这个，大家不爱听。讲励志的道理吗？讲大道理空洞乏味，你们还是不爱听。于是我决定给你们讲故事。这个故事是我刚参加工作时，在教的第一个班上发生的。"

我又说："我爱教育，也爱文学。可是当了老师怎么又同时能够当作家呢？我就把我的每一个班都当作文学作品来创作。文学有的因素，我的班一定要有。比如，故事、情感、思想、情趣、浪漫、扣人心弦、催人泪下、心灵飞翔……这些文学作品的元素，我带的班都有，比如'未来班'。"

于是我以图文并茂的方式，给同学们讲了未来班的故事，其间还播放了十多年前的音响视频。我一边讲一边很自然地联系他们的现在，给他们讲善良，讲纯真，讲童心，讲珍惜，讲让人们因我的存在而感到幸福，讲是否给未来留下温馨的记忆取决于今天他们的每一个行为……

我给他们展示我上周跟一群孩子玩银杏叶的照片。我说："那天我在校园拍照，拍金色的银杏叶。结果跑来一群孩子，叽叽喳喳要和我一起拍照，还请我和他们一起玩银杏叶。你们看，这场面多欢快！这么一个普通的场景，若干年后就成了我和这群学生共同的温馨记忆。后来我就想，每年秋天，我们校园都特别美，一片片银杏叶落下来，铺在地上，多美！怎么让我们的学生将来能够记住这金色的校园呢？于是我就有了一个创意，我让德育处的老师选择三千多片银杏叶，然后请专业的公司制作成书签，我写一句话，签上名字，过塑后送给我们学校每一个同学，作为 2015 年的新年礼物。将来你们毕业后走出校园，却带走了这片银杏叶。再过 10 年、20 年、30 年，当你们看到这片叶子，就会想到这是母校的银杏叶，就会想到母校的老师，就会想到当初在学校许多温馨的经历！你们说，我这个创意好不好呀？"

同学们都说："好！"并鼓起掌来。

我讲了我和学生的故事，讲我和学生的重逢，同学们都非常感动。我说："我也感到了职业幸福！我的学生对我非常好，让我感到我从事教育是很幸福的，因此我特别庆幸我是一名教师。作为语文老师，我的教育充满了文学的气息；作为班主任，我的教育充满了故事。而文学加故事，就是童话。因此，30 多年来，我只做了一件事，就是把我的教育创作成了一部童话！"

同学们静静地听着，他们的班主任老师和语文老师也认真地听着。

"再过 30 年，你们举行毕业 30 周年聚会的时候，是哪一年呀？"

同学们想了想，说："2045 年。"

我说："对，那一年，将是中国人民抗日战争胜利一百周年！你们举行毕业 30 年聚会多好呀！到时候，你会感慨万千，想想 30 年前李校长说 30 年聚会，当时我们都觉得很遥远，可这 30 年一晃就过去了。呵呵！是的，那时候你们已经四五十岁了，你们的老师六七十岁了，我呢，也八九十岁了。到时候别忘记邀请我参加哦！"

他们都说"会的"。

我说："那你们得准备一个轮椅来请我。"

大家都笑了。

下课后，两位年轻老师都说很感动，语文老师的脸上还挂着泪痕。

我说："我真心希望你们，像我一样做教师！"

他俩都郑重地点头。

我觉得，作为校长，应该有资格、有底气对年轻老师说——

"请像我一样做教师！"

2014 年 12 月 17 日

引领成长

教师的成长
就是我的成功

2006 年 8 月，我出任成都市武侯实验中学校长。担任校长后，出于"惯性"——我不太愿意说是我"热爱"，我没那么高尚——我曾坚持上课并担任班主任，但后来我不得不罢手，因为毕竟我的主要身份与职责是校长。作为杂务缠身的校长，我不可能像单纯的教师一样全力以赴地研究教学并完成各种复杂的教学任务，并达到相应的升学要求。如果我执意要坚持在一线上课，说得直白点，那是对学生不负责。

曾经有一位读者给我写信说："李镇西，在我们心目中，首先是一位语文特级教师和班主任，而不是校长。"是的，一直以来我并没有远离语文教学，没有远离课堂。作为"语文特级教师"的我，做了校长自然会格外关注我校语文教师的成长，关注语文教研组的建设。这种关注，主要体现为思想引领、专业指导、身体力行和提供舞台。

一、思想引领

我常常对老师说："教师，首先是知识分子，他要有知识分子的自觉意识和尊严。一个语文教师，应该有文人情怀，学者视野，诗人气质。"我曾经用教研组活动的时间，给老师们开设专题讲座《语文教师的人文追求》，让老师们以古今中外的语文教育大家为坐标，看到自己的差距和努力的方向。读书，是我对老师们进行思想引领的常规做法。《南渡北归》《民主的细节》《唐宋词十七讲》《前方是什么》《教学机智——教育智慧的意蕴》《语文科课程论基础》等著作，我和老师们一起阅读，一起交流。我办公室的书橱一直向老师们开放。每次和老师们谈心完毕，我都让老师们在书橱中选一本书借去看，而且可以在书中勾画批注，下次还书时和我交流。我还请来钱梦龙、流沙河、魏书生、王栋生（吴非）等名家、大家来到我校，给老师们开设讲座，面对面地交流。每期开学，我都要给老师们播放有关著名知识分子的纪录片和视频，比如傅雷，比如陈寅恪……面对屏幕上的大师巨匠，老师们在心灵震撼的同时，很自然会想到：在今天，"我"作为知识分子，作为语文教师这样的知识分子，应该有怎样的追求和作为？

二、专业指导

因为我年长，教育经历比年轻老师丰富，因此经验和教训都要多一些，这是我能够对他们进行专业指导的资本。我长期听老师们的课，除了统一安排的研究课之外，我喜欢跟踪听某一个老师的课，一听就是一个单元甚至更长。因为如果随便听一堂课，有可能这堂课

"恰好"上得很好或上得不好，而且任何一堂课多多少少都可以说出其亮点或挑出其不足，这不能说明什么问题。而我跟踪听课一段时间，对一个老师的教学就有了完整的了解，然后再和他交流探讨。另外，我听老师的课，尽量不以我的课堂为尺子去比量他，也不以统一的标准去束缚他，而尽量根据老师本人的风格特点去完善其课堂教学。除了听课和交流，我特别注重老师们的写作，写教育随笔，写课堂实录，写精彩片段……写的过程就是反思的过程，而且作为语文教师，写作应该是专业基本功。几年来，在我的倡导下，语文组的老师写了数十篇课堂叙事的随笔。这些随笔是老师们成长的见证。此外，我对老师们的专业引领还体现在教育科研上。我这里说的教研科研不是什么国家级、省级重大课题，而是让每一个老师研究自己遇到的困难。我常说："把难题当课题就是最好的教育科研。"比如，我校在课堂改革中，也吸取了高效课堂的一些元素，但有老师提出，语文课毕竟不同于数理化课堂，过于模式化、程式化不符合语文教学的特点。"好，"我对老师们说，"那我们就一起来研究符合语文学科特点的语文课该怎么上，这就是我们研究的课题。"目前，我们组正在结合每一天的课堂研究这个课题。

三、身体力行

我经常说："最好的教育莫过于感染，最好的管理莫过于示范。"要求老师们读书，我就得手不释卷；要求老师们写作，我就得笔耕不辍。至少在阅读和写作方面，老师们是很佩服我的。在教研组活动中甚至全校教工大会上，我爱给老师们讲我最近读的书，我眉飞色舞的讲话，自然会感染不少老师，下来之后他们会去买我提到的书。我也经常把自己写的教育随笔或教育故事印发给全校老师。我的博客几乎每天更新，不少老师都是我的粉丝，天天阅读。还有老师也学我开始建博客，写微博。几年间，我校老师在网上写的文章竟然达到了两万多篇。作为语文特级教师的校长，我更多的示范是上课。当校长八年来，我一直没有中断上课。我上课主要分为这样几种情况：一是每届新生入学，我都要给每个班上一堂语文课《一碗清汤荞麦面》，以此作为每一个孩子进入我校的爱的启蒙教育。二是我专门给学生开设阅读课和选修课。阅读课每个班每周一节，我上五个班，每周五节；选修课是我自己开发的《文学作品中的公民教育》，每周两节。三是在课程改革中，遇到一些难点，有老师叫苦，有畏难情绪，我就主动上示范课。我的课堂从来都是向老师们开放的，只要有我的课，老师们随时都可以推门进来听。

四、提供舞台

这里的"舞台"特指老师们成长展示的平台。我经常给老师们提供讲学的机会，让老师在全省乃至全国展示自己的课堂。有一年，福建请我去讲学，我就主动提出带年轻老师唐燕去。唐燕上课，我点评并作报告。结果唐燕上完课后，学生们围着她又是签名又是合影，不让她走。几年来，我校先后和我一起外出讲学的老师有十多位。我给老师们提供出版著作、发表文章的机会。每当有出版社跟我约书稿，我就问："我主编的行不？"对方说："行！"那好，我就拉着语文组的老师写书，我给他们拟提纲，帮她们修改润色，然后出版，还有稿费。《给新教师的建议》《民主教育在课堂》《每个孩子都是故事》《把心灵献给孩子》……这些著作都是这样诞生的。我还与全国许多杂志的编辑联系，让我们的老师在其杂志上开设专栏。尽管不是每一位老师的文字水平都能达到专栏的要求，但不要紧，有我呀！老师写了文章，我帮助修改，最后达到发表的水平。另外，我还利用我在一些报刊开设的专栏，推出我们的老师。在《中国教师报》的"镇西随笔"专栏上，我已经连续三年写我校老师的故事了。一个个普通的名字，因为我的专栏而被全国的同行所熟知并敬佩。

昨天和语文组组长胡成老师谈心，她说："李校长，您来了之后，我们语文组包括我们学校的老师的确发生了很大变化。我们的视野比过去开阔多了，我们读的书、写的文章也比过去多得多。"胡老师很朴素的话，让我很有成就感。八年前，我出任成都市武侯实验中学校长时，有记者问我："你认为自己怎样做才算是成功的校长？"我回答："教师的成长，是我当校长成功的唯一标准！"今天，我依然这样想、这样说、这样做——教师的成长就是我的成功。

2014 年 3 月 2 日

我是这样引领
我校班主任队伍的

　　参加工作 30 多年，除了读博、在教科所工作等特殊原因，我一直都担任班主任。后来做了校长，我又成了"大班主任"。所谓"大班主任"，有两个含义：一是我把这个校长当班主任来做，学生就是我校的全体教师，当初如何当班主任，现在就如何做校长；二是做班主任的"班主任"，即通过各种方式影响、引领并推动班主任们的成长。今天这篇文字我主要说说后者。

　　班主任工作对于一个学校的重要性不言而喻，因此任何一个校长都非常重视学校班主任队伍的优化与提升。专家报告，经验交流，制度建设，科学评价，师徒结对，班会比赛，课题研究，案例分享……这些都是行之有效的引领途径，我校也是这样做的。除此之外，我校的班主任队伍建设还不可避免地打上了我的风格色彩——

一、思想引领

　　"学校领导首先是教育思想的领导，其次才是行政领导。"苏霍姆林斯基这句名言，同样适合于校长对班主任的引领。班主任具有的思想理念，决定其工作所能到达的高度与境界。

我做校长之初，就给全校老师推荐《爱心与教育》和《民主与教育》。前者给老师们展示充满人性的教育思想："一个真诚的教育者同时必定又是一位真诚的人道主义者。素质教育，首先是充满人情、人道、人性的教育。一个受孩子衷心爱戴的老师，一定是一位最富有人情味的人。只有童心能够唤醒爱心，只有爱心能够滋润童心。离开了情感，一切教育都无从谈起。"后者给老师们传播充满民主的教育理念："民主不仅仅是一种政治制度，也是一种生活方式。将民主看作一种个人的生活方式，即认为民主不只是一种形式或者说外在的东西，而是一种内在的修养。民主的生活方式，意味着自由、平等、尊重、多元、宽容、妥协、协商、和平等观念浸透于社会的每一个角落，体现于生活的每一个细节。"

充满爱心，尊重个性，追求自由，体现平等，重视法治，倡导宽容，讲究妥协，激发创造……我希望这些民主教育与教育民主的元素能够贯穿于我校的班主任工作中。针对目前班主任工作中普遍存在的教师管得太死、包办太多的现状，我特别提倡班级自主管理和学生的自我教育。

对此我是有切身体会的。以前在一些学校当班主任时，我经常与德育处和分管校长发生观念上的冲突。领导要求班主任要随时守着学生，所谓"五到场"——早读、晨练、课间操、午休、自习课，班主任都必须到场，否则就扣这分扣那分。我特别反感。我的观点是，如果学生不能自主管理，那班主任该到场的还得到场。但经过一段时间的训练，学生集体能够放手了，班级已经形成良好的自我管理机制了，就没必要强行规定班主任必须随时守着学生。现在，我当了校长了，便给分管校长和德育处讲这个观点，班级的自主管理既培养了学生的自律意识与自治能力，又解放了班主任，何乐而不为呢？

当然，初中生毕竟不同于成人，自律能力还是比较弱的，因此不可能一开始就完全放手。因此，我们鼓励班主任先提出建设自主管理班级的申请，以及达到目标的期限。在未达标之前，按学校常规要求管理班级，包括到班到岗的时间。一段时间之后，经学校验收达到了自主管理的标准，这些班主任则可以放手，不必随时守着学生。

应该说，由于我校学生构成比较复杂，所以学生自主管理的难度比较大，所以目前我所希望达到的学生自主管理还不理想，但我给分管校长和所有班主任提出的目标很明确，那就是在培养学生自我管理能力的同时，解放班主任！我觉得这是最重要的思想引领。

二、亲自示范

"最好的教育莫过于感染，最好的管理莫过于示范。"这是我对干部和老师反复讲的一个观点。这里的"示范"体现在我的身上，就是担任班主任并上语文课。

猛一听，觉得这是不可能的。是呀，一个拥有三千多名学生的学校的校长，巨细无漏的日常管理工作该有多繁重啊！怎么还可能当班主任和上课呢？其实，这和我在这个学校的定位有关系。我其实并不擅长做校长，因为我的行政能力并不强，教育局之所以任命我做校长，看中的不是我的能力，而是我的所谓"知名度"和"影响力"。由于这个原因，他们给我配备了书记和常务副校长。所以，平时在学校的日常管理，我基本上都交给了书记和各位副校长，我基本上不管学校的杂务。我在学校的意义有四：一是掌控方向，引领学校的发展路径；二是走进心灵，不停地找老师谈心，找学生谈心，了解他们在想什么，需要我做什么；三是深入课堂，听课，上课，把握学校每一天的脉搏；四是代表学校，即对外我是学校的形象，包括接待领导和来宾、演讲交流、著书立说，等等，都是在宣传学校。

作为校长，教育局开会我可以不去，而让常务副校长去开会。这显然是一般的校长没有的"特权"。在这样的背景下，我于 2008 年到 2011 年同时担任一个班的班主任，并承担了五个班每周一节的阅读课教学。

和我以前作为一名普通老师担任班主任不同，现在担任班主任，一开始我就有很明确而且很强烈的示范意识，就是要让学校的班主任们向我看齐。注意，这里的所谓"向我看齐"，并不是说其他班主任在具体做法上一定要像我一样做，更不是说我在班主任工作的所有方面都比其他老师强，他们都不如我。所谓"向我看齐"，主要有两个含义：一是在爱心与民主等教育思想上让大家保持一致；二是以科研的眼光对待每一天平凡的工作，在这一点上向我学习。后者恰恰是很多班主任的不足。多数班主任都停留于每天忙忙碌碌地做事，而忽略了反思与研究。这一点，我毫不谦虚地希望老师们向我学习。

那段时间，我每天早晨都带着我的学生一起跑步，迎接着朝阳的升起，心情特别愉快。而每天晚上——毫无例外的是"每天晚上"，我便将当天的教育日记发到博客上，让老师们看。我的教育日记的总标题是"向我看齐"。有一次我班遇到失窃事件，虽然很快就"破案"了，但我觉得这件事本身就是一次教育契机，于是，我决定开一次主题班会，当时我通知了没课的班主任和青年教师都来旁听，让老师们看看我是如何处理突发事件并尽可能挖掘每一次突发事件的教育资源的。

在我的示范下，我校中层以上除常务副校长之外的所有干部（包括其他副校长）都担任了班主任。应该说，如此示范是有作用的，最突出的效果就是让不少年轻的班主任成长更快。

后来学校开始实行绩效工资，由于包括我在内的干部们都当班主任，占了很多工作量，这样不利于让更多的年轻老师增加收入，于是，我把班主任的职务卸掉了。

三、培养徒弟

实际上，我做班主任的过程，也是带徒弟的过程。刘朝升老师、胡鉴老师、龚林昀老师、范景文老师、徐全芬老师、李青青老师、蒋长玲老师等一大批年轻的班主任，先后都曾是我的徒弟。

以前从未做过班主任的刘朝升老师，在我做班主任的时候一直跟着我学。开学第一天跟新生见面，组建班干部，组织班级活动，开班会，早晨和学生一起晨跑，和学生谈心……我几乎是手把手地教他。

当然，他也不是被动地向我学，而是同时积极主动地参与班级建设，在实践中提升班级管理能力。我俩还有不少富有创意而有效的教育活动，比如，那次我班的失窃事件，就是我和刘老师一起处理的。刘老师的成长非常快，现在已经是我校一位成熟的优秀班主任。他运用"小组日记"管理班级的做法虽然源于我，但远远比我做得好。他曾走进中央电视台《小崔说事》讲故事，也经常应邀到全国各地讲学。

我常常给初当班主任的年轻老师作培训，不仅仅给他们讲情感、讲思想，也讲班主任工作的具体做法，比如我曾给老师们讲"班主任应该具备的一些基本技能"：如何给学生讲故事？如何说话才富有感染力？怎样让自己具有幽默感？如何从生活小事中寻找教育的切入口？怎样把班主任的意志转化为集体的健康舆论？班会的主题从何而来？走进学生的心灵有哪些途径？……我也常常到班上去跟孩子们聊天或上班会课，给年轻老师作示范。

我还常常给年轻的班主任讲我成长中的教育故事。这些经历和故事，有我的经验，也有我的教训，有我的智慧，也有我的情感。这些故事感染着年轻的老师们，并让他们产生联想，想到自己的故事。上学期期末的一个晚上，我还专门给我校的年轻老师作了一个题为"幸福比优秀更重要"的讲座，以我年轻的时候建设"未来班"的故事告诉大家，班主任工作的意义在于给孩子的未来和我们自己的未来留下充满人性的温馨记忆。当时我还引用了一位优秀班主任的话："不必用堆叠的荣誉来证明班主任的成功，教师的光荣就印刻在历届学生的记忆里！"

我建了一个名为"与镇西同行"的 QQ 群，常常在晚上和我的徒弟们就班主任工作进行研讨。每次都围绕一个问题进行研讨，大到班主任的素质提高，小到刚开学如何编桌位，人人都是提问者，人人都是答疑者。在一次次轻松而又深入的研讨中，年轻老师们的教育认识更加深刻，教育情感更加充沛，教育智慧更加丰富。

当校长八年来，我亲眼见证了一大批年轻班主任的成长。说实话，在我校很难说清楚哪些年轻班主任是我的徒弟，应该说我把所有年轻老师都当作我的学生。当然，我带徒弟并不是希望他们随我亦步亦趋而成为第二个我。他们超越我才是真正的成长。

四、倡导读书

所谓"提高教师素质"，其实最有效的方式就是阅读。读书，是我在学校着力倡导的一项长期性活动，对班主任老师更是如此。

我给老师们推荐过的书有：《给教师的建议》《要相信孩子》《第56号教室的奇迹》《发现班主任智慧》《教学机智——教育智慧的意蕴》《班主任兵法》《问题学生诊疗手册》《打造魅力班会课》……还有拙著《做最好的老师》《做最好的班主任》。当然，阅读的重点，无疑是苏霍姆林斯基。

刚当校长时，我也像有的学校一样给老师赠书。后来我不赠书了，因为我发现有老师领到赠书并不读，至少不急于读——反正是自己的书，什么时候都可以读，何必急呢？

于是，我改为借书——清代文学家袁枚说："书非借不能读也。"

年轻的班主任到我办公室谈心，结束的时候，我请他在我的书橱里选一本他喜欢的书，写上借条，然后把书借走。借走后怎么读呢？我有时间要求的，一般是一周之内读完一本。读书要求不是写读后感——我不要老师写读后感，而是边读边勾画或批注，在书上留下自己最真实的心得。最后我还要求老师们在书的最后一页写上其姓名和阅读时间。我解释道："这样提要求，你便能够紧迫而认真地读完。以后，我这本书将有不同读者的不同批注，后面还有阅读者的姓名和阅读时间。以后退休的时候，我把这些书赠给学校图书室，成为我们学校的藏书。设想一下，一百年以后，我们都不在人世了，可这些书还在学校图书室珍藏着，那时武侯实验中学的师生捧读这些留着先辈笔记的书，将会有怎样的感慨？因此，我们留给后人的，不仅仅是图书，更是一种精神，一种文化。"我借给老师们读的《要相信孩子》《班主任兵法》《教学机智——教育智慧的意蕴》等书都已经被不同的班主任老师圈圈点点，写满批注。对我来说，这也是一笔特殊的财富。

对教师阅读最有效的引导，依然是我本人的阅读示范。当然，所谓"示范"并不是我刻意为之的"举措"，而是一种客观效果。因为我当不当校长都很喜欢读书。只是我当了校长后，我的这一爱好对老师们来说就恰恰成了一种"示范"——其实，说"感染"更准确。通过教工大会、网络博客、座谈交流、个别谈心……我情不自禁地给老师们说我最近读的书，不少老师被感染了，随后便会去买这本书。

潘玉婷、刘朝升、许忠应，蒋长玲、胡鉴等老师，都是我校班主任队伍中的读书积极分子。我还曾请他们写下《我的阅读史》，然后座谈交流。有一年春天，我和几个老师去北京出差，回成都的飞机上，三个小时里，刘朝升老师一直非常投入地捧读一本书，一边读一边拿笔勾画。飞机着陆后，我问他刚才读的什么书，他给我看，是亚米契斯的《爱的教育》。

五、排忧解难

"有什么需要我帮助的，尽管找我。我就是你的110！"这是我经常跟年轻班主任谈心结束时说的话。无论在我心中，还是在年轻班主任心中，这句话都不是一句客套话，而是实实在在的行动。

看到我校年轻的班主任，我常常想到自己刚参加工作那会儿，想干事却没有头绪，有热情但缺乏智慧，非常渴望有人指点迷津，也正是因为当年的老校长和老教师帮我，才让我比较顺利地成长。我想这些年轻人一定也和我当年一样，急需有人帮一把。既然其他副校长都帮我把学校杂务管完了，那我就帮帮年轻人吧！

八年前，唐真老师刚做班主任的时候，面对学生中出现的"早恋"感到棘手而来向我求助，我除了跟他讲我过去处理类似问题的办法之外，还应邀到他班上去给孩子们上了一堂班会课，效果很好。后来唐真老师越来越有智慧，深入学生心灵，有效引导孩子成长。直到毕业，这个班都发展很好。

上学期期末的一天我和工作才半年的屈敏老师谈心，她说到班上一些男孩上课调皮，她管不住，说着说着还哭了。我便到她班上去给孩子们集体谈心。我的谈心，不是空洞的说教，而是充满感情地唤醒孩子们心灵深处对老师的情感和对自己的责任。那堂课，学生流泪了，屈老师也流泪了。

李娜老师刚当班主任时，把她写给初一新生的一封信发给我，让我帮她修改。我逐字逐句地看，细心地改。在这过程中，我深深地被年轻的李娜老师的热情与理想，还有对孩子发自内心的爱所感动。后来给每届新生写信，成了她的一个传统。现在，她是我校一位深受孩子爱戴的优秀班主任。

平时在学校，我随时都处于待命状态，因为老师们随时都可以来找我，或者说他们工作中的困难，请我出主意提建议，或者邀请我去给他所带的班级上课，帮助引导孩子。因此，毫不夸张地说，全校每个班的孩子都听过我的课。

每年九月从开学第一天开始，我都到初一去给刚进入初中的孩子们上一节课——每个班都上，内容都是日本小说《一碗清汤荞麦面》，我想以此对学生进行爱的教育；对每个初二年级，我都要去上一堂以青春期教育为主题的班会课；到了初三，我都要去给孩子们上"战胜自己"的班会课。初一"善良"，初二"青春"，初三"励志"，这样构成一个完整的教育系列。而这些教育都是不同年级的孩子们所需要的，同时又是一些年轻班主任们所不擅长的。我以这种方式帮助年轻人，培训班主任。

曾有老师在网上质疑："你这样越俎代庖，会不会损害班主任的威信，反而妨碍他的班主任工作呢？"我认为这种想法是"纯理论"的假想。实践证明这种情况在我校从来没出现过，因为常规工作毕竟还是班主任在做，我只是偶尔客串而已。更多的时候，我站在班主任的后面给他支招。对于一个班级的建设，班主任才是真正的领衔人。

六、个别谈心

教育是心灵的艺术。无论当班主任还是做校长，这句话都是真理。班主任讲究如何走进学生的心灵，校长则讲究如何走进老师的心灵。可以说，谈心是走进心灵进而引领思想最常规也最有效的方法。

我和老师的谈心，大体可分为激励式谈心、帮助式谈心、批评式谈心、表扬式谈心，等等。

激励式谈心，目的是提升年轻老师的信心，帮助他们挖掘自己的潜力。记得第一次和唐真老师谈心时，我问他年龄，他说是"80后"，我就以我自己年轻时的经历告诉他，他完全可以成为一名优秀老师，要用自己的一生来证明，这辈子在教育上能够优秀到什么程度。谈心结束时，他留下一句话："李老师，以后你会看到，今天你跟我谈的这些话，没有白谈！"他后来一直在证明自己，直到现在。袁红军老师刚来我校时，状态不是太好，但我感到这小伙子有上进心，相信他有潜力。找他谈心时，我鼓励他当班主任。他不但接受了我的建议，而且说希望从起始年级开始做班主任："我会证明自己的！"这个信念支撑着他，让他成为一名深受孩子喜欢的班主任，不但班带得好而且教学效果也不错。

帮助式谈心，目的是给想把工作做好但缺乏经验的老师以建议，让他们的智慧越来越丰富。我当校长的第一年，唐燕老师面对班上一位特别调皮、特别"另类"的男孩束手无策，焦头烂额，她甚至动了不想当班主任的念头。我找她谈心，建议她换一种心态面对这个孩子。换一种什么心态呢？研究的心态。我说："研究的心态，能够让你从容平和地面对这个顽童，不要急躁，要研究。你看过科学家厌恶自己的研究对象吗？"我还建议她跟踪写和这个孩子打交道的过程。从此，唐燕老师真的开始研究这个特殊的孩子了，而且时不时地把自己的教育故事写在博客里。一年后她取得了研究成果——孩子的转变，以及上万字的教育案例《顽童的故事》。现在，唐燕可以说已经是一名优秀班主任了。

批评式谈心，就是在班主任老师犯了错误的时候，直言不讳，猛击一掌，让其警醒。小全是一个单纯阳光的年轻人，主动要求当班主任，干劲十足，但小伙子脾气有些急躁。几年前，在教育过程中，竟然忍不住对学生动了手，虽然情节轻微，没造成身体伤害，但性质严重。我耐心地和小全交流沟通，以我自己年轻时打学生的教训告诉他，尊重学生是教育的前提，何况动手打学生已经不仅仅是师德问题而且是法律问题了。后来小全老师想通了，主动跟学生诚恳道歉。

表扬式谈心，就是及时给有进步的年轻班主任以鼓励，让他们体验点点滴滴的成功与幸福。对学生，我一直信奉："表扬的力量是无穷的！"对老师我也坚信这一点。但我的表扬，更多的不是用我的语言而是用孩子们的话语——我常常是先去班上了解学生对班主任的赞美，然后用孩子的语言让他获得意外惊喜，甚至热泪盈眶。

七、调整心态

和兄弟学校相比，我校的班主任费是比较高的，但和老师们的付出相比，这点钱依然是很低的。但是，一个人的幸福感除了来自物质，也来自精神。我既然不能多增加班主任费，那就尽量帮助老师们收获更多的精神幸福吧！

幸福，源于心态；不幸福，也源于心态。我曾给年轻的班主任们评论过网上流传的一些段子，比如："一等教师是领导，吃喝玩乐到处跑。二等教师管后勤，轻轻松松维持人。三等教师体音美，上班还能喝茶水。四等教师史地生，周末还能去踏青。五等教师语数外，比比看谁死得快。六等教师班主任，累死讲台无人问。"我说，实际上这些段子大多似是而非，夸大其词，渲染负面情绪，只会增加自己的痛苦。我们不应该被这样的负面情绪所左右。而且段子中的"教师"也完全可以置换成"医生""警察"等。其实各行各业都很辛苦，哪里只是教师才最辛苦呢？

我刚做校长时，发现龚林昀老师工作上有干劲，有热情，可这小伙子就是心态不够好，常常觉得评价不公平，于是郁闷。虽然他一直没有放弃追求，但是以一种抱怨的心态去工作，总不能感到教育的快乐。我多次找他谈心，甚至还去他家家访。我反复给他讲一个观点："我"为谁而工作？是为校长吗？是为流动红旗吗？是为别人的掌声吗？不，我们是为自己工作，为自己的幸福而工作。

我一直相信，一个能够经常被学生感动的老师，必然拥有源源不断的工作动力。我一直引导龚林昀要善于感受学生的爱，这种爱能够反过来转化为教师对孩子的爱。"让老师生活在爱中，因为来自学生的爱，能够使一个老师变得更加勤奋而富有智慧！"这是我引导好多年轻老师的"诀窍"。

毕竟龚林昀是有事业心的，也能够虚心接受批评建议。渐渐地，我和好多老师都发现，龚林昀变了。当然，他的工作干劲一直都没变，所谓的"变"，是指他的心态变了，不再抱怨，不再发牢骚，不再指责别人对他"不公"了，而是从容地应对困难，淡定地看待得失。后来龚林昀做班主任越做越好，现在已经成长为我校一名中层干部。

我特别对有些爱埋怨后进生的班主任说："面对一个头疼的后进生，你埋怨一万句，第二天还得面对他，还得给他上课，给他改作业，难道因为你心里骂他，他就不来上学了吗？何苦呢？"那么，正确的态度是，欣赏他，研究他，进而引导他。在欣赏、研究、引导的过程中，教师自己其实就在成长了。

八、推出榜样

当班主任时，我有一个观点，班主任要善于发现、挖掘并最大程度上运用学生集体中本身就蕴含的积极因素，反过来感染和提升整个集体。老师对学生如此，校长对教师也可以如此。

我校有许多优秀的班主任，比如潘玉婷、张清珍、胡成、李勇军、唐朝霞、孙明槐、陈玲、朱青、邹显慧、朱应芳、向彬、朱怀元等，他们的优秀和我没有关系。我这个校长对他们的意义，就是把他们的优秀变成学校的公共优质资源，让大家共享。

大会表扬，经验介绍，培养徒弟，媒体宣传……这些都是推出榜样的良好方式，我校也是这样做的。

对我来说，还有一个最体现我个性风格的做法，就是用文字把这些优秀老师的故事写下来，把他们的故事载入学校的史册，成为今天以及将来的老师和学生们温馨而不灭的记忆。

武侯实验中学有"十大名片教师"，是我校师生海选出来的。十位老师年龄不同，学科有异，但大多是优秀班主任。我亲自一一给他们拍摄肖像照，并根据他们的事迹提炼撰写出一个个小故事，然后将照片和小故事通过彩色喷绘展示在校园的立柱上。比如——

潘玉婷：生命贵人

初二时，潘老师班上转来了一个患有抑郁症并且有自杀倾向的女孩，许多人都担心这女孩会成为学校的"安全隐患"，建议"退回去"，但潘老师毅然接纳了这个孩子。潘老师想方设法走进孩子心灵，与她一起看电影，用手机聊天，谈心交流……有一次，有严重的恐高症的潘老师竟然还陪着女孩去公园玩"过山车"。渐渐地，潘老师成了女孩最信任的人。她变得阳光开朗了，成绩也有了惊人的提升，初中毕业时顺利考上了高中。毕业前，女孩的母亲感动得给潘老师下跪："您就是我女儿生命中的贵人啊！"

"十大名片教师"无疑是我校最杰出的代表，但毕竟只有十位，而我校许多老师虽然没有达到他们的优秀程度，却同样有着许多可圈可点的教育故事。于是，从 2011 年起，我利用《中国教师报》每周一期的"镇西随笔"专栏，推出我校的普通老师，其中大部分都是班主任。平凡的他们因我的叙述而被《中国教师报》数以千万计的读者知晓。这些老师当然不能说都十全十美，但我只写他们值得学习的优点，这些优点都通过故事呈现出来，让其他老师借鉴。彼此互为榜样，互相学习，这就是教师集体的自我教育。

　　一个学校的文化更多地体现于可以流传下去的故事。而记录这些故事，是我这个校长最乐于做的事；这些故事本身也是我最得意的成果。

九、能说会写

　　让老师体验成就感，我有一个绝招，就是创造条件让老师们通过"能说会写"，而成为名师。

　　我曾在教工大会上给老师们讲过"从好老师到名师"的话题："什么叫好老师呢？我的标准很简单——课上得好，班带得好，分考得好。做到了这'三好'，绝对是好老师，但还不是名师。名师之'名'就是影响。好老师怎么才能有影响呢？那就要在'三好'的基础上，还要'能说会写'。能说，就是作报告，向同行介绍自己的经验，讲述自己的故事；能写，就是写文章，发表著述。能说，让你开始有影响，但这个影响范围不会太大，毕竟能够当面听你报告的人是有限的；会写，就让你的思想、你的智慧、你的故事传遍全国，乃至走向世界。"

在学校我创设条件让班主任讲自己的管理经验和教育故事，我们有不定期的成长论坛，有科任老师讲，但主要还是请班主任老师讲。听众当然有收获，但收获最大的还是演讲者，因为准备演讲的过程，就是总结提炼自己的教育思想与智慧的过程。八年来，无法统计有多少班主任在全校大会上作过演讲。

在此基础上，我创造条件，把我校的优秀班主任推向全市、全省乃至全国的讲台。我常常接到全国各地的讲学邀请，我总要问："我能带我的徒弟一起讲吗？"对方往往同意，于是，我常常带着我校的老师去讲课，我讲半天，我校老师讲半天。省内的阆中、广安、仁寿、崇州，还有北京、上海、广州、郑州，都留下了我校普通而优秀的班主任的声音。几年来，先后有潘玉婷、唐燕、杨翠容、刘朝升、范景文、张清珍、孙明槐、许忠应、郭继红、李青青等十多位老师利用周末外出讲学。

当然，不可能人人都能够外出讲学，但人人都可以在家撰文。我鼓励并帮助老师们特别是班主任们拿起笔，写教育经验、教育案例、教育随笔，等等。并不是每一位老师都擅长写作的，但不要紧，有我呀！我常常"大言不惭"地对老师们说："不会写不要紧，我会写呀！你写得不好不要紧，只要写就可以了，因为好不好有我呀！我可以帮你改呀！我非常愿意做你的秘书！"八年来，我为学校大多数老师修改过文章，修改之后我推荐发表。我就这样，督促老师们通过写作总结自己的教育实践。

有的老师实在不会写，那我就和他聊天，聊他的班主任工作，然后我将聊天记录下来，整理成对话录发表出去。几年前《班主任之友》整整一年都有我校班主任老师的专栏，文章全是我整理的"对话录"。从今年开始，我又让班主任写成长经历，我修改后再予以点评分析，最后以专栏形式发表在《班主任之友》杂志上。

在杂志发表文章的老师毕竟有限，不要紧，我们就出书吧！一本著作就可以汇集上百位老师的文章。我精心修改编撰老师的文章，然后联系出版。几年来，我们学校先后正式出版了《给新教师的建议》《把心灵献给孩子》《每个孩子都是故事》《民主教育在课堂》等著作。每当老师们捧着有自己文章的著作，领到稿费，都很开心。幸福感油然而生。

当老师时，我做班主任是幸福的；当校长时，我帮助班主任是幸福的。还是我经常说的那句话："老师们的成长就是我的成功。"

2014 年 3 月 8 日

破除不读书的
"理由"

在我看来，一个人的阅读，应该是近乎本能的内在需求，因为我们是人，人就有精神世界，而精神世界一刻也不可能没有情感和思想的滋养。这些人文养料，主要是来自阅读书籍。但毋庸讳言，现在的确有一些老师不读书。究其原因，大概有如下"理由"——

第一，"太忙，没有时间！"第二，"感觉不到读书的用处！"第三，"好多书读不懂！"第四，"年纪大了，记性不好，读了书记不住！"第五，"那么多书，不知道读什么！"

好，我今天来分析一下这些理由是否站得住脚，是否能够成为不读书的理由。

第一，"太忙，没有时间！"

其实，有没有时间，关键是看你是否把读书当作内在需要，并养成习惯。任何一件事，只要是你的内在需要，并养成了习惯，再忙都有时间去做，或者说永远会有时间。比如，对于热恋中的小伙子，再忙都有时间去约会，因为这是他内在的需要；再比如，对于吸烟的人来说，再忙都不会忘记吸烟，因为他已经养成情不自禁的习惯。读书也是这样。

我酷爱读书，而且真的养成了"手不释卷"的习惯。但我不喜欢别人说我"勤奋"。我觉得这是我的兴趣，我的习惯，关"勤奋"什么事儿呢?

一次我在飞机上静静地读书，突然旁边一位中年男子侧脸看着我，久久地看着我。我很不自在，便转过脸看着他，他不好意思了，问我是做什么的，我说我是教书的。他说:"啊，你多勤奋啊! 我从来没见过你这么勤奋的人!"我当时就觉得简直是在辱没我的智商，好像我是笨鸟先飞，明天要考试了，今天临阵磨枪地苦苦看书。

我笑了，说:"这和勤奋无关，只不过是我的生活习惯罢了! 一个人只要对什么有了兴趣，并养成了习惯，那和勤奋是没关系的。比如，我们成都许多人都喜欢打麻将，有人甚至从早到晚，从晚到早，通宵打麻将。为什么? 因为他们对麻将有着浓厚的兴趣。如果你赞美他:'啊，你多勤奋啊! '这不是有病吗?"

他听了，不住地点头:"嗯，对对对。"

我继续读我的书，过了一会儿，他突然大叫一声:"精辟啊!"同时一拍大腿，但他的手拍错了，拍到我的大腿上了，把我吓了一跳:"怎么啦?"他说:"你刚才说的那个观点太精辟了! 我一定要回去给我的员工讲讲。"

所以，老师们，一定要养成读书的兴趣与习惯，这样一来，即使没有人规定你读书，你也会情不自禁地读书了。你的书读得越多，你越相信我这句话:"和老一代大师相比，我们连学者都谈不上!"

第二，"感觉不到读书的用处!"

读书追求"学以致用"是对的，比如我们备课遇到难题了，班主任工作遇到难题了，都可以从相关的专业书籍中找到智慧，怎么能说没有用呢？

但是另一方面，不要指望读每一本书都有立竿见影的效果，我们需要一些"非功利"的阅读。教师，作为人类精神文明的传承者，除了认真阅读教育教学专业书，能不能读一些与教育教学无关的书——政治、哲学、经济、历史、文学等方面的书？

我们为什么要读书？"学以致用"当然是一个原因，但还有一个更重要的原因是：我们是"人"！如果就生物学本身的角度而言，人和动物是没有区别的；但"人是一支会思想的芦苇"，于是人便成了自然界"万物之灵长"。人之为人在于"精神"，而通过阅读，我们可以尽可能完整而完美地建构无愧于作为一个"人"所应有的精神世界。正如培根所说："读史使人明智，读诗使人灵秀，数学使人周密，科学使人深刻，伦理使人庄重，逻辑修辞使人善辩。"茫茫宇宙，匆匆人生，"我是谁？""我从哪儿来？""我要到哪儿去？"——对自己生命的追问，需要我们徜徉于人类精神文明的长廊，在触摸历史的同时憧憬未来，在叩问心灵的同时感悟世界。

第三，"好多书读不懂！"

我一直认为，读书应该是一件让人快乐的事，当然，这里的快乐不是浅薄的开心，也包括"思考"的幸福。但有的书就是成心不让读者读明白的，你怎么思考脑子里都是浆糊，你怎么读也读不懂，那怎么办？很简单，不读就是了。

现在有的所谓"专家"本身就没有想要读者读懂他的"大作"，

你都读懂了，怎么显出人家的"高深"？作者硬着头皮写的书，读者当然只有硬着头皮读。我不愿硬着头皮读，那就不读！老师们不要因此而怀疑自己的智商，不要自卑。既然那些书我们读不懂，那不读就是了，我们找能够读懂的书来读！

我建议老师们读教育经典名著。因为真正的经典名著不但有思想，而且"好懂"。是的，比起当今一些喜欢玩弄时髦术语、晦涩理论的伪学术著作，真正的教育经典名著真是平易近人。请打开孔子的《论语》，夹叙夹议，而又穿插着孔子与弟子之间生动的对话；请打开卢梭的《爱弥尔》，作者把自己描写成一个教师，把爱弥尔描写为理想的学生，叙述了爱弥尔从出生到 20 岁的成长和受教育的全过程，从中阐述了作者"自然教育"的思想；请打开马卡连柯的《教育诗》，在一个个有血有肉、栩栩如生的人物形象中，在一个个跌宕起伏、曲折动人的故事里，蕴含着教育家的教育思想、教育机智、教育技巧、教育情感……；请打开苏霍姆林斯基的《育人三部曲》，听他一边讲述故事，一边抒发感情，一边阐述理念，真是一种享受；更不用说中国现代著名教育家陶行知了，他的教育著作深入浅出，用老百姓的语言谈深刻的教育道理，他还用诗歌甚至儿歌来表达他对教育的理解。经典之所以是经典，不是因为深奥而是因为深刻，而这"深刻"又往往是通过非常朴素的形式表达出来的。

第四，"年纪大了，记性不好，读了书记不住！"

这个理由真是有趣，我要问的是，谁让你记了呢？难道你每读一本书都要考试吗？既然不考，你记它干什么呢？读了书还必须记住，这是自己苛求自己。除了是为考试的阅读，我们一般都不需要刻意去记住书的每一句话、每一个字。所以，"记不住"是很正常的。但是，记不住难道就白读了吗？请问，1997年4月23日早晨你吃的什么，能告诉我吗？2005年8月31日中午你吃的什么，你能记住吗？2014年7月28日晚上你吃的什么，你还能想起来吗？我估计你统统说不上来，但是，难道这些饭你都白吃了吗？每一顿饭你都记不住，但每一顿饭的营养都已经化作你的血肉；同样，虽然你每本书都记不住，但你并没有白读，因为每一本书的内容都已经化作你的精神、你的灵魂！怎么能因为"记不住"而放弃读书呢？

第五，"那么多书，不知道读什么！"

是的，书籍浩如烟海，我们时间有限，的确应该有所选择。我这里给大家推荐四类读物。一是教育报刊，比如《人民教育》《教师月刊》《教师博览》《中国教师报》以及各学科的专业杂志。严格说起来，报刊并不是书籍，但阅读的功效和书籍是一样的。读这些报刊，目的是了解同行在思考什么，在研究什么，了解一下当今教育和自己的学科最前沿的研究动态，进而让自己受到启发。二是人文书籍，政治的、历史的、经济的、哲学的、文学的，等等。读这些书，主要目的是拓展自己的人文视野，使自己能够站在人类的历史长河和精神高地审视自己的每一堂课。三是学生喜欢读的书，比如杨红樱的，比如秦文君的，比如曹文轩的，比如郑渊洁的，等等。读这些书，我们可以了解学生在关注什么，这是走进学生心灵的一条有效途径；同时，读这些书也能使我们保持一种永远年轻的心态，和孩子们有更多的共同语言和共同情怀，这是教育不可缺少的前提。四是教育经典，其重要性我在前面已经说了，不再重复。但我这里要特别推荐苏霍姆林斯基和陶行知的著作。读他们的书，我们会读到今天中国的教育，读到我们自己。

　　说了这么多，我们还有不读书的"理由"吗?

2014 年 8 月 31 日

为了孩子的快乐
和教师的幸福

今天我校附小举行新教育实验第二届研讨会。本来我在开政协会，没打算回学校参加研讨会，但上午还是请了假回到附小。副校长谢华老师要我在会上给大家说几句。我说"那就说几句吧"。

下面是我的即兴发言——

会前我问我校副校长谢华老师："这次发给各兄弟学校的研讨会通知，是以教育局的名义发的，还是以我们学校的名义发的？"他说："因为时间紧，来不及通过教育局了，所以是以我们学校的名义发的。"

我非常感动。在没有任何行政指令的情况下，来了这么多学校的校长和老师，还来了不少家长朋友。这是谢华老师的魅力吗？不是。是我李某人的吸引力吗？也不是。是新教育实验的凝聚力！

为什么要搞新教育实验？回答这个问题之前先得问问，为什么要搞教育？在这个最根本的问题上，不知何时起我们似乎迷失了方向。经常有这样的教育活动或会议通知，开头都写"为了贯彻落实某某领导人在最近什么什么会议上的指示"，我们特怎么怎么。可是我要问，我们做教育是为领导人吗？

我多次说到台湾作家张晓风的一段话。张晓风一次送儿子上学，看着儿子渐行渐远的背影，她感慨万千。回到家中写下一篇文章《我交给你们一个孩子》，她这样写道："世界啊，今天早晨，我，一个母亲，向你交出她可爱的小男孩，而你们将还我一个怎样的呢？"回答千千万万母亲这样的问题，才是我们教育的目的。也就是说，我们的教育就是为了千千万万的家长和他们的孩子。

搞新教育的目的也是这样。不是教育局发文件我们才搞，不是因为朱永新老师我们才搞，不是因为我李某人才搞，不是为了学校"彰显特色""打造品牌""提升形象""扩大影响"……才搞新教育，也不是为了什么国家级课题才搞新教育。我们搞新教育，就是为了我们的孩子的快乐，我们教师自己的幸福。因为新教育的宗旨就是追求过一种幸福完整的教育生活。

新教育实验重在自愿。新教育实验在武侯区已经有几年了，一直平稳而执着地推进着。我一直强调，做新教育一定要心甘情愿，千万不要有半点勉强。本来也有人曾经建议通过教育局发文，号召各学校做新教育，但我不同意，如果因为应付而参与新教育，不可能真心去做，也不可能长久去做，那就没意思了。所以，今天前来的校长们都是新教育真诚的信奉者。据我所知，李维校长的马家河小学，一直在默默地做着新教育，不求宣传，只求实效。还有金艳校长的机投小学做新教育也做了好多年，也是很踏实的。今天，浓雾弥漫，寒气袭人。但我们聚集在这间屋子，共话新教育。这就是"尺码相同"。

新教育实验重在实践。刚才我校吴霞老师对我校新教育实验作了总结汇报。应该说，她所说的都是真实的，的确是我校这两年走过的实实在在的路。不过，我觉得只听汇报还说明不了什么，关键是要看课堂，看教室，看孩子。也不只是看今天，而要看每一天普通日子里老师和孩子的生活。说实话，只要是研讨会，任何一个学校都可以作一个非常精彩的总结汇报，但关键还是在平时的实践。新教育不是说出来的，而是做出来的。不在于外在的炒作，而在于内在的行动。本来在今天的国际论坛上，武侯区是要挂新教育实验区的牌子的，因为张局长在国外这事就放下了，准备明年开年会时授牌。但我认为挂不挂牌不重要，重要的是我们在做。就像武侯实验中学做新教育做了好几年了，可至今没有挂"新教育实验学校"的牌子。那不重要，因为新教育重在实践。

新教育重在成长。新教育的成果当然也体现在各种数据、各种指标上，但我认为最重要的成果是孩子的成长和教师的成长。孩子是不是快乐？教师是不是幸福？这是检验新教育实验的一个重要指标。刚才在做早操时，我在操场边上拍照。我主要是给老师们拍，因为老师们的精神状态太让我感动了。前段时间我在外面，在北京，在广东，听到了很多事，回到校园看到老师们单纯的笑容，我真的很感动。我就想，还是小学老师单纯的教育生活好啊！当然小学老师也有压力，但相对来说要单纯得多。新教育实验就是要提升教师的幸福感。我们特别看重教师的成长故事，一个学校的文化就体现在这些故事中。

新教育实验重在朴素。最近几年我写文章抨击教育的浮华、喧嚣。有人不高兴。但我依然坚持我的观点——教育，朴素最美。教育本来就是朴素的。最近，我在广东给雷夫解释"素质教育"，我说"素质教育就是教育"，因为所谓"素质教育"所提倡的，都是教育本来应该有的内涵，只是我们的"教育"越来越远离教育，于是为了强调教育的应有内容，我们提出了"素质教育"这个概念。其实，"素质教育"这个词是多余的，同样，从某种意义上说，"新教育"这个词也是多余的。新教育的所有主张，都是教育本来应该有的。将来有一天，我们不再说"素质教育"，也不再说"新教育"，所谓的这样"教育"那样"教育"都回归到"教育"，中国教育就成功了。

核心的问题是：我们要把怎样的时光留给孩子们未来的记忆？这同时也是我们教师自己的记忆。

谢谢大家！

2013 年 12 月 31 日

在新教育中
成长

（今天，我校举行新教育开放日活动。来自全国各地的代表参加了我们的活动。上午是课程展示，下午是经验分享，六位老师和一位家长发了言。最后由我讲话。本文是我追记的讲话内容。）

我今天讲话的题目是"在新教育中成长"。

首先我想给大家讲讲我多年前见到的一个场景。那时候我住在学校，宿舍阳台下面是操场，操场对面是男生宿舍。每年7月9日晚上，也就是高考最后一科考完之后，我站在阳台上，总能看见对面宿舍楼前的空地上火光冲天，火光映照着一张张兴奋得扭曲的脸，他们欢呼着，同时也诅咒着；欢呼着一个时代结束了，诅咒着那个一去不复返的黑暗时光。我想，12年前，这些孩子在进小学的前夜，是怎样地兴奋？怎样地憧憬？明天就要读书了，就是学生了，小书包放在枕边看了又看、摸了又摸，就是睡不着，妈妈催促着："孩子，快睡吧！明天早点去报名。"但没用，孩子依然兴奋得睡不着。现在12年过去了，为什么他们当年憧憬的日子，今天却欢呼它的结束？可见这段日子没有给他留下快乐，有的只是不堪回首。

由此我想到一个朴素的问题：什么是"好的教育"？

我的回答是，好的教育应该"既有意义，又有意思"！

"有意义"，是站在成人的角度，即站在教育者的角度说的——我们的责任，我们的使命，我们的培养目标，我们的教育理想，文化的传递，文明的传承，等等，都是教育应该有也必须有的意义，失去了这些意义，也就失去了教育。

"有意思"，是站在孩子的角度说的——好玩，有趣，浪漫，妙趣横生，其乐无穷……这也是教育应该有的。

所以说，好的教育，就是"既有意义，又有意思"的教育。

新教育就是这样的教育。

说到对新教育的理解，我想到我刚到这学校来做校长时给老师们讲的几段话。第一，新教育实质上是给孩子一个充满诗意的童年，让学生懂得并学会"抒情"。当代人的确已经不会抒情了，也不愿抒情了。作为人的丰富多彩而且细腻柔软的心灵世界正在渐渐远离我们，我们正在向诗情画意告别。而新教育正是要给孩子一个饱满的充盈的情感世界，让他们的童年和诗相伴，让他们懂得并学会"抒情"！我们做新教育，无非就是培养具有书卷气的人。现在一年级的孩子，六年后上了中学，不管他是在武侯实验中学，还是棕北中学，或是其他什么中学，与他班上其他小学毕业的孩子比，他的视野要开阔一些，他就是比别人更敏锐，更容易感动，更容易心潮起伏，这就是我们所说的具有丰富精神世界的完整的人。因为他小学曾经享受过新教育生活。第二，把新教育当作自己的生活方式和成长方式。这话的意思是，我们做新教育，不仅仅是给孩子一种诗意生活，而且首先是给我们自己一种诗意生活。我们不但要通过新教育给孩子以积极的影响和改变，而且还要追求对我们自己有什么影响和改变。也就是说，新教育首先应该改变我们。我来这里做校长，究竟给老师们带来了什么？有老师会说，带来了更多的事儿，带来了更多的压力。好，如果真是这样，就对了！现在的事情应该比过去多了，因为新教育显然有很多以前没做过的事需要我们去做，但这是我们自己的需要，而不应该是别人的强迫。做这些累不累？关键要看心态。因为紧张，所以充实。每天的忙碌，就是成长的过程。第三，继续有创造性地做新教育。我们还要继续学习常丽华老师、敖双英老师，但同时还要继续创造性地搞新教育，包括开发新的新教育课程。开发新的课程并不神秘，"在农历的天空下"，无非就是常丽华在教孩子吟诵诗歌的时候，按农历节气对有关诗歌进行了新的编排，一门新的课程就出来了。大家想想，我们成都也是一片充满诗歌的土地，在我们脚下，千百年来留下过多少诗人的脚印？李白、杜甫，还有现代的郭沫若、流沙河，等等，如果我们以"成都诗歌"为线索让孩子们读诗，这不又是一门本土课程吗？刚才还有老师谈到，我们学校是武侯实验中学附属小学，那么给孩子们开发一门有关武侯文化的课，不也是一种创新吗？还有影响家长的途径、培养口才的方式，等等，都可以开发出新的课程。或者，教孩子写一句诗，也可以是一门课程。其实好多诗都是一句奇特的比喻。一个新颖的比喻或拟人，一个奇特的想象，写下来就是诗嘛！泰戈尔的好多诗就是这样的："鸟翼系上了黄金，就再也不能飞翔了""鸟儿愿为一朵云，云儿愿为一只鸟""根是地下的枝，枝是空中的根"，还有"不是槌的打击，乃是水的载歌载舞，让鹅卵石臻于完美"。这样的诗，完全可以教学生写。

一年后，我在我校的新教育研讨会上，再次问老师们：为什么要搞新教育？是为了学校有"特色"吗？是为了学校有"品牌"吗？是为了"提升"学校的所谓"形象"吗？是为了朱永新老师吗？是为了赶新教育的"时髦"吗？统统不是。现在有的学校就喜欢弄点什么花样来表示自己与众不同，表示自己有"特色"、有"品牌"。但我不愿意这样做。因为新教育其实并不新，它不过是将过去千百年来行之有效但渐渐被人遗忘或丢弃的教育真理发扬光大而已，或者说在新的历史条件下丰富深化，没有必要非要把新教育说得神乎其神。那么，我们搞新教育究竟为什么呢？第一，为了我们教师自己的专业成长和职业幸福。第二，为了让我们的孩子有一个浪漫、富有情趣和诗意的童年，给他们的将来留下充满人性的温馨记忆。我们开展阅读也好，打造完美教室也好，不仅仅是为了提升学生的成绩。刚才有老师说，扩大学生的阅读，肯定能够提高他们的成绩。我看不一定。我是这样想的：丰富学生的阅读，一般来说能够促进他们的成绩，但即使不能促进，至少不会促退。不但不会促退，而且还会因为阅读而给学生的心灵世界注入许多精神养料和缤纷色彩。对于有些成绩很差的学生，不让他们阅读课外书，他也考不上大学、考不上重点高中，那还不如让他阅读呢！新教育有许多富有诗意的活动，还有许多符合儿童天性的活动，我们搞新教育，就是要满足儿童的天性。总之，我们搞新教育，不是对外为了做给别人看，而是对内为了我们自己的心灵，为了我们的幸福。

当时，我还给老师们读了一副我写的对联，表达我对教育和教师的理解："朴素最美关注人性做真教育，幸福至上享受童心当好老师"。

现在，几年过去了，我们的新教育实验依然还很不成熟，但我已经看到孩子们在享受，看到老师们在成长。大家已经看到，我们学校的女教师很多，而且很年轻，也很美丽。（众大笑）这是我愿意在这里做校长的原因。（众爆笑）呵呵，我这里不仅仅是开玩笑，而且想很认真地说，这里的"年轻""美丽"还指的是老师们的精神状态。以前有一部小说，是陈学昭写的，叫"工作着是美丽的"。工作的确是美丽的，从事新教育实验的老师当然也是美丽的。

我校的新教育实验有很多项目，比如营造书香校园，比如构筑理想课堂，比如缔造完美教室，等等。今天，我们重点探讨的是研发卓越课程。要说研发卓越课程的意义，我无法超越去年萧山年会上朱永新老师的报告，甚至无法超越昨天张硕果老师的论述。这里我就肤浅地谈谈我的认识和我校的做法，还有老师们的变化。

学术界认为，"课程"一词最早出现于英国著名教育家斯宾塞的《什么知识最有价值》一文。这个词源于拉丁文"currere"，其名词形式意为"跑道"，即为学生设计的轨道；其动词形式则指的是"奔跑"。

我们由此似乎可以"望文生义"地对"课程"做这样的理解——它是为学生的"奔跑"开辟的"跑道"。而奔跑就是成长，因此课程与成长相连。

新教育实验提出要研发卓越课程，就是要为孩子的成长铺设一条又一条的"跑道"。在课程中，他们展现自己的潜能，凸显自己的特长，张扬自己的个性，看到自己的未来。每一个孩子都是一个独一无二的完整的世界，因此不同的课程就为不同个性的孩子开辟了一个属于他的未来。

如何理解"卓越课程"之"卓越"？

"卓越课程"的意思不是"完美的课程"，更不是"无懈可击的课程"，而是"为儿童未来走向卓越而准备的课程"。

现有的传统课程，本来也应该是为孩子全面发展设置的，但在应试教育猖獗的今天，孩子的发展越来越畸形。而儿童课程的开发，就是为了让他们的触觉更加灵敏，想象更加奇妙，心灵更加丰富，情感更加充沛，视野更加开阔，意志更加坚韧，思想更加自由……最终成为一个卓越的人——公民和劳动者。

尽管我们学校的课程研发与实施还远远谈不上完美，但我们已经从孩子们所表现出来的那份纯真的热情以及痴迷的眼光中，看到了新教育课程的魅力，也看到了课程对他们成长的意义。

但这里的"成长"远不止是属于孩子们的，老师们也在课程研发与实施中成长。在这些课程中，老师们的教育视野更加开阔，专业能力更加强大，职业情感得以更加充沛，生命质量更加饱满。毫不夸张地说，在我校，不少普通的年轻老师通过课程的研发与实施，正在走向优秀，并且必将走向卓越。

我们的做法是——

专家引领。我们请了常丽华、时朝莉、侯长缨等新教育的榜样教师来我校作报告，给我们老师讲他们的新教育生活。

榜样先行。包虹靖老师、王玉梅老师、杨芳老师、钟丽老师，都是我校先行一步的新教育实践者，他们都不同程度地做出了成绩。

全员参与。从本期开始，我校每一个人都参与了开发儿童课程。

自主开发。每个老师根据自身情况，比如自己的知识结构，自己的专业特长，自己的兴趣爱好等开发不同的课程。

我们严格按照定题—申报—审定—课程实验—课程评价—课程调整这样的程序，对老师们的课程进行了论证、实验和调整，分语文、数学、英语、美术、音乐、科学、体育等学科。

老师们结合自身所教学科特色和自身的爱好特长，再综合学生的实际情况，从艺术、阅读、手工、能力、智识、健身、实践、科普、旅游、棋类、制作、乐器等知识领域出发，开发了《唱唐诗》《兴趣魔方》《十字绣》《象棋入门》《彩纸童年》《手鼓舞》《陶艺》《乒乓球》《经济课程》等让学生兴趣盎然的课程，最终共形成了各具特色的课程64门。

今天上午老师们已经看到我们色彩斑斓的儿童课程了。虽然我们的儿童课程开发才刚刚起步，但已经有不少老师做得有声有色，有滋有味：刘俊秀老师的"课本剧课程"，陈吉老师的"倾听课程"，钟明秀老师的"三国与数学"，侯宇杰老师的"种植课程"，李伟杰老师的"创意粘土"……还有秦海岚老师，她本人并不是教舞蹈的，她是英语老师，但因为她爱好跳舞，于是她便给孩子们开设了"朝鲜手鼓舞"；艾琴老师给孩子们开设的是"编发艺术"，就是教孩子们编辫子，让这曾经最中国的标志——大辫子又回到我们中间。当然，有的课很幼稚，但毕竟是我们老师迈出的第一步，所以我请大家对我校的课程开放多一分宽容。

如果时间充裕，我可以讲出很多老师的事迹，但时间不允许，这里我就着重介绍一下"李镇西工作室"的几位老师。

包虹靖老师给孩子开设了"三国课程"，她和孩子一起读三国，但不仅仅是读三国，还通过表演三国戏，比赛三国成语，画三国脸谱，访三国遗迹等活动，让孩子们感受三国文化。

杨芳老师开了一门很有意思的课，叫"舌尖下的四川"，这是一门饮食文化课程，主要是讲川菜和其他四川的饮食，以及饮食的基本习俗、礼仪、规范等内容，同时让学生亲自体验美食的制作过程，使学生增长见识，扩大视野，接受中国优秀饮食文化的熏陶，丰富课堂生活。她当然不是烹饪师，但她把学生家长请到教室里，教孩子们包抄手，做炒饭，做冒菜，做酥肉，还有鲜榨果汁，孩子们开心极了。我们学校的大多数家长都是打工的，文化水平都不高，但他们在某一个领域都是行家能手，这是一笔丰富的课程资源。我们要感谢这些家长朋友对学校工作的支持，对教育的配合。

还有钟丽老师，她做得也不错。这学期，钟丽老师开发了一门全新的课程——奇幻纸杯，用剪刀、水彩笔、双面胶等工具，将一个个普通的纸杯变成一件件活灵活现的"艺术品"。开始，钟老师教孩子们做，让他们学会"纸杯手工"的基本方法；后期，钟老师让孩子们自己创造纸杯造型，然后教他们制作。钟老师想通过这样一门课程培养孩子们的想象能力和创新能力。

通过课程的开发和实施，我看到了老师们实实在在的成长与进步。我做校长之初曾经说过，我这个校长成功的唯一标志，就是教师的成长。现在我从教师的成长中，感到了我自己的成功。

　　我们在共读过程中动手制作三国脸谱。原来书还可以这样读！笔尖起落之处勾勒出孩子心中的三国人物形象，浓墨重彩之中表现着孩子们对人物个性的理解。而我也没料到孩子们动手能力这么强。正如我们的班训：小小的我们也有大大的世界。

　　读到诸葛亮被司马懿围困平阳之际，用升纸灯笼求救脱险一节时，我们做起了孔明灯，我们用这样的方式来表达对诸葛亮的敬佩。现在教室顶上的盏盏彩灯是每个孩子最得意的作品。

　　我从没想过汤圆也和三国有关。这还要从一个叫佳佳的孩子说起。佳佳特别喜欢诸葛亮。他在办诸葛亮人物小报时向大家介绍，传说馒头、包子、汤圆都是诸葛亮发明的。这样的说法是否准确，现在我们已经无从考证，但这的确让大家增长了不少见识，这样的活动也令孩子终生难忘。

　　舞台上孩子们正在自信地表演着三国课本剧。举手投足之间，一丝不苟。台下全校师生的阵阵掌声是对我们辛勤付出的最好肯定。我将这次活动看成是我和孩子成长路上的一次小小的庆典。我们相信，只要行动，就会有收获。只要上路，总会遇上庆典。

　　我从来没想过自己会这样读三国，更不敢想象还带着 48 名孩子一起读三国，然而现在我们做到了。

在萤火虫教室里我们一起晨诵三国诗词，一起午读走进三国人物世界，一起暮省分享着当天的收获与喜悦。我们创造着幸福，也享受着幸福。从不可能到可能，从不敢想到敢做，这不正是我们的成长吗？

王玉梅老师说——

原来的我很害怕日出，因为我总在重复着昨天或者昨天以前的生活。千篇一律的方法像经文一样对着一批又一批的学生叨念着，叨念声中皱纹增加了，倦怠感也慢慢凸显。自从开始反思后，我整个人都欣欣然朗润起来了。我每天都在思索着今天和孩子们交流学习什么；我每天琢磨着书中的一句话我可以怎样在课堂上实践；我每天都在观察着孩子们点点滴滴的瞬间，希望把它变成永恒。现在的我，总感觉到时间是那么的匆匆。我忙着听课，忙着设计活动方案，忙着观察、实践、反思。

开发种植课程后，我学到了很多原来不知道的知识，比如说我以前错把冬寒菜当成杂草拔掉等。我还在实施课程的过程中，发现了每个孩子的闪光点。最重要的是，我的生活不再是简单的重复，每天渴望上班，渴望看看种植园……

包虹靖老师和王玉梅老师的话，应该说，代表了许多因新教育而成长的老师的真实感受。

我想到包虹靖老师曾经说，以前每天早晨乘公交车，车内又挤又闷，这是最难熬的时候，如果是以前，她会玩手机看信息，或者戴上耳机听音乐。可自从加入了新教育实验，每天这个时段便成了包虹靖规划、思考甚至憧憬的时候：今天的晨诵孩子们会有怎样的精彩？今天读书活动又该有哪些孩子展示？今天又该找哪个孩子谈心了？昨天那个犯错误的孩子今天会有什么变化呢？昨天的那个教育案例有没有值得提炼反思的地方？

"新教育实验让我每一个早晨都有憧憬，因而每天都充满了激情。"包虹靖这样说。我无意夸大"新教育实验"的作用，但新教育实验点燃了无数普通老师的梦想与激情，让他们重新看待自己每一天平凡的工作，让每一个平凡的日子变得精彩且充满故事。

我还想说的是，这些老师都是很普通的老师，他们不像李某人，被人称作所谓的"教育专家"。但这些普通老师很幸福，而幸福比优秀更重要。上周我在《中国教育报》上发表了一篇文章，题目就是"幸福比优秀更重要"。这里我给大家读几段——

"优秀"与否是别人的评价，"幸福"与否是自己的感觉。

应该说，在一个风清气正的环境里，教师的优秀和幸福并不矛盾，二者完全可以和谐统一。领导正直，同事善良，评价科学，程序公正，幸福的老师怎么可能不优秀呢？于是，由于自己突出的业绩，各种荣誉纷至沓来。这时，我们也不用刻意推辞，完全可以坦然而无愧地接受。因为这是教育给我们的馈赠。只是我们把这份馈赠仅当作意外的收获，因为我们从来就不是冲着这些荣誉而工作的。没有这些荣誉，我们也不会有丝毫的懈怠，因为教育关系着我们自身的幸福。

"优秀"教师是有限的，而且往往和机遇甚至人际关系有关；但幸福的教师有千千万万，而且就在我们身边，甚至就是我们自己。

（全场鼓掌）

最后我要说，比起全国许多新教育兄弟学校，目前我校的新教育课程还比较粗糙。但既然"跑道"给我们展示的前方已经明确——"过一种幸福完整的教育生活"，那么我们"奔跑"的步伐就不会停歇，因为这是我们和孩子共同的生活，也是我们共同的生命成长。

2014 年 4 月 24 日

我们一直
在行进

　　昨天谢华副校长对我说，希望今天我能在我校新教育第三次研讨会结束时作个总结发言。我没有写讲话提纲，因为我相信今天一天的活动会让我有感而发、有话可说的。果然，今天一天的听课、看汇报还有听大家的发言，使我的确有很多感想。

　　刚才童喜喜的报告让我很感动。童喜喜姓"童"，因此她有童心，有着儿童般的情怀；她名叫"喜喜"，就是喜悦又喜悦，无比开心。她的确有着一颗儿童一般纯真的心，非常纯真，非常单纯，当然有时候也有儿童般的任性，呵呵！她今天的报告，最能打动我的，是真诚。她把自己献给了新教育事业，为新教育做义工，到全国各地去作公益讲座，按道理说她对讲的内容已经很熟悉了，但她每次讲都像第一次讲那么认真，认真地修改课件，认真地对待每一位听众。我们现在有的所谓巡回演讲团，出于商业动机，喜欢把听众的感情当工具。比如，一些所谓"感恩""励志"的演讲，到了学校通过语言技巧和表演技巧，使劲煽情，把学生和家长讲得泪流满面，然后就出售书籍和光盘。今天，童喜喜的演讲显然不是这样的，她讲读书，也讲

　　　　　　　　幸福比优秀更重要

了读书的方法，但她本人就是一个阅读者，她把自己的心掏出来，自然而然地感动了我们。童喜喜作了许多公益讲座，因为新教育本身就是公益的。朱老师曾经说过，凡是要求收费的所谓"新教育"肯定是假的。如果我们在座的各位对童喜喜真有感激之情的话，最好的感谢，就是把童喜喜所传播的教育理念，也就是阅读的理念，落实在每一天的平凡的生活中，让自己成为阅读者，也让孩子成为阅读者。让我们用掌声再次向童喜喜表达敬意！

童喜喜没有授权我为她的书做广告，但我觉得作为新教育人，我有责任为她的著作作宣传。《新教育的一年级》和《喜阅读出好孩子》这两本书非常值得一读。书中所传递的新教育理念，对老师、对孩子、对家长都会有积极意义，建议大家去买来读一读。

今天的新教育实验研讨会是我们学校搞新教育实验以来的第三次，主题是阅读。今天听了课，听了老师们的交流发言，我很感动。上午，我在微信朋友圈里发了一条状态——

我们并不领先，但我们在行进；我们甚至没想过"原创"，但我们一直践行常识。我为我年轻美丽的同事们感动！

回想几年前我来做校长时给大家讲新教育，许多老师愁眉苦脸，一筹莫展，老问："怎么做吗？""怎么操作吗？"现在几年过去了，我们不是做得很好吗？当初发愁的老师现在不都是我们学校新教育故事的主角吗？大家看这几张我今天中午随手在校园书吧拍的照片，孩子们这么开心地阅读，这就是新教育的追求。的确，我们并不领先，比起全国那么多新教育学校，我们有着很大的差距，但我们一直在做。现在的教育很浮躁，有的学校老想"引起轰动"，老想"彰显特色""打造品牌"，我们没想过这些，跟着别人走就走吧，只要对孩子有好处，"不领先"又有什么关系呢？我们的确没有什么"原创"，我们只是遵守"常识"。现在有的教育者心里老想这个"创新"那个"突破"，老盼望着"第一个提出"什么什么，"率先做了"什么什么，唯独不想想做这一切对孩子有什么好处。我就没想过一定要"原创"个什么，我就想什么对孩子有好处。如果对孩子有好处，就算是"老一套"也没有什么关系。说实话，教育哪有那么多"创新"，最朴素的往往就是最本质的。

比如"新教育"的理念，从本质上说，其实也不是新的。如何理解"新教育"之"新"？新教育人认为，就教育理念而言，关于"新教育"之"新"，并不是前所未有的"横空出世"，而是返璞归真和与时俱进，也就是说，今天所进行的"新教育实验"，是让教育回到起点，将过去无数教育家所憧憬的教育理想变成现实。当一些理念渐被遗忘，复又提起的时候，它就是新的；当一些理念只被人说，今被人做的时候，它就是新的；当一些理念由模糊走向清晰，由贫乏走向丰富的时候，它就是新的；当一些理念由旧时的背景运用到现在的背景去继承、去发扬、去创新的时候，它就是新的……现在如果有人穿旗袍，我们会说："哟，你今天穿了一件新款式的衣服。"可实际上旗袍在中国古已有之，只是多年没人穿了，今天有人穿便成了"新"的。同样，读书有益于人的成长，这个理念新吗？当然不新，但许多人不做，而我们做起来了，这就是"新"！因此，管他新还是不新，都不重要，重要的是对孩子有好处，我们就去做。遵守常识，就是坚守良知。搞新教育不是赶时髦，新教育从来不强迫谁，它靠自己本身的魅力吸引有教育理想的人加入。

上午黄远霞老师谈自己读书，我就想，要让孩子读书，教师包括家长也应该读书。今天上午我突发灵感，写了一条微信——

有时想想，教育其实很简单，就是先让自己善良起来，丰富起来，健康起来，阳光起来，快乐起来，高贵起来，然后去感染孩子，带动孩子，让孩子也善良、丰富、健康、阳光、快乐、高贵。除此之外，还有教育吗？现在最大的问题是，教育者缺乏的，却要让学生拥有。岂非缘木求鱼？

这条微信发出后，被迅速点赞，获得普遍认可。的确如此。我可以自豪地说，我要求我校老师读书，我就相信没有哪个老师敢说比我读的书还多；我要求老师们写作，我同样相信没有哪个老师敢说比我写得多。而且我相信也不会有哪个老师会说比我还忙。我如果不比老师们做得好，我怎么好意思对老师们提出要求？现在我们很多时候要别人做到自己却做不到。你要学生认真严肃地对待升旗仪式，你自己却连国歌都不唱，你的教育就等于零。你要学生读书，你读不读书？当官的要求老百姓廉洁，自己却大搞腐败，你叫老百姓怎么相信你？今天，黄远霞老师的发言让我很感动，她那么热爱阅读，读了那么多的书！她就可以对学生的阅读进行有效的指导。在我们学校，这样老师越来越多了。新教育实验正在改变越来越多的老师。

大家看这张照片，这位老师叫"侯长缨"，这张照片是前年6月27日她在这里作报告时，我给她拍的。今天我推荐一本她的书——《勇气，在课程中绽放——侯长缨和毛虫班的〈人鸦〉童话剧演出之旅》。前几天她寄给我，我看了看，非常好。侯老师是新教育榜样教师，她以排练演出《人鸦》为线索，串起了她五年来和学生一起的新教育生活。这值得我们学习。我上午已经在网上给我校每一个老师买了一本，这也是我给老师布置的寒假阅读作业，希望大家好好阅读。

是的，"我们并不领先，但我们在行进；我们甚至没想过'原创'，但我们一直践行常识"。我们并不孤独，因为有许多新教育人与我们同行。今天，来自北川、金川、金堂、新津的新教育人以及武侯区其他新教育实验学校的老师们来到我们学校，分享我们的新教育成果。非常感谢各位！愿我们继续一起飞翔！

2014年12月30日

校长现场

开学第一天

2014 年 9 月 1 日的早晨，秋雨绵绵。我校开学典礼不得不由操场转移到体育馆进行。

三千多名师生站在体育馆里，蔚为壮观。典礼开始，校歌响彻整个体育馆——

国旗映红长空，

点燃朝霞，

拥抱太阳。

理想写满蓝天，

豪情壮志，

心在飞翔。

大树顶天立地，

小草纵情歌唱。

人们因我更加幸福，

世界有我更加芬芳。

善良播进沃土，

雨露滋润，

爱在流淌；

童心辉映校园，

纯真陪伴，

我在成长。

大树顶天立地，

小草纵情歌唱。

人们因我更加幸福，

世界有我更加芬芳。

今天的开学典礼，开启了我校新学期"百姓讲坛"的第一讲。我校有两个"讲坛"——"大家讲坛"和"百姓讲坛"。前者是请著名专家学者来校演讲，比如流沙河、钱梦龙、朱永新、程红兵、李承鹏，等等；后者是请各行业的普通劳动者来讲他们的人生感悟，比如我校学生的家长等。

今天请到的是成都市一家摄影器材公司的经理刘子杰先生。因为他的勤劳合法经营，他被评为成都市个体劳动者模范。

在全校师生的热烈掌声中，刘子杰先生走上了讲台，开始了他的演讲《机会总是留给有准备的人》——

老师们，同学们：

大家好！

今天非常荣幸能到这美丽的校园里来和大家一起分享你们的快乐，同时也非常感谢李校长给我这个机会，为了不辜负李校长给的宝贵机会，我一直都在想我将哪些感受分享给大家，才对得起这个机会，也不浪费大家的时间。最后我想分享的是"机会总是留给有准备的人"，并把我自己的成长过程分享给大家。

记得自己在学校学习开始，我非常爱戴和喜欢老师，因为老师经常告诉我们要别人爱你，你必须先爱别人。按照老师的教导，我在认真学习的同时把学到的知识活学活用，让知识帮助自己成长。记得1981年我们高考时，要先进行一次准考考试，这次只有50%的考试合格者才有机会参加正式的高考，同时高考的本科招生比例也只占所有考生的5%，我能考上大学本科也算是幸运者，同时我认为我是按照老师教导的方式去学习的，是老师的付出成就了我，我从内心一直非常感激他们，我借此在这里衷心地对老师们说一声：谢谢你们教育了我！

到我大学毕业时，我们是由学校安排分配到单位的，我因为学习还可以，同时也爱体育运动尤其是打篮球，是学校和系里的活动积极分子，因此被中国人民解放军总后勤部车船研究所招收。经过部队的严格管理和刻苦锻炼，我了解到工作和学习一样，必须认真负责、一丝不苟，同时工作的责任心更重要，因为也许一个错误就会让无数战友牺牲。

在1987年军队现代化需要裁军时，我主动要求响应军队的号召，转业到了成都65厂。

刚到工厂，我要求从头做起，到车间的基层，从一个技术员开始，在对生产技术的不断学习中提高自己的能力，在工厂的技术改革中多次得奖，并被提升为工程师。

在1993年邓小平同志的改革指导下，中国到处都在进行改革大浪潮，我主动放弃了效益良好的工厂的正式工作，投身到社会的大海中。当时我虽然有足够的勇气和准备，但在前3个月里，也多次应聘失败，没有工作就如不会游泳者掉到大海里，那种无助令人心慌和恐惧。还好，在一次双流棠湖集团招聘技术员时我成功得到了这个工作机会。经过几个月的工作，他们认同了我的能力，让我负责成物大厦建设的机电设备的采购和技术把关。经历近两年的"下海"工作，我在1995年被新加坡的JPN公司邀请去新加坡工作。

这次在新加坡的工作给了我了解国外先进技术和管理的机会，同时也是我资本积累的开始。记得刚到JPN公司，其他员工根本不认同我的能力，我也认为自己在动手能力上需要向他们学习，所以，不论工作的环境有多恶劣，我都努力把工作做到最好。就这样，经过3年的工作，JPN公司对我的工作能力非常认同，公司在缅甸开分公司时，把我派去，放心地让我管理公司的技术。

在国外工作的时候，我一直希望能回国开创自己的事业，用自己的知识和技术来回报祖国。非常幸运的是在缅甸工作一年多后，我一个在国内的朋友计划在成都开分公司，并多次邀请我一起参加。在1998年，经过多次沟通，我放弃了国外高收入的工作，回到成都开始了自己的事业。

自己做是非常不容易的，我们从3人开始，到一年后增加到10人，到2004年，公司人员已经达到了几十人，年销售额达到四千多万元，交税数十万元。同时我们也培养了许多精英，被同行比喻成黄埔军校。同年我有幸被成都市武侯区推荐成为成都市个体劳动者模范。

也就是这个荣誉，使我有幸认识了我们著名的教育学家李镇西老师，也有幸来到这里和大家进行交流、分享。我贪心地希望，今后能有更多的机会参与到你们中间，学习和分享大家的经验，成为你们中的一员。

多年来，我一直想，"幸运"的人真的只是幸运吗？在对自己和许多也很幸运的人进行了解后，我发现，幸运中有很多必然，比如学习努力刻苦，工作认真负责，遇到困难总是积极乐观地去解决问题，对人诚实谦虚，时时刻刻都在学习和准备，所以，我总结出"机会总是留给有准备的人"。如果你希望自己今后能成为对社会有用的人，现在就一定要开始为之作准备，努力学习，爱你身边的每一个人，以积极向上的心态为今后的机会的到来作好准备。

我的分享就这些，希望没有浪费大家的时间。

谢谢大家！

演讲完毕，我简单评论了几句："同学们，刘叔叔大学毕业后从军，后来到国企，然后又下海创业，无论他做什么都很出色；无论在哪个岗位上，他都卓有成就。因为他随时都准备着去迎接机遇的到来，而不是被动地等待机遇。我们这个讲坛，就是要请各行各业的英雄模范来演讲。本学期，我还将请更多的杰出劳动者来为我们演讲。我们期待着！"

离开了中学，我匆匆赶到小学。第一节课，我来到一年级二班听包虹靖老师的课。

因为是第一节课，所以包老师为刚进小学的小朋友进行常规训练，比如静息，起立，问好，发言，等等。然后，包老师让小朋友们起来作自我介绍：姓名，年龄，家庭住址，个人爱好……

小朋友大方地起来介绍，非常有趣，有的上来有些紧张、张口结舌，有的活泼大方，有的说喜欢小猫，有的说喜欢跆拳道。一个说喜欢跆拳道的男孩还当场比画了几下，引起大家友好的大笑……

包老师特别有亲和力，语言委婉动听，教态和蔼大方，肢体动作丰富，让孩子们很自然地喜欢上了她。有的女孩子比较胆小，不好意思上台介绍自己。包老师就走到她面前，牵着她的小手一起上台。孩子说话声音比较小，包老师就帮她"翻译"并大声传达给大家。有一个女孩画了一幅画，包老师鼓励她给大家说说这幅画的内容，小朋友说这画是画的自己。还有一个小女孩很腼腆，包老师请她上台发言时，特意介绍她的爸爸为全班同学调整桌子高度的事，要全班同学感谢她的爸爸，掌声响了起来。

在展示画儿的时候，小朋友们都争先恐后举起自己的画儿，有几个同学还上台介绍自己画的内容。

然后，包老师还教小朋友们怎么交作业。

下课后，包老师来到我办公室听取我的意见。我说："没有什么意见，小朋友们很可爱，你也很可爱。要继续做新教育实验，缔造完美教室。你从一年级开始教这个班，要向侯长缨老师学习，通过新教育实验和孩子一道成长。你以后有什么困难，我可以帮你，你还可以请教远方的侯长缨老师。"我把侯老师的电话给了她。我还提醒她，一定要注意积累资料，注重过程的记录。

包老师很有信心地说："第一次开家长会，说到新教育实验，家长们很支持，有20多位家长要求参加家长委员会。我们还建立了QQ群，我有时候在博客里写了有关家长建议的文章，都让家长看。平时我会注意积累资料和成长过程的。"

告别了包老师，我又匆匆从小学赶回中学，为唐燕老师的初一（1）班上课。这是我本学期的第一堂课。

刚气喘吁吁地走到教室门口，我看唐老师好像正在跟同学们说"李校长马上要来给我们上课"，我走进去大声说："让我们用热烈的掌声欢迎李老师的到来！"

孩子们一下愣住了，不过瞬间便反应过来，都哈哈大笑起来，然后"啪啪啪"的掌声震耳欲聋。

因为刚刚军训结束，孩子们的脸都是黑黑的。我笑着说："本来我一直为自己皮肤黑而自卑，可一走进来看到你们，我觉得自己的皮肤真是白嫩白嫩的！"

孩子们立刻爆笑起来。

我说："你们一个个就像非洲孩子一样。不过呢，你们的皮肤黑虽黑，却不粗糙，准确地说，是黑嫩黑嫩的！"

大家笑得更厉害了。

我说："问你们一个问题，如果你们在校园里碰见我，该怎么说？"

大多数同学说："李老师好！"也有少数同学说："李老师！"

我笑了："嗯，说'李老师好'是对的，我会给你回礼，说'同学们好'。如果只叫'李老师'，我会认为你找我有事，会问你：'有什么事呀？'"我模拟着俯下身，看着同学们。大家又笑了。

我又问："同学们来到我们学校有什么感觉啊？"

一位男同学说："校园很大，比我们小学大多了。"

一位女同学说："唐老师对我们很好。"

我觉得这个女孩很面熟，问："啊，你是不是直升班的孩子呀？我还抱过你呢！"

她甜甜地笑了："是的。我是直升（1）班的。"

所谓"直升班"，就是我校附属小学的孩子提前进入我校学习。上学期我给直升班的孩子上过课。当时，这女孩上台板书，因为个子太矮，我就抱着她在黑板上写字。

我问她："上次给你班上课我讲的什么呀？"

她站了起来，说："你讲了你一个叫杨嵩的学生的故事，说他有战胜自己的毅力，克制自己不过分打乒乓球，到了学习时间自觉回教室学习。"

我说："嗯，战胜自己，我相信你们也能够战胜自己。今天，我给大家带了一碗面来请大家吃。"

大家都不做声了，都很吃惊地看着我，不理解我为什么说要请大家"吃面"。

我说："大家也许想，李老师什么都没带来，怎么请我们吃面呢？呵呵，告诉你们，我们学校的每一个学生，都吃过我的面。这碗面不是一般的面，而是一篇小说，叫'一碗清汤荞麦面'。我给每个班的同学都读过，因此所有武侯实验中学的同学都吃过这碗面。这是一篇日本小说。说到日本，可能有同学不以为然，哼，小日本。我理解大家对日本的感情。侵华战争它给我们中国带来了深重的灾难，而且现在还有部分日本人否定这段历史。我们当然感到愤慨。我们可以不喜欢日本，但我们一定要知道我们和日本有多大的差距！ 1945 年二战结束时，吃了两颗原子弹的日本成了一片废墟，可后来他们迅速崛起，成为世界经济强国。原因很多很复杂，但我们今天读了这篇小说，至少可以知道部分答案。"

我打开提包找那本小说，结果居然没找到，可能是丢在办公室了。不过不要紧，我对这篇小说太熟悉了，几乎能够背诵。于是，我开始讲述："对于面馆来说，最忙的时候，要算是大年夜了。北海亭面馆的这一天，也是从早就忙得不亦乐乎……"

我绘声绘色地讲这个感人的故事，有时候模拟着主人公的表情或动作。孩子们特别专注地听着，每个孩子都仰着脸看着我，一双双眼睛亮晶晶的。随着我的讲述，时而凝神谛听，时而开怀大笑。整个教室充溢着浓浓的感染力，这感染力与其说是来自我的讲述，不如说源于小说本身的动人情节和感人主题：爱与坚强。

小说讲完了，我跟同学们说："大家今天回去在网上搜索一下这篇小说再读读。同时，我布置一份家庭作业，大家一定要做，这作业便是，今天回家后给爸爸妈妈讲讲这个故事，而且把这故事永远记住。再过50年，60年，70年……你们已经不能动弹，躺在床上，颤巍巍地叫道：'孩子呀……过来，过来，爷爷给你讲……讲……讲个故事，咳咳咳……'"

看着我模拟的表情和动作，同学们已经笑得拍桌子打板凳了。

我继续说："或者你是奶奶，会说：'孩子呀，奶奶给你讲个故事……（我继续模拟）这个故事呀，是奶奶小时候读中学时，李校长给我讲的……当然喽，他已经死了很多年啦……'"

教室里再次爆发出笑声。

中午一点钟，我请本学期到我校工作的20多位新老师到小会议室，我给他们作了一个微型讲座。这20多位老师大多是刚毕业的大学生，也有部分工作了几年的老师，但都算年轻教师。我给他们作的讲座主题是"寻找卓越而朴素的自己"。我通过PPT，图文并茂地开始了我的讲座。

我从侯长缨老师讲起，讲十年来我和原来素不相识的侯老师的交往，讲她在我的建议下参加新教育实验，一步步成长起来，由一个普通的小学老师成为现在的名师。

侯长缨老师的网名叫"快乐小荷"。按我的理解，所谓"快乐"，意味着职业幸福；而"小荷"意味着慢慢绽放，即"成长"。侯老师的确是一位快乐的老师，这快乐源于她每一天既蕴含意义而又充满情趣的教育。她有理想，有爱心，有良知，有智慧……而这一切都不是空谈，而是体现于每一天朴素的教育行为中的。她在不停地实践的同时，总是不停地学习，不停地反思，不停地记录……这正是成长，而且是和孩子一起成长。她用爱心滋润童心，孩子们用童心报答爱心。每一天都很平凡，每一刻都很精彩。在这平凡的精彩中，她拥有了孩子们的依恋，也赢得了职业的尊严。

然后，我说到"好老师"的标准，就三条：课上得好，班带得好，分考得好。我说，做到了这三点，你就很牛，就有了立身之本。但有了这三点还不算名师，名师还得有影响，因此还得有两个条件："能说""会写"。能说，就能作报告，面对面地给更多的老师讲你的教育智慧，这不就有影响了吗？但面对面听你讲座的老师毕竟有限，所以嘛，如果你还会写，就可以通过论文或著作，让你的思想、智慧传遍全国。

当然，要成为名师，必须做到四个"不停"——不停地实践，不停地思考，不停地阅读，不停地写作……做到了这四个"不停"，坚持五年八年，乃至更久，你想不成功，都十分困难！

首先说"不停地实践"。这里的"实践"，指的是每一天平凡的教育行为——上课、带班、谈心、处理突发事件……关键是在这过程中，要有创新与研究。要把每一堂课都当作研究课，把每一个班都当作试验田。要不断超越自己，不断超越的过程，就是自身潜力不断挖掘和自我价值不断实现的过程。

其次说"不停地思考"。这里的"思考"，就是思考每一天的教育教学行为……特别要勇于用常识识破一些装腔作势的所谓"理论"。凭良知做事，用常识思考！

再次说"不停地阅读"。不读书，无以教，无以活。读什么呢？教育报刊、教育经典、学生读物、人文书籍，等等。不要只是上网，更要阅读书籍。流沙河说，网络更多的只能给你信息，只有阅读才能给你知识。只有广泛的阅读，人才不被蒙蔽，只看新闻联播怎么行呢？

对于国际国内富有影响的思想家的著述，包括人文知识分子的著作，你阅读了多少？对于中国 20 世纪的历史，你凝望了多少？对于 20 世纪中国知识分子的命运，你思考了多少？对于当下中国社会和民众的生活，以及各种暗流汹涌的思潮，你关注了多少？

我提到了叶圣陶，提到了钱穆，提到了陈寅恪……我说，书读得越多，我们就越感到，和老一辈大师相比，我们连学者都谈不上！

最后说"不停地写作"。写什么呢？可以写教育备忘、教育随笔、教育故事、教育实录，等等。关于教育故事的写作，我引用了干国祥老师的观点，建议大家应注意以下几点：

（1）这个故事应该蕴含着某种意义，或是成功的经验，或是失败的教训，或其他方面的启迪，等等。

（2）故事应该完整。有的老师在写教育故事的时候，往往虎头蛇尾，或者结构不全。一个完整的故事，一般来说应该有开端、发展、高潮、结局这样几部分。另外，一定要尽量保持故事本身的曲折性。

（3）尽可能保持现场情景，特别是原汁原味的有价值的细节。

（4）不要过于追求描写的文学化，不要用过多的夸张和抒情，千万不要虚构，即使是细节的虚构也不应该，应该忠实于生活本身，要相信有意义的故事本身就胜过任何人为的"编剧"。

（5）夹叙夹议，但不要过度阐释，切不可让"理论分析"冲淡了故事；可以写当时的心理活动，但一定要是当时的真实想法，不要以写作时的认识取代当时的思想。

我还讲了"调整心态"的话题。我说："你们刚毕业，对教育一定有着浪漫的想象。有理想是对的，有浪漫情怀更是应该的，因为教育本身就富有理想，而且有着浪漫的色彩。但是，当你每天面对一个个具体的问题时，比如学生不交作业，课堂纪律糟糕，家长不配合，考试你班是最后一名，等等，你还能浪漫吗？除了需要智慧，还需要一个好的心态。"

我提到了我校的优秀老师孙明槐、潘玉婷、郭继红等人，说："你们注意一下这些老师，多向他们学习！"然后，我讲了龚林昀老师、赵敏敏老师和唐燕老师的成长故事，鼓励大家在困难中前进，在挫折中成长。

一个小时很快过去了，下午第一节课的铃声即将响起。我赶紧打住还没讲完的内容，给大家播放了一个视频《唱着歌儿向未来》，画面上是 30 年来我的一张张教育照片，我年轻的脸庞和孩子们活泼的身影，还有谷建芬作曲的班歌旋律做背景音乐，老师们都被感动了。

最后，我说："祝每一位老师都能早日找到卓越而朴素的自己，并导演自己的青春大片！"

讲座结束了，第一节有课的老师去上课了，剩下的老师纷纷拿出我的著作请我签名。在签字的过程中，我问她们毕业于哪所学校。有几个老师说她们毕业于西华师大，我说："噢，几年前我去西华师大作过报告的。"她们说："当时我们就特意去听了您的报告，所以毕业后就想到这个学校来工作。"

那一刻，我很幸福。

中午没休息，有些疲倦，但想到《名片教师》著作的审稿，我不敢小憩，便请来刘显勇、唐燕和饶振宇三位老师，谈稿件的修改。我拿出"名片教师"奖杯的效果图看了起来，想象着 9 月 10 日颁奖典礼上那激动人心的场面……

2014 年 9 月 1 日

童心万岁

最近，初二（4）班问题很多，不少给这个班上课的老师都跟我反映，这个班课堂纪律不好，有同学爱瞎闹、起哄，有个别学生还不接受老师的批评教育，和老师顶撞，甚至用下流的语言骂老师。有一次我路过该班，的确乱糟糟的，我当即批评了他们。班主任任老师很纯朴，但缺乏教育智慧，他向我求助。我说："我去你班上一节班会课吧！"

这课怎么上？如果我带着"杀气"去上课，学生胆战心惊地听我训斥，当然不行。但如果还是讲道理，显然也不会真正有效果的。我决定从游戏开始。于是昨天我给任老师打电话，让他告诉同学们，让他们明天上学带一张婴儿照来。我已经在心里为明天的班会课取了一个名字：童心万岁。

今天第一节课预备铃刚响，我就走进教室。我对同学们说："今天李老师来给大家上一节课。大家知道我为什么要来上这堂课，那就是最近咱们班出了一些问题，让各科老师很有意见，甚至很伤老师们的心。但我不打算简单地批评大家。昨天我不是让大家带婴儿时的照片来吗？现在我们先来欣赏一下这些照片。"

我把照片放在实物投影仪上，一张张孩子们婴儿时代的照片便赫然打了出来。每一张照片都激起了孩子们的笑声，并纷纷猜是谁的照片。如果猜不着，我便让照片中的主人站起来亮相，大家自然有一阵笑声。教室里气氛和谐而热烈。我时不时提醒大家注意那一张张照片上清澈明亮的眼睛。

照片看完了，我问同学们："你们感受最深的是什么？"

同学们纷纷回答："可爱！""纯洁！""明亮的眼睛！"

我说："是的，眼睛的明亮展示的是心灵的纯洁。因为眼睛是……"

"心灵的窗户！"大家一起说。

我说："任何一个人呀，在最初的时候，都是这样纯洁无邪的，但随着年龄的增长，有的人的眼睛便变得浑浊起来，甚至凶恶起来，因为他的心变了。昨天我看电视新闻，有一个30多岁的男子对着自己的妻子连捅七刀！我不知他们之间有什么纠纷，但我想，即使都是这女的不对，作为丈夫，还不要说作为丈夫，就是作为一个正常的人，就该杀人吗？而这个杀人者，他当年刚出生来到这个世界，不也是像刚才照片上的大家那样纯洁无瑕吗？不也有一双清澈见底的眼睛吗？他究竟是从什么时候慢慢失去了善良的呢？"

同学们都不说话，静静地听我讲述。

"好，现在大家再看看李老师小时候的照片。"我先打出了我两岁时的一张照片，同学们哄堂大笑起来。

我说："这是李老师两岁时的照片，你们看是不是也很可爱啊？再接着看李老师不同年龄段的照片，看李老师是怎么长大的。"

几个月的照片，5岁的照片，15岁的照片，19岁的照片，大学一年级的照片，大学毕业的照片……一直到现在的照片。在孩子们的笑声中，我给他们讲述着、解释着一张张照片。最后，我在一张PPT上打出从婴儿到现在，我不同年龄段的十张照片，这张PPT颇具视觉冲击力，孩子们都被震撼了。

我说："人就是这样长大的。人的一生其实很快。我觉得我好像昨天还在幼儿园，可现在已经50多岁了。人总要长大的，但有一样东西可以永远保持。大家想想，在这十张照片中，李老师不断在长大变老，但有一样东西是没有变的，是什么呢？"

同学们说："童心！"

"是的。童心！"我说。

然后我又问："同学们想想，一个人的童心体现在哪些方面呢？"

同学们一一举手回答："喜欢看动画片！""善良，不忍心伤害小动物。""纯真，诚实。""心灵纯洁。"……

我说："说得非常好！人的一生，都要随时提醒自己保持童心。当然，人在成长过程中，不可能不犯错误，如果能够认识到自己的错误，并即时改正，我们就依然能保持童心。"

我又在照片上打出了一张照片。照片上，十多年前的我两只胳膊分别搂着两个孩子。这两个孩子一看就是很调皮的学生。

我说："这两个孩子，是我当年班上最最让我头疼的学生。一个叫张凌，一个叫柴粒。他俩上课不守纪律，不完成作业，顶撞老师，打架，骂人……总之每天让我生气，经常让班上不得安宁。当时，我一次次找他俩谈心，鼓励他俩进步。一旦有了进步，我就带他们去公园玩。这张照片就是当时和他俩在成都郊外的世界乐园玩的时候拍的。张凌很调皮，身子瘦弱，但很灵活，做清洁卫生时常常跳来跳去擦窗户，擦黑板，这也是他的优点，但成绩太差。他没毕业就离开了我，家长送他去足球学校学足球。临别时我们给他开了一个欢送会，他很感动。最后和我告别时，他泪流满面。再后来，我们便渐渐没有了联系。但前年我突然接到他的电话，他说他在日本待了十年，当足球教练，现在回国了。我特别欣慰，总算有出息了。今天他这个班的同学聚会，他本来要来，结果临时有事又没来，但他给我打电话表示歉意，说：'李老师，你是我最后一个老师，离开了你我就没再读书了，我特别想你！'你们看，孩子懂事了，就知道老师的好。"

孩子们都特别安静地听着。

我又指着照片上另一个孩子说："这孩子叫柴粒。当年他在我的班上是出名的顽劣。为了教好他，我花费了九牛二虎之力，十八般武艺全用上啦！柴粒的特点是，好动，不学，上课要么捣蛋要么睡觉，有时候还和同学打架。可后来他成了一名光荣的军人。有一年，我在成都市教科所工作。一天，我办公室进来一名英武的战士，定睛一看，是柴粒啊！我真不敢相信，几年前那个顽童，居然成了我们国家'最可爱的人'啦！记得他当时给我讲了不久前在大巴上见义勇为的事，我非常感动。他说，那时他在西安武警指挥学院上大学。一天上街办事，坐公交车，他发现一个小偷在偷乘客的钱包，已经偷了两个了，除了那两个被偷的乘客，满车人都看见了，但没人敢说。于是，他便大喝一声：'住手！'我问：'你不怕吗？'他说：'我是军人啊！当时我穿着军装，我不站出来，说得过去吗？平时在军校老师都教育我们，军人就是保家卫国的，如果这时候不站出来，算什么保家卫国啊！''那小偷当时和你打了吗？'我问。柴粒笑了：'我是军人嘛！他不敢。'他接着说：'我当即让公交车司机停车，我把小偷带下了车，还把那两个被偷的乘客叫下车，然后我在街边的电话亭打110，等派出所的警察来了，我就把他们几个交给警察了。'那以后我又是好多年没和他联系。前年八月我在学校值班，突然一位军人走了进来，我一看，呵呵，是柴粒呀！他现在是北京军区的一位军官了。他说回成都探亲，便来看我。他说初中离开了我，就再没有遇到过像我一样好的老师。他还跟我承认，当年他曾偷了同学的一本书，叫'恰同学少年'。他说：'当时我觉得那本书特别好，我就想多要一本。'看着他，我很感慨，没有人不犯错误，尤其是孩子，但孩子犯了再大的错误，也不能说明他以后就是个坏人。孩子犯错误没那么可怕，他们可塑性很大。犯了错误，只要能够改正，今后他们一样会有出息。"

两个学生的故事讲完了，孩子们还静静地听着，好像在沉思。

我问："童心的失落往往是从一些小事甚至微不足道的细节开始的，比如：小时候因为没有第一批入少先队，你会哭，现在无所谓了，连红领巾都不愿意带了；小时候，看见老师会恭恭敬敬地鞠躬，叫'老师好'，但现在见了老师也不打招呼，甚至背着老师还叫名字，更有甚者还骂老师；等等。下面，我想问问同学们，你们觉得现在在咱们班，有什么童心失落的表现呢？"

同学们想了想，开始回答："上课不守纪律。""乱起哄。""课间打架。""不尊重老师。""骂老师。"……

我说："好，李老师非常感动！感动于你们能够认识到自己的错误。但认识了就要改正，而且是发自内心地去改正。有同学不尊敬老师，甚至还骂老师，你们不知道这多伤老师的心啊！教你们的老师都很年轻，也许就因为你们的骂，有老师就会对自己选择教师这个职业的信念产生动摇，他们会慢慢反感这个职业。相反，你们对老师的礼貌，你们的尊重，你们的懂事，又会让老师对自己的职业产生成就感和幸福感。"

我看了看表，说："还有几分钟下课，现在我请同学们拿出纸，写两个内容：一是你有什么对不住班集体，对不住老师，也对不住自己童心的地方，写出来，算是自我反思；二是对搞好我们的班集体有什么好的建议，也写出来。"

同学们开始拿着笔写了起来。教室里再次一片安静。

下课铃响了，有的同学写完了，有的同学还在写。我说不急，慢慢写，写完以后交给班主任老师，由班主任老师转给我看。

我说："谢谢同学们今天听我的讲述，现在每一个孩子在我眼中都是那么可爱！我相信你们这个班会有进步的。等你们有了进步，我再来给你们上课，好吗？"

"好！"孩子们一边大声说，一边热烈鼓掌。

中午，孩子们把他们写的纸条交上来了。我一一仔细看——

我曾经在课堂上捣乱，说脏话，今天听了李老师对我们的教育，感到非常的愧疚。现在我只能对老师们送上一句真诚的话："对不起，老师，我会改正错误的。"

苏老师，对不起，我不应该上课接嘴，说怪话，还用您的书去打同学。对不起，我尊敬的苏老师。

我有时候在背后骂一些老师。我骂过政治苏老师。我知道骂人是不对的，我一定会改正。

有时上课说老师的坏话，说一些不干净的话，我想对老师说"对不起"。

我以前骂过老师，抄过作业，起过外号，有点凶恶。我感觉现在心里非常惭愧。我已经知道了错误，一定会改正的，相信我！

老师，对不起，我和一些人在课堂上扰乱课堂纪律，还起哄，而且不听你们的话，我知道错了，一定改正。

我以前偶尔会骂一些老师，上课和同学们一起起哄，故意上课迟到，衷心希望得到各个老师的谅解，希望你们原谅！

我初一的时候在气头上骂了王老师，心里十分内疚，想道歉，却不知怎么开口。希望王老师原谅我。

……

也许有人会问："这一堂课就能改变学生吗？"当然不能指望我这一堂课就改变学生，如果那样，教育也太简单了。但是无数次这样触及心灵的课所汇成的教育力量，一定能够改变学生的！

而且这些纸条上所写的，学生也不一定都能够做到的，毕竟是孩子，要克服恶习哪会那么容易？但他们今天写的时候一定是真诚的。教育者要做的，就是不断提醒他们，陪伴他们成长。

我拿着这些纸条来到初二（4）班，我先对同学们说："同学们写的纸条，我都看了，很感动！这说明你们依然还是纯洁的。当然，关键是行动。我相信你们能够重新赢得老师的喜爱。"

　　然后我把班主任老师叫出来，把这些纸条给他。我说："你把这些纸条给相关老师看看，让他们知道孩子们现在的态度，让老师们也原谅孩子们。这是一个机会，是改善科任老师和学生关系的机会。另外，这些纸条你保存好，因为这些是学生的承诺。学生写这些纸条是真诚的，但不能保证他们从此就不犯错误了。以后你可以用他们自己的承诺来不断提醒他们战胜自己。"

　　我对他说："我会继续帮你的。还是那句老话，我就是你的110！"

2013 年 11 月 29 日

朴素而热烈的校庆

今年是我校十年校庆的年份。但我打算搞一个朴素而没有庆典的校庆。没有庆典，但有系列活动，比如书画、征文、手印墙、"岁月记忆"埋藏……昨天，也就是 2013 年最后一天的迎新演出，为校庆系列活动画上了句号。

下午三点，"岁月记忆"物品埋藏仪式在校园晏阳初塑像后面的草坪上举行。这是我的提议，将最能反映我校现在发展情况的资料埋在地下，90 年后，也就是百年校庆时再挖出来，让那时的老师们看到学校今天的风貌。后来有老师说："90 年太久了，我们都不在了，我们想看这些'文物'的希望一点都没有了！"于是，我们又埋了一些 40 年后，也就是校庆 50 周年时启封的物件。

埋藏物有我们学校的宣传片，有展示学校各方面情况的画册，有我校老师的故事，有学生写给未来同学的一封信，有我写给 40 年后、90 年后师生的一封信，有我的一套著作……

部分学生和教师参加了埋藏仪式。埋藏之前，我作了简短讲话。

我先问旁边的孩子们今年多大，她们说 13 岁，还有一个同学说

12岁。我问她叫什么名字，她说叫"李茂晗"。我说："那40年后，校庆50周年的时候，你52了岁。记住，到时候你也许在成都，也许在外地，甚至在国外，到时候你一定要设法回到这里，回到这棵树下，你要想到这是当年和李校长的约定，你来见证这些物品的出土，那是一个激动人心的时刻。其他同学到时候也53岁了。我如果还在，也只能坐轮椅来了。我们这里现场的老师们那时也七八十岁了。你们都可以见证学校的发展。"

我对大家说："今天，现在，的确是一个历史性的时刻，我们埋下这些物件，埋下今天学校的发展，埋下了给未来的记忆。时间会继续流逝，学校也不会停止发展。无论岁月如何向前推进，我们的校训必将穿越时空，同学们，我们把校训再朗读一遍！"

"让人们因我的存在而感到幸福！"嘹亮的声音响彻上空。

我说："祝福学校，祝福同学们！"

然后我和同学们把装有物品的三个透明罐子——其中，两个罐子是50周年校庆的时候开启，一个罐子是百年校庆时开启——放进了挖好的坑里。

下午四点左右，学校十年校庆暨迎接新年演出开始了。除了邀请退休老师和老校长，我们没有邀请任何领导和来宾，就是自娱自乐。体育场内三千多师生济济一堂，笑声阵阵。在演出过程中，刘欣宇同学和我分别宣读了致未来的信。

我的信，全文如下——

写给百年校庆

二一○三年的孩子们，老师们：

今天，是二○一三年十二月三十一日，我提前90年给你们写信，祝贺成都市武侯实验中学建校一百周年。

隔着遥远的时光给你们写信，我庄严而激动。

你们是90年后的学生和老师，我是现在的校长。因为"武侯实验中学"，我们便穿越时间隧道而心灵相通。

在成都市武侯实验中学百年校庆的日子里，你们手捧我们今天留给你们的"文物"，会看到学校曾经的足迹，会闻到今天我们青春的气息，会听到我们对你们真诚的祝福！你们或许会怦然心动，并发出种种感慨……

我相信，未来90年，世界会有许多我不可思议的变化，中国会有许多我无法预料的进步，学校也会有许多我难以想象的发展。但武侯实验中学的精神——"让人们因我的存在而感到幸福"依然会温暖着我们的校园，并照亮每一个人的心房。

茫茫人海，悠悠岁月。我们偶然来到这个世界，偶然来到这个学校，延续着前人的历史创造着历史，几十年后我们又走进历史。前人会怎样期待我们？——就像现在的我期待未来的你们一样。后人会怎样审视我们？——就像未来的你们审视今天的我一样。天地之间，我们每一个人都是匆匆过客，但当我们的生命流淌进武侯实验中学的时候，我们给学校留下了什么？这是世世代代武侯实验中学的师生永恒的思考。

我的回答是，给学校的未来留下充满人性的温馨记忆。

不必用堆叠的荣誉来证明教师的成功，教师的光荣就印在历届学生的记忆里。

我在岁月深处注视着你们。

李镇西

二〇一三年十二月三十一日

于十年校庆之际

我和刘欣宇同学的信都已经埋藏在校园的草坪下面了。

今天演出的节目特别精彩。在演出过程中，学校还专门为七位今天过生日的同学赠送礼品。特别值得一提的是，我校年轻老师演出的情景剧《文明在哪里》和学校舞蹈队赴澳大利亚演出过的《家乡的味道》，赢得了特别热烈的掌声。

最后，全场齐唱校歌《因我而幸福》——

……

善良播进沃土，

雨露滋润，

爱在流淌；

童心辉映校园，

纯真陪伴，

我在成长。

大树顶天立地，

小草纵情歌唱。

人们因我更加幸福，

世界有我更加芬芳。

气势磅礴的声音回荡在体育馆。

最后一个"节目"是给全校每人发一个棒棒糖，象征着一家人甜蜜与幸福。

2014 年 1 月 1 日

又：半年后，我们在花园里埋藏"岁月记忆纪念物"的那个"点儿"上修建了一座极富古典气息的"校庆亭"，旁边有一块大石碑，上面镌刻着我写的铭记："校龄十年，历史一瞬。日月同行，风雨兼程。践行常识，恪守良知。师生互爱，亦亲亦敬。教学相长，如切如磋。朴素最美，幸福至上。图文并茂，深埋在此。影像俱佳，珍藏于斯。教书育人，记载今日。传薪续火，勖勉来者。校长李镇西撰铭公元 2013 年 12 月 31 日"

2015 年 2 月 15 日补记

走进孩子，
影响教师

那天——2013年12月11日——在和数学老师侯纾难谈心时，她说在初一（10）班上课时，课堂纪律不太好，有些男生很调皮。上周五，男生们在课堂上太"嚣张"，她实在上不下去课，气得流着泪离开了教室。她说着说着又流泪了。

侯老师是大学毕业后来到我校工作的年轻老师，而初一（10）班的班主任屈敏老师也是大学毕业后和侯老师同时来我校工作的。屈老师也曾经很苦恼地跟我说过班上几个男生"不听话"的事。两位年轻人，本来怀着美好的情怀来到学校，结果刚踏上讲台便遭遇来自课堂纪律的挫折。我决定帮帮两位老师。

我看了看时间，估计屈敏还没放学生，于是，我说我去班上对学生说几句话。于是，侯纾难和我来到了初一（10）班。当时屈敏正在和学生讲话。我站在门口小声地对她说："等你说完了，我也跟学生说几句话，好吗？"她听我这么一说，便对学生说："我们欢迎李老师！"

孩子们鼓掌，然后静静地看着我。

我说："我想跟大家聊几句。虽然我是校长，也不可能对全校每个班都这么关注，但我的确特别关心你们班。为什么？因为你们的屈老师和侯老师都是刚参加工作的新老师，我得帮她们。经常路过你们班教室，同学们都很有礼貌；我也曾进教室听课，你们的教室真是很干净。所以，初一（10）班的孩子给我留下的印象很好。"

孩子们笑了，脸上表现出自豪的神情。

我话锋一转："现在我要问个问题，你们一定要说实话啊——你们喜欢屈老师和侯老师吗？"

大家都说："喜欢！"

我问："能不能说说理由呢！让屈老师和侯老师也听听你们对她们的表扬吧！"

"屈老师和侯老师很关心我们，很负责！"

"屈老师和侯老师很爱我们！"

"屈老师和侯老师从来不打骂我们，我们犯了错误，总是耐心地跟我们讲道理。"

我注意到，屈老师说的那两个特别让她头疼的孩子也站起来说屈老师和侯老师如何如何好。

一直站在后面的侯老师流泪了，不住地擦眼睛；屈老师也流泪了。显然，她们感动了。

我说："是呀，屈老师、侯老师对你们那么好，她们刚参加工作，你们的表现将决定她们对教育的情感。我昨天回我大学毕业最初教书的乐山一中去作报告。我一走进校园，就想到当年学生对我的好，我嗓子哑了给我送药，我生病了给我唱歌。正是这些学生让我感到教育的幸福。那么你们是不是都让两位老师感到了教育的幸福呢？有哪些同学让老师生气了呢？"

有同学举手了："我上课不守纪律。"那个戴帽子的男生——正是屈老师和侯老师最头疼的学生——也举手了："我上课管不住自己，说话，也不完成作业……"说着说着他也哭了。

我说："我相信这些同学真心觉得自己错了。侯老师也说你们上周五不守纪律，但周一跟她认错了。然而，没多久又犯同样的错误，课堂纪律依然不好。我知道，你们认错道歉是真诚的，但就是不能控制自己。班上要建立制度，包括奖惩制度。但最重要的是——我送大家四个字……"

我在黑板上写下"战胜自己"四个字，然后说："任何一个人的内心深处都有两个'我'：高尚的我和卑下的我。当你上课想玩的时候，两个'我'就在打架，一个说应该玩，一个说应该学。如果高尚的我赢了，你就会守纪律听课，反之就会不守纪律。所以同学们要随时提醒自己。你可以给自己定个规矩，如果一天上课没有违反纪律，或者一周没有违反纪律，你就奖励自己；如果没管住自己就惩罚自己，比如你以前每周都要踢足球，那么停止踢球一次。你还可以在本子上画个表格，一堂课守纪律，就画个红五星，一周都守纪律，看见满满的一片红五星，就会有成就感。虽然这红五星一分钱都不值，但这是一种精神享受，因为你战胜了自己。我相信大家！以后我会经常来关心你们的。让我们再次用掌声向屈老师和侯老师表示敬意！"

同学们热烈鼓掌。

过了一周，我在过道上碰见初一（10）班的孩子，问他们："最近课堂纪律怎么样？"他们说："大有进步。不信您去问老师！"

我这次去初一（10）班和孩子们集体谈心，本来就是为了帮助两位新老师，引导孩子们遵守课堂纪律。但没有想到，这次集体谈话还有一个意外的收获，那就是影响了侯老师和屈老师，她们通过我的这次谈话，学到了如何走进孩子的心灵。

几天后，屈敏老师写了一篇文章发给我。在这篇文章中，她记叙了那次集体谈心的经过，然后写道："李老师的这次'突袭'是在关心我们班的成长，更是在帮助我这样的新老师解决问题。我心里很感激他，这本不是一个校长必须做的事，可是他却做了，还这样的诚恳。同时李老师这次和学生的谈话还让我学会了平静、冷静，认识到走进学生心灵的沟通的重要性。"

为了准确地展示她的收获，请允许我大段节录她的原文吧——

　　当学生犯错时，我的第一反应基本上是怒吼，靠大嗓门来镇压住他们。而今天李老师的到来给我上了很好的一课，那就是"以柔克刚"，走进学生的心灵世界，倾听他们的真实想法。李老师和学生的整个谈话过程就像是朋友间的聊天，没有严肃、没有紧张。虽然今天聊天的话题比较严肃，但他的每一句话的音量却不大，不像我发火时的"河东狮吼"，语气也很平和。他没有一来就说这个班的纪律怎么怎么样，而是从情感的角度出发，让学生先认同老师的付出，然后再让学生们自己说班上的问题。这样一来，学生会觉得班上的事是和自己息息相关的。这一点对我的启发特别大，也就是要让学生从内心里认同我，认同这个班，认同他是这个班的一分子，让学生真心地觉得自己的表现和这个班的荣辱相关。

在整个聊天的过程中，李老师一直站在教室的最中间，在空间上和学生们拉近了距离。他提问时总是随时左右转动着看看各个位置，观察各个方向的同学的反应，这样既能通过学生们的表情和肢体语言获得他们对问题的反应，也能使每一位同学感觉到老师对他的关注。于是同学们都被李老师的真诚感动了，最先举手的就是班上平时不遵守纪律的那几位同学，包括"校霸"。每当李老师请他们回答时，他们总是显得很激动，比回答问题回答得好多了。当李老师拍拍他的肩膀让他坐下时，"校霸"还抽泣了。

李老师和学生们的聊天还让我学会了非常重要的一点，那就是不温不火，挖掘学生心中的情感因素，慢慢引导学生说出他们的心里话。李老师首先是夸奖同学们做得非常好的方面，这让学生们也非常有成就感。接着又从师生情感的角度出发，让学生自己说说喜欢老师的哪个方面，这样，学生们就会去寻找老师的优点，在突出老师的优点和付出的同时也让学生慢慢有了愧疚和自我反思。而当这种寻找老师的优点和自我反思结合在一起时，学生会更加愿意说出自己的心里话，这或许就是"攻心为上"的道理吧。所以，当攻占了学生的心理和情感防线以后，那几个最不老实的同学乖乖地站了起来，他们没有了平时的傲慢态度、不理不睬，反而是哭哭啼啼，这可是平时难得一见的。

　　李老师这次的聊天对象虽然是学生，但其实也是在和我作无声的交流，他在告诉我作为一个老师应该怎样去面对经常犯错的学生，更是教我怎样去了解班上性格各异、成绩不同的学生，了解最真实的他们。我要像李老师那样，对待班上的事情要平和一点，淡定一点，多从学生的角度出发，听听他们的心里话，以心换心，以情动情，让自己走进他们的世界，哪怕有一个孩子能感受到老师真诚的关心而有所改变也是值得的。

　　读了这样的文字，我说不出的开心。以前我是一名班主任，自认为还算成功。现在我是校长，我真心愿意帮助更多的年轻班主任成功——这将是我新的成功。

2013 年 12 月 17 日

"售后服务"

　　上次，也就是 2013 年 12 月 11 日我到初一（10）班去跟学生们进行了集体谈心后，班上情况明显好转。但我一直不放心，我想应该会有反复的。所以一直惦记着这个班，惦记着屈敏老师和侯纾难老师。

　　今天上午第三节课，我又找了屈敏老师和侯纾难老师聊天，问班上最近的情况。我说："作为校长，我去给孩子们上一节课，毕竟是一时的，我也不可能天天都去你们班，但是，你们的成长，却是我天天关注的。最近班上情况怎么样？"

　　两个美丽、天真、活泼的小姑娘很高兴地对我说，最近班上真的很好。侯老师说上次我去给孩子们讲过之后，上课的纪律特别好，这学期开学一周来也非常好。屈老师作为班主任也说，班上变化很大，孩子们都有进步。

　　屈老师还说，课堂纪律的好转可能和她在学生小组和座位上作了一些调整有关系。

　　我说："好呀！不过，你们觉得孩子们进步了，但我估计还会有反复的。不要紧，你遇到了困难，就研究，然后拿出办法，结果有效，这就是教育科研！你把这件事写一写。我正准备找你呢！《班主任之友》杂志给我开专栏好几年了，今年的专栏怎么写呢？后来我和编辑一起商量，决定今年的专栏采用我和我校年轻班主任对话的形式，就是我校一位年轻班主任写一篇文章，谈自己的成长或讲自己的故事，然后我进行分析点评。我正说要你写一篇文章呢！你就写你最近是如何管理班级，让班级取得进步的，这不就很好吗？要写出你的困惑，你的思考，你的研究，等等。"

屈老师爽快地答应了。

我又对侯老师说："以后你也要准备当班主任。当班主任当然要累一些，但对你成长更有利。比如你现在和屈敏，你俩同时来我校，在学科专业的教学方面，可能旗鼓相当，但在对教育的认识上，屈敏肯定在你之上，因为她当了班主任，遇到的困难比你多，思考比你多。所以，我希望你以后还是要当班主任。"

侯老师点点头。

我说："尽管现在班上有进步，孩子们听话，但不要轻言乐观。日子还长着呢。我参加教育工作已经32年了，你们才半年，未来还有很多困难等着你们呢！对这些困难的攻克，正锻炼着你们的智慧！"

屈老师说："其实最近也有几个男生有一点反复。"

我说："对呀，我刚才就说嘛，现在你们觉得孩子们有进步了，但其实还会有反复的。这就是你们将不断面对的困难。要知道，对一些后进生来说，反复，是他们的常态。优秀学生和后进生的区别是什么？是不迟到吗？是不欠作业吗？是不打架吗？不对，优秀学生也可能迟到，也可能不交作业，也可能打架，但优秀学生是偶尔迟到，偶尔不交作业，偶尔打架，而后进生是经常甚至天天迟到、欠作业和打架。一句话，后进生是反复犯错误。所以，反复，是后进生的常态。不反复，他就不是后进生了。明白这一点，你们就会多一些从容，多一些冷静，心情就要平和一些。"

侯老师说："我的课堂上还有一些问题，比如有的学生上课注意力不够持久，刚上课他们能够认真听，时间一长便开小差了。"

我说："注意力问题不是纪律问题，成人连续听报告也会注意力不集中的，孩子的注意力集中的时间就更短了。有的孩子注意力的时间的确不长，除了教育学生要自己提醒自己之外，更重要的是我们的讲课要尽量吸引孩子，生动形象，还有，要多设计学生参与的环节，让学生动起来。总之，一堂课不能只有一种形式，只是老师讲，那样学生肯定会觉得枯燥的，注意力自然不会集中的。"

侯老师又说："还有学生喜欢抢答问题。比如我提一个问题，有人举手站起来准备回答，结果其他学生就抢先回答了。"

我说："呵呵，这是一个幸福的缺点。因为这说明孩子们都在积极思考而且争相回答，所以对你来说是幸福的，但毕竟影响了别人回答。所以还是要教育孩子尊重别人。"

我又说："这样，我再去班上跟孩子们说几句，我就说我是专门来表扬他们的进步的。"

两位老师都说好，我说："我会继续帮助你们的！平时学校的具体事务都是书记和副校长们在管理，我呢，就有时间找你们谈心，到你们班上去，这就是我的正事。"

不一会儿下课了，我来到初一（10）班，一进门，孩子们就叽叽喳喳地招呼我："李老师好！""李校长好！"我特意指着一个叫我"李老师好"的孩子说："你叫对了！"结果，所有同学都叫："李老师好！"

我问同学们："你们知道李老师今天为什么又来到咱们班吗？"

大家说："因为我们现在表现好！"

我说："是的，所以我特意来表扬你们的！那我还要问，你们为什么会表现好呢？"

有的说："我们长大了！"有的说："我们懂事了！"有的说："新学期我们要有新的进步！"……

我说："真好！李老师太高兴了！屈老师和侯老师也很高兴。我希望你们保持这个进步，继续克服缺点，取得新的进步。也许有同学还会反复，那我还是送你们那四个字——"

同学们大声说："战胜自己！"

"好，时间不早了，你们去吃饭吧！"我说。

两个老师站在教室后面，笑盈盈地看着孩子们。屈老师还用手机给我拍照。她们听了同学们的话，也很欣慰。

李勇军老师对我说："李老师还有回访和售后服务。"

我说："那当然，实行三包。如果你需要我提供服务，我随时待命。"

2014 年 2 月 25 日

在初一（6）班

初一（6）班的班主任是上学期来我校工作的。他纯真善良，富有才华，尤其是钻研课文很深入，常有独到的见解。但可能是因为和原来学校的生源差别较大，他一时不太适应。班上纪律不太好，他管理起来有些吃力。上学期期末，我找他谈心，希望他能够尽快适应。

昨天下午，这位班主任来找我，说向我求助，因为他班上依然有一些学生不守纪律，他也花了很大精力，但效果不佳。

我说："教育的智慧，或者说艺术，其实就体现在度的把握上。我们经常说，对学生要宽严结合，既要热情鼓励又要严格要求，这只是理论上说的，而事实上，这个度不是各占50%，而是针对具体情况，可能侧重于热情鼓励，也可能侧重于严格要求。比如对你班上目前的情况来说，就是要严字当头，首先保证课堂纪律，保证班级秩序，就像一个国家，如果连基本的秩序都乱了，那什么都谈不上。另外，还要想方设法在班上树立正气。我当班主任时，特别强调班上要有两个东西，缺一不可，一是爱心，二是正气。不能因为有爱心而丧失原则，也不能因为坚持原则而失去温馨。当然，我刚才说了，你班上目前最应该具备的是正气。"我说："这样，我还是到你们班上去跟你的孩子们聊聊。"

他说："孩子们也常常问我，李老师什么时候再到我们班来呀？"

我上学期去他班上过一堂课，给孩子们留下了很好的印象，所以孩子们都喜欢我去班上。这也是我决定今天去他班上的原因。我有这个自信。

他问我什么时候去比较好，我说："你说了算！什么时候都可以。今天下午放学前，如何？"

他说："就怕你不方便。"

我说："没问题！就这样说定了。"

放学前，我来到初一（6）班。孩子们有些拘谨，但还是鼓掌欢迎我。

我问大家："你们知道我为什么今天会来咱们班吗？"

一个男生说："因为我们课堂纪律不好。"

我说："是吗？"

一个女生说："因为我们这个班有特色。"

我问："什么特色呢？"

她笑了，不说。

另一个男生说："因为李老师上学期说过还要来我们班。"

"哦，你是说我守信用？"我问道，他笑了。

我对同学们说："今天我想跟大家聊聊天。我先问大家一个问题，你们希望咱们班成为一个什么样的班？一定要说实话。"

同学们开始思考了，教室里有一些沉寂。

过了一会儿，同学们纷纷举手，每个同学发言的时候，我都将其答案写在黑板上。渐渐地，黑板上有了这样的词语——

团结，守纪，帮助同学，勤奋，成绩好，友爱，讲信用，博学，自觉，自律，进步，积极向上，不服输，有特长，有梦想，阳光，活泼，理解，包容，喜欢阅读，热爱生活，是非分明……

同学们回答完了，我指着黑板说："同学们都希望自己的班级这么优秀，这就是你们的愿景，也叫梦想。"

我把"愿景"二字写在黑板上。

"那么，"我又问，"现在我们班离你们的愿景有怎样的距离呢？现在班上有哪些不好的现象呢？"

同学们想了想，又举手回答。我照例把他们的回答写在黑板上——

不团结，打架，顶撞老师，不积极答问，不守纪律，是非不分，不包容，不理解别人，不思考，不自觉，不做作业，语言不文明，成绩不好，学习不积极，上课不认真，上课爱说话……

同学们回答完了，我又逐项进行了调查统计，结果不团结、打架的9人，顶撞老师的2人，不积极答问的45人，不守纪律的47人，不做作业的4人，上课不认真、爱说话的41人……

我说："刚才说了愿景，现在说了距离。愿景很真诚，距离很真实。我还要问大家，怎么才能实现你们发自内心希望达到的愿景呢？"

有一个女生举手了："关键是要做。"

我大声表扬她："好！你回答得太好了！"我把"做"字写在了黑板上。

我继续说:"希望班级好,谁都会想,但关键是要做。我要补充的是,光是一个'做'字还不行,因为要做到其实也不难,但是要坚持就不容易了。所以,关键还要坚持。而坚持则需要……"

同学们纷纷说:"毅力!"

我说:"对,没有毅力,就不能坚持,不能坚持,做就失去了意义。这里我要送你们四个字,这四个字我每到一个班都要送给同学们,那就是'战胜自己'!为什么要战胜自己呢?因为每个人的内心深处都有两个'我'。大家明白我的意思吗?"

有同学举手:"一个是天使,一个是魔鬼。"

又有同学说:"一个是好的我,一个是不好的我。"

还有同学说:"一个是有优点的我,一个是有缺点的我。"

……

我说:"对的。我们还可以细分:一个是勇敢的我,一个是懦弱的我,面对困难,勇敢的我决定向前冲,而懦弱的我则往后退;一个是勤奋的我,一个是懒惰的我,早晨闹铃响了,勤奋的我命令自己马上起床,懒惰的我总是对自己说'再睡一会儿,再睡一会儿';等等。你们在课堂上,两个'我'随时都在打架,是认真听课呢,还是做小动作玩儿?如果高尚的我战胜了卑鄙的我,你就成了高尚的人,反之你就成了卑鄙的人。"

同学们都认真听着我的话,教室里很安静。

我问大家:"大家愿意战胜自己吗?愿意的举手。"

教室里齐刷刷的一片手臂。

我说:"我相信大家是真诚的。因为即使是缺点再多的孩子,也向往着成为优秀的学生。没有哪个学生会对自己说，我这一辈子一定要做一个坏人，一定要争取被判死刑！"

大家都笑了。

我又问："能够战胜自己的同学，有哪些呢？"

这时，只有几个同学举手了。

我接着问："哪些同学战胜不了自己？"

有一个同学举手。

我问他为什么战胜不了自己，他说："我……我怕我没有毅力。"

我说："哦，我懂你的意思了，你是说你还是想战胜自己，可担心自己不能战胜自己？"

他点头说："是的。"

我表扬他诚实："你说真话，该表扬！"

我再问全班同学："哪些同学想战胜自己，可又没把握，担心自己做不到？"大多数同学举手了。

我说："这才是真实的。其实，多数同学都没把握。"

我最后一次问："哪些同学不愿战胜自己？"

没有一个人举手。

我说："既然大多数同学都愿意战胜自己，但又怕不能战胜自己，那就需要外力，这'外力'就是制度，就是纪律，包括严厉的惩罚。所以，接下来，我建议咱们班制定出可行的严格的班规，对于违纪者一定要严肃处理。一个班，没有良好的纪律，就不可能优秀！当一个同学犯了错误，如果不对他进行处理，那就是对不起班上其他大多数同学！"

最后我说："让我们一起来见证我们班的进步，见证我们战胜自己的奇迹！"

同学们用掌声回答我。

2014 年 2 月 26 日

毕业典礼

昨天晚上，我校初三毕业典礼在牧马山举行。傍晚全体初三学生和老师们乘车来到基地，那里已经摆起了坝坝宴。近百张桌子整整齐齐摆在坝子里，煞是壮观。六点半，我端起饮料向大家说："把毕业典礼搬到野外举行，让同学们给将来留下一个温馨的记忆，是我多年的梦想！今天，这个梦想实现了！请大家举杯，为同学们圆满完成初中学业而干杯！"

在一片欢呼声中，大家举杯一饮而尽。

然后我又提议同学们再次举杯，感谢三年来辛勤付出的老师们。"谢谢老师们！"孩子们大声地真诚地说出这五个字，然后举杯感谢恩师。

大家开始大快朵颐，席间说笑不断。渐渐地，不少孩子起身端着饮料来到老师们的桌子前，向班主任老师和科任老师表达敬意和谢意！场面十分感人。觥筹交错之间，我看到胡鉴老师泪流满面地和孩子们互相表达着真情。也不时有孩子走到我面前："李老师，我敬您！""西哥，谢谢您！"然后我们互相碰杯，一饮而尽。

吃完了饭，师傅们开始收拾桌子和板凳，并腾出场地，准备篝火。同学们便纷纷在山坡上转悠。我散步来到一个转盘秋千旁，看到孩子们正在玩耍。仔细看，两个秋千——其实也不是"秋千"，而是类似于"秋千"的转椅，可以荡起来、飘起来。我坐上其中一个，一个学生坐另一个，然后一个男孩开始用手拨动转轴加速，越来越快，眼前的一切急速旋转，我开始升腾，头开始发晕，我赶紧闭上眼睛，但耳边呼呼的风声告诉我，我已经飘在空中飞速地转动，太可怕了！孩子们在哈哈大笑，我闭着眼睛喊："停下！快停下！"渐渐地，速度降下来，又慢慢转了几圈，我的双脚终于着地。我下了秋千，站都站不稳，头很晕，过了好一会儿才渐渐恢复正常。

回到坝子，一群一群的孩子前来和我合影。照着相，天渐渐黑下来了，坝子中央放着一大堆柴火。毕业典礼正式开始，我和衡书记举着火把点燃了篝火，很快火焰便开始升腾，舔着夜空。孩子们再次欢呼。

同学们激情奔放的舞蹈，老师们深情祝福的歌声，让所有人都沉浸在开心与感动中。这时候，年级主任唐真老师叫我去换衣服，我走进旁边的小屋子，老师们给我一件奇形怪状的衣服，并帮我穿上。原来是一件超人的衣服。我比较胖，在几位老师的帮助下，我终于穿上了这件紧身服，并披上了披风。唐真在我耳边小声说了几句，我便明白他要我怎么做了。于是，黑暗中，我拿着话筒假装批评大家："太不像话了！毕业典礼怎么能够这样搞呢？看我的，应该像我这样！"

大家听到了我"严厉的斥责"，却不知道我在哪里。我从小屋里一下冲了出来，冲进了坝子中央，全场同学看到我穿着超人服装，一下子炸开了锅，笑声冲天。我果真像个超人一样绕全场奔跑，高喊着："我就是来自天外的超——人！"并和前排的孩子们握手。整个场面翻腾了，孩子们纷纷伸出手来和我相握。

我这个超人跑了一圈后，来到台上，这时候，《江南 style》的音乐响起了，我跳起了骑马舞，孩子们更加开心。本来我从来没有跳过骑马舞，但音乐一响，我好像来了灵感，双脚那么灵活，情不自禁地跳了起来。一群穿着各式服装的老师也来到台上和我一起跳。篝火边的孩子们也纷纷站了起来跟着我一起跳，后来几乎所有孩子都跳了起来，仿佛孩子们也成了篝火，在熊熊燃烧，场面十分热闹。

接下来，坝子旁边的银幕上播出了一段视频，视频上，老师们向孩子们诉说着心里话。一位位老师饱含真情的嘱咐，催人泪下。许多孩子热泪盈盈地仰望屏幕，并不住地擦拭着夺眶而出的泪水。第二段视频，是所有班主任给孩子们录的节目。这是他们前几天偷偷拍录的，画面上，班主任老师们都穿着厨师的白大褂，头戴厨师帽，在做面食呢！有的摊大饼，有的做面条……一边做一边给孩子们说着真情话语。比如有的把做好的大饼举起来，说："这饼做得太宽了，我祝福同学们未来的路像这大饼一样越走越宽广！"下面的同学们都笑了。

一个男生走过来，递给我一个棒棒糖："李老师，请你吃！"我说了声"谢谢"，将棒棒糖含在嘴里。这时候，主持人请全体教师站在主席台前，对同学们说："同学们，在这离别的时候，你有什么话要对老师说呢？"听了这话，全体同学都不由自主地站了起来，纷纷涌到老师们面前诉说着，拥抱着，许多同学拿出象征感恩的蓝丝带给自己的老师缠在手臂上。许多师生互相抱成一团，哭成一团。场面十分感人！

最后，我走上台子，对全校同学们说："我现在手里还拿着一个棒棒糖，是刚才一位同学请我吃的。我心里非常甜蜜。同学们，此刻你们开心吗？"

"开心！"大家一起说。

我说："今天是你们毕业的日子，我们在这里举行毕业典礼，我却想到了三年前你们进校的时候，我给你们每个班都上过一堂语文课。你们还记得当时我给你们讲的什么课文吗？"

同学们纷纷说："《一碗清汤荞麦面》。"

"嗯，对。当时我跟你们说，希望你们永远记住这篇课文，记住这个故事，记住爱与坚强。我还说，等你们到了80岁，把这个故事讲给你们的孙子听。今天我还要说，无论你们走到哪里，一定不要忘记自己是武侯实验中学的学生，不要忘记做一个善良的大写的人！永远记住我们的校训——"

"让人们因我的存在而感到幸福！"同学们再一次呼喊校训，震耳欲聋的声音直冲夜空。

"今天下午，我一直在看上周你们做的问卷调查题。这套题是我亲自设计的。今天我认真看了你们每一个人写的答案。在这里，我要向你们表达两个歉意。一是，许多同学都给母校提意见，说学校食堂的伙食不够好，作为校长我向大家道歉！我们的食堂伙食的确不够好，不过今天晚上同学们吃得很好啊！呵呵！请大家放心，你们的意见，将促使我们改进食堂工作，让以后的学生吃好！"同学们鼓起掌来。

"二是，许多同学跟我说，希望我经常和同学们一起玩。这也的确是我不好，因为太忙，平时和大家玩的时候太少了，以后我一定尽量多抽时间和同学们一起玩！同学们就要离开母校了，我提议，我们再唱一次校歌，我起个头：国旗映红长空……"

全体起立，放声高唱。霎时，校歌响彻夜空——

国旗映红长空，

点燃朝霞，

拥抱太阳。

理想写满蓝天，

豪情壮志，

心在飞翔。

大树顶天立地，

小草纵情歌唱。

人们因我更加幸福，

世界有我更加芬芳。

善良播进沃土，

雨露滋润，

爱在流淌；

童心辉映校园，

纯真陪伴，

我在成长。

大树顶天立地，

小草纵情歌唱。

人们因我更加幸福；

世界有我更加芬芳。

　　篝火毕业典礼结束了，同学们还依依不舍。许多同学们映着火光留影。我跟衡书记说："把今晚的活动刻录成光盘，给每一个孩子赠送一张，作为永久的纪念。"这时几个女孩子跑过来，把蓝丝带缠在我的腰上，她们一圈一圈围着我跑，于是细细的丝带缠在我腰上了。我开玩笑说："我成粽子了！"

　　但我是一个"幸福的粽子"。

　　回到家里已经是十一点过了，但躺在床上的我，眼前依然晃动着熊熊的篝火。

2014 年 6 月 17 日

编织童话

班庆筹备

今年七月，未来班的学生，也就是我从教后带的第一个班的孩子们——毕业30周年了。我们计划搞一个毕业30周年纪念活动。今晚，十多个未来班的同学聚会商议筹备事宜。

今天一大早，我特意从成都驱车回到乐山。虽然几年来我和这些学生有过多次聚会，但今天见面依然很开心。

周一还是那么调皮，当年他是我经常严厉批评的学生之一。有一次我批评了他，他还和我顶嘴，甚至扬言："只要你敢出学校门，我就派人打死你！"前次见面，我就说："周一啊，你现在还打不打我呀！恐惧可是伴随着我30年啊！"他嘿嘿笑了。今天他又说："李老师，那时候啊，只要老师不管我，我就特别开心。我记得有一次你生病住院了，那一个月啊，是我中学时代最快乐的时候，因为没人批评我了呀！"大家又是一阵狂笑。黄杰当年也有些调皮，可现在他作为军队转业干部，表现出当年我不曾发现的管理才能。最近几次聚会都是他组织的。王军当年在班上中不溜秋，可现在也算事业有成。刘大庆，也是很调皮的学生之一，没少挨我批评，可他懂事后也学业有成，现在是一名医生了。说到"医生"，今天来的王红川是乐山市的一方名医。小时候，这孩子瘦弱，脚略有残疾，但他品学兼优，深得每一位老师的喜爱。我参加工作后第一次打学生，就是揍欺负他的高年级学生。现在他是乐山市人民医院的西医骨科专家，医术高超远近闻名，号称"王一刀"。

当年的班长何静红和吴蔚几乎一点没变，静红依然沉稳而朴实，吴蔚依然阳光而大方。陈晓梅还是像小时候那么文雅秀气，田晓敏依然活泼可爱，杨红还是那么开朗大气，王琦还是那么豪爽豁达，冯萍还是那么天真烂漫，潘洁还是那么文静端庄，许艳还是那么率真稚气……

黄慧萍毕业之后我就再没见过，今天见了自然很激动。黄慧萍当年特别热爱班集体，我对她说："我至今还记得一个细节，有一次你做清洁，用拖布拖教室外面的走廊。你一丝不苟地把走廊拖得干干净净，地面竟然有了倒影。然后你就守在旁边，不许任何人从你拖过的地板上走过，怕弄脏了！"大家都笑了起来。

专程从广州赶回来的耿梅也是 30 年没见但我最想见的学生。今天一见面，她就激动地和我拥抱，我却说："多年来，你的一件事一直在我心里，有时候我在外面讲学也讲的。"我拿出特意带来的一本陈旧的备课本，翻开我当年写的日记。其中有 1984 年 7 月 3 日那一天的记录。

那天，是学生们毕业离校的日子。离校前一天我请全班同学每人给我写一封信，专门给我提意见，我说，他们是我的第一批学生，我没经验，肯定犯了很多错误。平时也许不好给我提，反正他们已经毕业即将离校，就不要有什么顾虑，直率地给我提提意见。因为我还要继续当老师，他们的意见将是我的财富，会帮助我避免错误，成为优秀老师的。第二天同学们将信交上来。耿梅的信这样写道："李老师，您还记得吗，一年级时，有次我违反纪律惹您生气，您不但请来了我的家长，而且当着我的面在全班同学面前说我'脸皮厚'……当时我不服气地小声争辩了几句，您便更加严厉地叫我站起来，并列数了我'脸皮厚'的六个标志，同学们都盯着我，我羞愧极了，但咬着牙硬是没哭！当然，也许您是对的，但您知道吗，您已经刺伤了一颗幼小的心。"读着这封信，我的内疚之情是难以形容的。后来我把这件事写进了我的好几本书，提醒自己尊重学生。

今天我给耿梅看她当年给我写的这段文字，她说她有印象的。我说："后来我参加教工运动会长跑时，你在跑道边给我鼓劲：'李老师，加油！'我好感动。"耿梅说："你是我老师嘛！"我说："是呀！所以我经常说，学生的胸襟总是比老师宽阔！很少有学生记恨老师的。"

的确如此，尽管当年教这个班的时候，我没有经验，性格急躁，有时批评学生很刻薄。但多年后，学生记住的，全是我如何对他们好。他们回忆我中午给他们读小说，回忆我去家访，回忆我给他们刻印歌单，教他们唱歌，回忆我带他们去玩，说我很有爱心……

我带去了许多文物：当年给他们读过的《青春万岁》《红岩》；我的备课本；当年活动的纪念书签，上面还有我刻印的文字；我为同学们刻印的歌单，甚至还有当年参加歌咏比赛的节目表。在这个节目表上，有我写的潦草小字："1. 看指挥；2. 有力地唱；3. 结束后向右转，依次退场。"我乐了，估计这是他们上场前我对他们的提醒。

我展示谷建芬老师当年写给我们的每一封信，还有谷老师为我们谱曲的班歌原稿，讲述着当年我们和谷老师的书信往来。何静红还特意带来了她保存的当年谷老师送的文具盒。大家都感叹，现在几乎不可能再有谷建芬老师这样善良正直的艺术家了！

今天学生们还请来了当年的科任老师：英语黄老师，体育冯老师，音乐刘老师，化学赵老师——赵老师还是我中学时的老师呢！当年我只是一个刚刚毕业的大学生，可这些老师对我的工作非常支持。我一直很感谢他们。

大家就举办未来班30周年纪念活动进行了讨论，推举吴蔚、黄杰、王琦、周涛、王军为筹备委员会成员，其中吴蔚为负责人，黄杰为秘书长。活动时间确定在9月6日至8日三天，地点就在当年我们经常去野炊的乐山大佛对面的江中小洲——大佛坝。

2014 年 1 月 28 日

幸福比优秀更重要

喷薄的记忆
惊涛拍岸

当年未来班的班长何静红打电话来，要我为今年中秋节的未来班聚会写一篇回忆文章，她好编入纪念册。我说："当然要写，要写的太多太多了。"

好像昨天才把初 84 届（1）班（未来班）的学生送毕业，但仔细一想，时间已经过去整整 30 年了。一个风华正茂的大学毕业生，转眼就快退休了。关于未来班，我已经在许多文章和著作里写过，可每次想到它，依然心潮起伏，感慨不已。30 年来，教过许多届学生，但未来班，却在我心里占有格外特殊的位置，因为这是我教育生涯的起跑线，是我的许多的"第一次"，是我的"唯一"，是我的"处女作"。

一

1982 年春天，作为"文革"后恢复高考的第一届大学毕业生，刚过完春节，我便背着绿色军用挎包跨进乐山一中的大门。第一堂课是试讲《卖炭翁》，虽有激情，却很幼稚。中午放学，我回黄家山母亲家，王军和苏德君与我同行。他们一路上和我说说笑笑，俨然是老朋友了。聊了什么当然记不清了，但有一段对话我至今印象深刻——王军问我："李老师，你是不是北京人？"我很纳闷："不是呀！我就是四川人，老家仁寿县。""但是你的普通话说得好，我们就以为你是北京人。"我恍然大悟，笑了："我这普通话，还'说得好'？"两个孩子都说："说得好！"其实我很清楚，不是我的普通话说得好，而是学生根本就不知道什么叫"普通话说得好"，他们可能也没有听过真正的北京人说话，但我明白他们是很真诚的，我也暗暗高兴，这是我得到的来自学生的第一次夸奖。

刚开始我只是上语文课，大概一个多月后，我就接替教体育的冯宗秀老师担任了班主任。据后来冯老师跟我说，当她跟学生说是语文李老师当班主任时，学生们纷纷表示不满，因为他们舍不得冯老师，一个叫许艳的小女孩愤愤不平："咋个派一个小娃儿来当我们的班主任哦！"（这是20多年以后她当笑话告诉我的）我一堂堂小伙子，居然在她眼中不过是一个"小娃儿"！甚至还有学生提出要"罢课"抗议。冯老师跟学生说，人家李老师在大学是高材生，有能力，有才华，等等。学生才勉强没说什么，无可奈何地接受了现实。冯老师确实特别好特别好，几乎是手把手地指导我做班主任，可以说是我班主任工作的启蒙老师。最初那几年，不只是冯老师关心，还有数学王淑媛老师、外语黄世杰老师、物理严永槐老师、化学赵香永老师（赵老师也是我初中的化学老师）、政治张志勤老师、地理刘明俊老师、历史杨耀辉老师、生物游淑芳老师、音乐刘富煜老师、美术毛洪文老师……他们都关心着我这个年轻人。我当时就教育而言，除了激情，一无所有——没有教育经验，缺乏教育理论，更谈不上教育智慧和教育艺术……尽管有老教师指导，但人家只能在理念上给予提醒，而每天遇到的具体难题只能靠自己去探索、去琢磨，别人其实是帮不上忙的，也不能指望动辄就"请教"别人。

接下来的日子，忙碌而充实。每天早读、上课、备课、批改作业、找学生谈心……真正是"全身心扑在工作上"，周围的许多老师都说"小李舍得干"。现在完全想不起当时我是怎样上语文课的，肯定谈不上什么"教学技巧"；而那时的课文本身也味同嚼蜡——什么《梁生宝买稻种》《分马》以及《奔向海陆丰》《纪念白求恩》之类，一点意思都没有。但我却企图把这些课文讲出点意思，于是我备课相当认真，常常一遍遍地朗读课文，尽量让自己的声音表达出不同人物的不同特点。每篇课文都被我批注得密密麻麻，其教案也密密麻麻地写好几大篇。为了及时总结得失，我常常还拎着又笨又重的老式录音机放在讲台上，把我上课的每一句话录下来，晚上在宿舍里重新听一遍，找出问题，并琢磨这里该怎么讲那里该怎么说。作为班主任，那时候我还做了音乐老师和美术老师做的事，比如自己刻印歌单教学生唱歌，给学生作音乐讲座，用录音机给他们播放并赏析《梁祝》，给学生们讲世界名画……那时候，我真的是泡在了班上，泡在了学生中。我每天的作息时间是，早晨一醒来，匆匆洗漱和吃早点后，便走进教室，然后早读，检查清洁卫生，接下来上课、备课、批改学生作业；中午吃完饭便又走进教室，给学生们读小说（多年后，不少学生来看我都说，每天中午是他们当年最神往的时刻）；下午读报课时教学生唱歌，然后又是处理各种班务杂事，包括接待来访家长，下午放学前给学生作小结，放学后或者给个别学生做辅导，或者留个别学生谈心；傍晚我骑上自行车家访，家访路上随便吃碗面，回到母亲家里或学校宿舍，往往已经过了十点。我当然很敬业，但显然已经超过了校长规定的工作职责。那时既没奖金也没绩效，夸张一点说，只要我不杀人放火，干多干少干好干坏，每个月的工资一分不少。现在的年轻教师也许会匪夷所思：既然如此，那当年为何如此"不要命"？呵呵，我也说不清楚。能够说清楚的是"不要命"的结果——严重神经衰弱，彻夜难眠，最后不得不住进了医院。失眠不少见，但因为失眠而住院一个月，还打什么"封闭"，用今天的话来说，叫"奇葩"。

二

现在我成了一些人眼中的"教育专家"，许多人以为我很早就有"教育理想""使命感"等。不不不，完全不是！一切都是性格与兴趣使然。我的性格还算开朗甚至奔放，我也特别喜欢孩子，在班上做的一切我都觉得好玩儿，一旦投入当然就情不自禁地"刹不住车"了。说到"好玩儿"，我想到当时我在班上开展了许多活动，丰富多彩，琳琅满目——到大佛坝野炊，到通江的河滩上斗鸡，在乌尤寺到大佛寺之间的沙滩上做游戏，骑着自行车去安谷郊游……这些场面都留在了我至今珍藏的老照片里，更印在了我的记忆里。当然，印象最深刻的，莫过于和学生们春节邀约一起去郊外玩了。大年初一睡了懒觉起来，想到约几个学生去玩，我便骑上自行车走街串巷，挨家挨户地把学生们从懒觉中叫醒（那时候一般百姓家连座机都没有，更别说当时想都想不到的手机了）："张海波！""王红川！""周涛！""何静红！""龚驰群！"（当然不只是这几个学生，只是因为我现在只保留了他们和我在春节游玩的照片，所以能够记得有他们，其实远不只是他们。）乡下的人潮水般地往城里涌，我们逆流而行，往乡下走。你带几节香肠，我带几瓶香槟，他带一块腊肉，一片山坡，一块草地，一丛树林……都可能成为我们流连忘返的乐园。记得有一年，我们站在绵竹镇附近的山坡上，俯看山脚公路上进城的老乡们密密麻麻像蚂蚁，很是有趣。然后我们在山坡上摔跤，累了就摆龙门阵。那个时候，虽然安全没有现在强调得这么厉害，但学校对班主任还是有约束的，但我不管，常常打擦边球带学生去玩，也不需要打出诸如"社会调查""爱国教育"之类的"旗号"，就是单纯地玩儿！当然，有时候也不是单纯地玩儿，玩儿里面也有爱心，比如有一次我带着同学们徒步走了半天来到乡下伍建同学的家里，给贫困中的他送去同学们为他捐的几十元钱和为他买的小闹钟、热水瓶……30 年后的昨天，伍建同学还在 QQ 群里提到这件事，说："一个热水瓶，一个闹钟，30 多元改变我命运的人民币！我一生都记得！"有时候，我们还是得"巧立名目"搞活动，比如在初二的时候，我们就以"十四岁集体生日暨退队纪念"为由在学校外面的岷江边搞了篝火晚会，那天晚上我还朗诵了一首诗——《我忘不了这个夜晚》。这首诗的原稿我至今还珍藏着。而我之所以要做这一切，没有什么"理论依据"，也没有什么

"教育理念"，就是出于一个朴素的愿望，让我的学生感到"我们班真有趣"，进而让班集体对他们有一种吸引力，当然也让我这个"老师"工作起来觉得开心。

是的，最珍贵也最温馨的回忆，还是我们的未来班。关于未来班，我在我的著作中多次写到，每次在外讲学也会讲到。在许多老师心中，未来班是一个传奇。其实，在我和许多学生的记忆中，未来班也是一个传奇。是啊，一个班居然有自己的班名、班训、班徽、班旗、班歌、班史……这在今天实在算不了什么，可在 30 年前，这样的创意在全国我不敢说是"唯一"，至少是罕见的。现在想起来，的确是传奇。仅仅是一个贴着八分钱邮票的信封，以及信封里饱含真情的信和歌词，我们居然就请动了大名鼎鼎的作曲家谷建芬老师为我们谱班歌——据我所知，这是谷老师唯一为一个班的孩子创作歌曲。我们班真的很棒，有一种发自全班每一个同学内心的凝聚力，同学们都非常热爱我们的班集体。彭霞、姜茹、王琦、韩军、周涛等我这时即兴想起的名字，当年在班上只是普通同学，可他们热爱集体、热心班务的精神真是火辣辣的。当然远不止是这几个同学，可以说全班同学都把未来班当作自己温暖的大家庭。运动会，歌咏比赛，壁报比赛，当然还有万万不可缺少的考试成绩……我们未来班获得了一个又一个的荣誉！我们还做了许多用今天的话来说很"正能量"的事，比如我给学生们读完小说《红岩》之后，我们利用星期天拾废品，然后将所卖的钱全部给重庆渣滓洞烈士纪念馆寄去了，用于修建歌乐山革命烈士群雕。我记得当时所有捐款也就几十元钱，今天看来微不足道，但当时也算是一笔不小的数目，在汇款时我写的署名是"献给先烈的五十三颗爱心和童心"。在未来班成立大会上，我们收到家长的一笔表示祝贺的礼金，全班同学当即决定将这笔钱捐给北京圆明园修复工程，因为我们刚看了电影《火烧圆明园》。也是在未来班的成立大会上，同学们演出了由付饶、陈晓梅等同学创作的三幕小话剧《相会在未来》，畅想我们的未来。这个剧本的原稿，如今就在我校的"镇西资料馆"里默默地陈列着，无声地诉说着昨天的故事。1984年8月，《中国青年报》发表了有关未来班的报道，标题是"今天的分别是为了明天的相会"——"明天的相会"不就是我们今年的30周年聚会吗？

三

当年，不止一次有老师对我说："小李啊，你这样教育出来的学生，太善良，以后进入社会是会吃亏的。"当时我真是不知如何回答，因为我无法断定他们以后"不吃亏"，毕竟我的教育生涯才刚刚开始，谁给我证明这一点呢？但我在心里想，培养孩子们的善良没错啊，我总不能培养野兽吧？前年，崔永元请我去央视的《小崔说事》讲故事，我带去的现在的学生当场唱了未来班的班歌《唱着歌儿向未来》。第二天，我的博客上出现了这样的留言："我是李镇西老师84届未来班的一员，昨日含泪看完了《小崔说事》，未来班的班歌还在传唱，未来班的精神还在发扬。这是老师给我们的精神财富。记得当时毕业时有同学问李老师：'你这样培养出来的我们能不能适应社会？'现在我以我的经历现身回答：是的，我是适应社会的，而且如同老师所希望的那样——正直、勤奋、向上。我做到了。"当时我不知道这是谁的留言，但我的眼睛湿润了。30年后，我的学生站出来为我证明了："我是适应社会的"！而留言中的"正直""勤奋"正是未来班当年的班训。后来我联系上了这位网友，她叫李志英，是当年未来班一位很可爱的小姑娘。其实，以今天的眼光看，未来班很是"小儿科"，有很多值得反思的地方——这在我的《走进心灵》一书中有专门的剖析，但这是我的学生们童心的印记，也是当年我青春的足迹。不管它有多么不成熟甚至"可笑"，它都是我教育第一首稚嫩而纯真的诗篇。

说实话，我那时候还比较"正统"，甚至有点"左"，比如给学生读的书是《青春万岁》(这是我给学生读的第一部长篇小说)、《青春之歌》《烈火金刚》《红岩》《钢铁是怎样炼成的》《可爱的中国》《绞刑架下的报告》；教的歌是《绿色的祖国》《我们的田野》《五月的鲜花》《年轻的朋友来相会》《我们多么幸福》《少年，少年，祖国的春天》，甚至《太行山上》《华沙革命歌》等"成人歌曲"；我们教室的上方是一行醒目的大字："先烈时刻注视着我们"，黑板旁边曾经贴过保尔·柯察金的画像和毛岸英的名言……但这是我教育的"青春期"，一切都是自然而纯真的。尽管随着时间的推移和实践的深入，我的精神世界后来发生了很大的变化，但"忠实于少年时代的友爱、热情和誓言，这是人生最严肃的事情"。——不管后来我对王蒙有了怎样新的认识与看法，他这句当年贴在我班教室墙上的话，今天依然让我有一种庄严感。

四

不得不惭愧地承认，我当时在这个班犯了不少错误。因为年轻，也因为性格，我急躁，有时甚至还很粗暴。我倒是没打过我班上的学生，但我对犯错误的学生喜欢骂、习惯吼，我感觉我应该常常是很凶狠的样子。特别是对周一、李松等一些比较顽皮的学生，我的态度更是"穷凶极恶"。写到这里，我的眼前突然浮现出我歇斯底里地痛骂瘦弱矮小的冉民时，他脸上害怕而无助的表情，还有他那双惊恐的满含泪水的小眼睛。有一次我还把周一骂得狗血喷头，他哭得很伤心，一边哭一边嚷嚷着要叫人来打我。当然，从理论上讲，对于犯了错误的学生，老师严厉批评也是应该的，但我有时候是伤了学生的自尊心的。何况，有的学生属于比较乖的——至少绝对不是顽劣孩子，可他们犯错误我照样毫不留情。记得一次付饶犯了一点小错，我就大声呵斥她，并要她写大字检讨贴在学校大门上！还有一次耿梅做课间操不认真——多大一点事儿啊，我站在操场边上大声呵斥她，不给她一点面子；后来甚至还骂她"不要脸皮太厚"！今天想起来，实在太过分了，太过分了！这些还只是我现在能够想起的，肯定还有许多类似的错误我已经忘记了。今天，我要在这里向当年被我损害过自尊心的同学真诚地说一声："对不起，请原谅李老师的年轻与冲动！"

其实我知道，完全用不着我请同学们原谅我，因为孩子的心胸总是比大人宽阔。我犯了那么多的错误，可他们对我那么好！刚参加工作不会用嗓子，不久我的声音就嘶哑了，下班回宿舍，门缝下塞着一包药，还有一张纸条："李老师，保重嗓子！"第二天我到班上去问是哪个同学给我送的药，全班同学没有一个承认，但都睁着亮晶晶的眼睛对着我笑，好像大家都知道这个秘密，但唯独对李老师保密。我因失眠而住院前一天，许艳、毛利、黄慧萍、杨红、耿梅等几个女生在我宿舍里哭着说："是我们不听话把李老师气病了。"后来又给我唱歌，并要我用录音机录下来，说"你在医院想我们的时候就可以听听"，告别时又说李老师养病期间她们一定好好学习。我在医院里，一群学生突然出现在眼前，带来了全班同学对我的祝福，并约我去峨眉山；第二天，我真的偷偷溜出了医院，和学生们去峨眉山玩了一天，当天晚上回到医院睡得相当好。还有一年元旦的早晨，我打开门，门外放着一束鲜花，还有一张纸条："祝老师新年快乐！"署名是"付饶"。这样的例子太多太多。十多年后我写《爱心与教育》时，不但把这些故事写了出来，而且特别声明："很多老师都觉得我对我的学生很好，可他们不知道，我的学生对我有多么好！我是在还债啊，是在还感情的债！"

五

还特别怀念那时候我和学生家长之间的纯净关系。那时候不兴送礼，也没有任何人为了要我"关照"其孩子而给我送这送那或请我"吃顿便饭"，我和学生家长之间真正是恬淡如水的"君子之交"。这样说，并不意味着当年的学生家长没有人情味，不，他们对我也很好。记得我出院后，汪斌的爸爸给我送来一篮鸡蛋，我怎么推也推不掉，于是从第二天起，每天课间操时我都拿一颗煮熟的鸡蛋给汪斌："这是你爸爸托我给你煮的鸡蛋，快趁热吃了！"有一天下午放学后我留下马庆做了些事（具体什么事我忘记了），天色已晚，我便用自行车送他回家。到了马庆家里，他爸爸给我煮了一碗面条，我只好吃了，第二天我给了马庆三毛四分钱和四两粮票，请他带回家交给他爸爸，大有当年红军"不拿群众一针一线"的风范。但后来，他爸爸见了我好像明显不如过去热情了。我知道我有些过分，有些不讲人情，伤了马庆爸爸的心。其实，更多的时候家长对我的好，我是没法还的。记得那年暑假，我骑车去文丽家家访，她住在通江乡下。那天酷热，空气好像着了火，我满头大汗一进屋，她妈妈就搬来凳子让我坐，还递给我扇子要我扇。我和文丽爸爸聊着，不一会儿文丽妈妈从里屋出来，端给我一碗热腾腾的糖水荷包蛋！我真是感动啊！这次我汲取前次马庆家的教训，没有托文丽"补钱"了，但这碗荷包蛋我一直记着，至今还温暖着我的心。

学生家长们对我的关心当然远远不只是一篮鸡蛋、一碗面条和糖水荷包蛋，还有对我的宽容。我，一个刚毕业的大学生，一个什么都不懂的小伙子，无论上课还是带班都没经验，还犯那么多的错误，可这些比我大 20 岁的大哥大姐或者说长辈，就那么放心地把孩子交给我，让我"实验"。虽然是学校安排我做他们孩子的语文老师和班主任的，他们无法自主选择老师，但如果放到现在，他们可以闹呀，可以要求换老师啊！但直到这个班毕业，没有一位家长对我"投诉"或"举报"，一个都没有！相反，他们以各种方式参与我的教育和班级建设。记得未来班成立大会的前一个星期，我请家长们以自己年轻时代的经历为内容，给孩子们写一封信，几乎全班同学的家长都写了，每一封信都写得那么认真，读起来都那么感人。毕业前夕，我决定为学生们编一本取名为"未来"（王薇同学题写的书名）的班级史册。现在，班主任为班级编一本书的事已经不新鲜，许多学校、许多班都编印过这样的书，现在的出版条件和印刷工艺也很先进了。可在 30 年前，这却是一项艰巨的工程，因为那时候是靠在钢板上刻蜡纸完成"排版"，然后靠推滚筒油印完成"印刷"，最后靠手工装订成册。我一个人的力量显然是无法完成的，于是我动员我的女朋友也就是后来的妻子帮我刻蜡纸，还有高虹、龚驰群、成丹烈、陈建等同学利用午休时间刻写了大量蜡纸，但这样人手还不够，于是，许多家长自告奋勇加入了刻蜡纸的行列，张海波同学的爸爸张树槐同志就帮忙刻写了全部家长来信！周一同学的爸爸周文华同志还将部分文稿拿到他所在单位用打字机打印——这在当时，是很先进的技术了！今天，我们读着这本《未来》中的文字，也许会为激情而骄傲，也许会为幼稚而害羞，但青春无须脸红，纯真永远自豪。

现在，未来班的孩子已经四十五六岁了，比他们爸爸妈妈当年的年龄还大，而他们的爸爸妈妈如今已经七八十岁，白发苍苍，岁月悠悠，我到哪里去感谢这些当年理解我、宽容我、支持我的大哥大姐们呢？

六

30 年来，不断有同行说他们也曾经"理想"过、"投入"过，但时间一长便日渐消沉，他们奇怪我为何一直"激情燃烧"。我的一位好朋友给我发微信，说"敬重"我的"善良"与"纯真"，而且能够保持到现在。我回复她说："我经常在想，现在我常被人看作有光环的'专家'，但我自己是否保持着当年原始而质朴的纯真？善良纯真，同时又敏锐犀利——我希望自己保持这种状态。我反正一无所求，既不想当官，也不想入党，更没想过往上爬，所以无所谓。其实，做人放下面具，不要装，就可以了。"这是我的心里话。

　　一想起未来班，我就有说不完的话，故事鲜活水灵，细节历历在目。这篇文章真不是刻意写的，完全就是任喷薄的记忆惊涛拍岸，浩浩荡荡，一泻千里。近年来随着年龄的增长，我记性渐弱，几年前教过的学生来看我，有时候我竟然叫不出名字了。然而，对未来班的学生，尽管有的一毕业我就没见过，但看到照片我依然能够一点磕巴都不打地说出每一个人的名字。去年几个学生聚会，就说"明年应该搞一个30年纪念活动"。今年春节期间，乐山的十多个学生还开了筹备会，推举何静红、吴蔚、黄杰等人负责前期筹备工作。前几天，他们在QQ上发布了活动方案，把活动时间定在中秋节小长假，即9月6日至8日。中秋节是家人团圆的日子，而今年的中秋节则是我们未来班团圆的日子。黄杰还设计了新的班徽，并制作了未来班聚会的文化衫，文化衫上有每一个同学当年的肖像照，并有一行字："三十年，我们一起走过……"我建议改为："三十年，我们一起走进'未来'……"是呀，30年前，我们用"未来"命名自己的班，那时候的未来多么遥远；30年后，我们已经走进当年所憧憬的"未来"了，而且我们正继续把憧憬的目光投向新的"未来"……

2014 年 8 月 7 日零点四十五分写毕

（本文从傍晚写到深夜，从深夜写到子夜。我写一段就发一段到未来班的 QQ 群里。伍建同学、姜茹同学和张红霞同学，一边先睹为快，一边在 QQ 群里发表感慨。伍建说："老师，您是我一生中对我影响最大的人！"张红霞说："呵呵，您也是所有老师里我最佩服敬重的！"姜茹说："李老师，您回忆的过往的点点滴滴，我们都铭记在心。""我亲爱的老师，允许我这样称呼您，您的文章我已拜读，仿佛回到了 1984 年，我和我的朋友们一直在这里等您。"说实话，本来十点过了我就想休息了，想明天再写，但一想到学生们正看着我，盼着读，我便有了动力，直到我写完最后一个字，姜茹和张红霞居然一直陪伴着我，见证着我这篇文字的诞生。）

青春可以万岁

——未来班毕业 30 周年团聚纪实

一

临行前夕——2014 年 9 月 5 日晚上，我一直忙到 12 点多。我找出孩子们当年的照片——说实话，论辈分我当然有资格叫他们"孩子们"，何况当年这些十二三岁的学生，不是"孩子"是什么，但我从感情上觉得叫"孩子们"很别扭，不但因为我们年龄相差并不悬殊，而且我从来就把他们当作我的弟弟妹妹。这些照片已经泛黄，因此便有了一种沧桑感。我还找出了我给他们读过的《青春万岁》《红岩》，谷建芬老师当年的来信和歌谱，当年在未来班成立大会上同学们创作的三幕小话剧《相会在未来》，以及我给他们刻印的歌单……这些"文物"保留着我最初的教育温度，也记录着我和学生共同的记忆。

然后，我躺在床上，期待着"这一刻"。

这一刻，我们期待了半年——春节期间，未来班的一群同学在乐山一个茶馆筹备未来班毕业 30 周年纪念活动，还成立了筹备委员会。筹委会由何静红、吴蔚、陈晓梅、王琦和黄杰组成。我们把聚会的日子确定在中秋节小长假期间。

这一刻，我们期待了 30 年。1984 年 7 月，我的第一个班毕业了，我们曾用"未来"为自己的班命名表达了我们的憧憬。从少年到青年，从青年到中年，而我正在走向老年，但我们心中的约定一直没变。今天，"未来"终于来了。

二

9 月 6 日中午，开车抵达乐山。

聚会地点在郊外的金鹰山庄。定于下午四点举行联谊会，可我三点钟到达时，已经来了许多学生。尽管许多学生近几年也经常见到，但今天相逢依然有一种惊喜。还有几位毕业后我就从来没有见过，比如李松、王晓松，还有从新加坡回来的成丹烈……

见到李松我非常惊喜，但也很内疚，因为当年他是我批评得最厉害的一个。我说："李松，李老师当年爱批评你，还记恨李老师吧？"他笑了："记恨倒没有，但确实心里很怕你，直到这次我要来参加聚会，想到要见李老师，我心里都还有点怕呢！"李松的语气半开玩笑半认真，但我听出了认真的部分，我当年的确对他太狠了。虽然我现在想不起我怎样对他"狠"，但根据我那时的性情和风格，批评他的话一定非常刻薄，很伤他的自尊心。我说："真不好意思，让你至今心有余悸啊！"

当年和我搭班的科任老师几乎都来齐了：冯宗秀老师、王淑媛老师、严永槐老师、黄世杰老师、刘富煜老师、赵香永老师、杨耀辉老师，还有赵香永老师的老伴邓大年老师。

每一个人——无论同学还是老师，胸前都佩戴着未来班的班徽。今天的活动由许艳主持："在这爽朗的金秋时节，我们相聚在美丽的金鹰山庄，首先我谨代表本次同学会筹备组，向莅临本次同学会，曾辛勤培育过我们的各位老师表示最衷心的感谢！向应邀前来的各位同学，特别是远道而来的外地同学，表示最热烈的欢迎！"

热烈的掌声，表达着大家的激动。

"岁月如歌，时光荏苒，在依依惜别30年后的今天，乐山一中初84届（1）班的同学和曾执教我们的老师，再度牵手相依，重温昔日的同窗之情。"当年活泼可爱的小姑娘虽然已步入中年，但言谈之间依然纯真。30年过去了，她的声音依然同当年向谷建芬老师表达感激之情时一样的清澈透明。"曾经在初84届（1）班这个平凡的集体中，我们有缘相识、相知，共同度过了成长岁月中最天真纯洁的三年时光，我们曾一起学习、劳动和歌唱……在我们班主任李老师的带领下，我们班还拥有一个响亮的名字——未来班！老师的精心培育和丰富多彩的学习生活，曾让我们为身为未来班的一员而感到无尚荣耀。此刻，让我们随着大屏幕去追忆重温那一张张熟悉而温暖的脸庞……"

接着播放的是黄杰制作的一段视频，时间不长，只有两分多钟，却一下攫住了每一个人的心：灰黄的底色，低沉的音乐，一张张老照片徐徐跃出，又缓缓飘走，如同时光在不知不觉中细细地流淌。"时光荏苒，岁月如歌，三十年转瞬即逝，三十年沧海桑田……三十年再相逢，多少次心驰神往。今天我们回来了，带着祝福与思念而来，圆一个心中最无瑕的梦想！"字幕无声地淡入又淡出，却敲打着我们每一个人的心灵。我们一下子回到了30年前。

视频播放结束，全场沉默，然后掌声如雷。

三

各位老师们讲话。

冯宗秀老师第一个发表感言。她首先祝大家身体健康，她特别强调身体的重要性。然后她说见到同学们很高兴，很激动，谢谢同学们。说着说着，她哽咽了，开始擦拭眼泪。冯老师特别善良，对同学们特别好，当年对我也特别好，是她手把手教我当班主任的。所以，我和同学们都给她以热烈的掌声，表达我们的敬意。

刘富煜老师教音乐，三句话不离本行，他说："未来班是在音乐声中成长起来的，你们的李老师很注重音乐，谷建芬阿姨为你们谱班歌，你们真是幸运！李老师现在是全国著名的教育家，他最早就是从你们这个班开始创新的。"这几句话说得我真的不好意思，但我很感动。刘老师高歌一曲他创作的《乐山乐水》结束了他的发言。

英语黄世杰老师说："你们在我心目中有特殊的意义，因为你们是我教过的唯一的初中班，你们毕业后，我就一直教高中。你们遇到班主任李老师是你们的幸运，他特别有心，保留了你们那么多的资料，真的是用心在从事教育，在教你们。"他说完后，我不得不说："你过奖了，其实，同学们遇到你，才是幸运，因为黄老师是我们学校最优秀的英语老师！"

赵香永老师是化学老师，她非常温和慈祥，她站起来真诚地祝各位同学事业有成，佳节快乐，身体健康。我说："赵老师也是我的老师呢！当年我读初中，赵老师也教我化学。所以，我对赵老师一直怀有感恩之情。你们要叫赵老师'师祖'呢！"

历史杨耀辉老师身体不太好，耳朵有些不好使了，80多岁了，但他今天依然颤巍巍地来了。他感谢同学们邀请自己参加这个聚会，说"我们是先后同学呢，因为我也是乐山一中毕业的学生"，他祝福大家中秋快乐。

王淑媛老师当年教数学，她首先说："我知道当年我对同学们有些凶……"同学们说："没有没有，你是严格要求我们呢！"她当年的确对同学们要求很严格，正因为如此我们班的数学成绩不错。她把话题集中在我身上，说我如何认真负责，有激情，善于思考和创造，等等。她还说："李老师对每一个同学都很好，不因学生的学习成绩而有所偏心，他对大家的爱是一视同仁的，是平等的。"王老师的丈夫严永槐老师教这个班的物理，讲话时也一个劲儿地夸大家，说他参加过好多学生聚会，无非就是吃吃饭、唱唱歌，而我们这个班的聚会组织得这么有意义，他很感动，他说"李老师教的班总是那么有凝聚力"。我说："严老师当年是我们的年级主任，对我们班以及对我都很关照。"我还说："我和王老师、严老师除了同事关系，还有一个关系，就是邻居关系。当年我的单身宿舍就在王老师、严老师隔壁，一墙之隔啊，有时候我吃面没醋没酱油，就去王老师家要，真是感谢王老师和严老师啊！"同学们都笑了。

我的老朋友、乐山市更生学校校长阮平特邀前来参加我们的活动，他也发言，说当年他也一直关注着未来班，今天能够应邀参加这个聚会很高兴，他向同学们表示祝福。

四

轮到我发言了。我首先说："刚才刘老师说到谷建芬老师给我们谱班歌的事，我想，我们的同学还记得我们的班歌吗？好，全体同学起立，我们一起重唱我们的班歌。"我打开班歌的视频，随着视频的展开，我们唱起了班歌《唱着歌儿向未来》："蓝天高，雁飞来，青青松树排成排……"30年了，班歌再次嘹亮，我们再次心潮起伏。这是我们青春的旋律，是我们生命的音符。

班歌唱完了，我说："今天，我想说三个感谢。第一，感谢在座的老师们，你们当年和我搭班，对我的支持，我永远铭记。未来班其实是我们共同的创造。第二，我要感谢同学们，当年我一个大学毕业生，除了激情什么都不懂，简单急躁，犯了不少错误，可你们对我那么宽容。尤其是当年的调皮学生，比如李松、周一，我当年对你们的确太粗暴了，请你们原谅李老师！第三，我要感谢同学们的爸爸妈妈当年对我的工作也非常支持，他们就那么放心地把你们交给一个没有任何经验的年轻人，现在想起来，真是让我感动！"最后，我说："同学们，我很少问你们是做什么的。也许你们的职业不同，收入不同，或者从世俗的眼光看，你们之间的所谓'社会地位'也有所不同，也许有的是局长或其他什么长，有的是普通劳动者，但我不想知道这些，因为在我的心目中，只要你善良、正直、勤劳，你就是我最优秀也最令我自豪的学生！"这句话，是今天我跟学生说的最最重要的一句话。

五

因种种原因未能到场的毛加庆、付饶、陈峥、李志英和龚驰群，发来电子信件表达歉意和祝福。我将他们的信制作成PPT，配上他们少年时的照片。我和许艳给大家朗读了他们的来信。

毛加庆的信言简意赅——

> 李老师，在浙江考察，信号极差。因公务不能参加班级聚会，十分抱歉，祝活动圆满成功，欢迎大家到全国休闲农业与乡村旅游示范县——武胜！

> 毛加庆
> 2014年9月6日

同学们对毛加庆的来信报以热烈的掌声。毛加庆当年是班上个子最高的男生，很热爱班集体。现在公务在身，不能前来，大家都能理解。

付饶的信寓意深长——

李老师好！

乐山一中初84届（1）班毕业30周年聚会我虽然不能参加，但是师恩难忘，当年的同学情谊亦历历在目。请原谅我不善言辞，借用杨绛先生的话："我们曾如此渴望命运的波澜，到最后才发现：人生最曼妙的风景，竟是内心的淡定与从容；我们曾如此期盼外界的认可，到最后才知道：世界是自己的，与他人毫无关系。"

祝我尊敬的老师和亲爱的同学：佳节愉快！

付　饶

2014 年 9 月 5 日

付饶当年在班上是年龄最小的同学之一，而且是独生女——那个年代，独生子女不多，同学们大多都有哥哥弟弟姐姐妹妹，所以付饶有些"特别"。不过这里的"特别"只是就她年龄小并且是独生女而言，其他方面付饶没什么"特别"的。不，还是有点特别，就是付饶作文写得好，文字间有一种和她年龄不太相称的思考。当一般的同学还在天真烂漫地抒情时，我们的付饶已经在作文里表现出思想者——至少是思考者的素质啦！

这封信也是如此，语言不多，却耐人咀嚼。同学们都为远方付饶的来信而鼓掌。

六

同样热烈的掌声之后，是陈峥同学的来信。远在美国的陈峥，早就说好要回来的，但临上飞机时，却被告知没有办中国签证！她已经加入外国籍，但始终在潜意识里觉得自己还是中国人，既然是中国人当然不用办中国签证。这可急坏了她。她特意写来电子信件——

乐山一中未来班的同学们以及李老师：

大家好！非常遗憾不能准时地赶到相聚30年的聚会现场。在这里向李老师和同学们致以诚挚的问候。祝大家中秋快乐！也祝大家在花好月圆的日子里相聚开心，畅述当年校园的青涩的我们的点点滴滴，30年的人生旅途的酸甜苦辣。人生没有几个30年。且行且珍惜吧！

我只是在乐山一中读了初一，由于父母工作的关系，初中二年级的时候转学去了南京。大家一定不记得我长什么模样了吧。到时猜一猜。我于2001年跨出国门，现在的我定居在美国洛杉矶。

在这里我向大家解释一下，我今天（2014年9月6日）

不能赶到聚会现场的原因。当大约半年前，李老师告诉我未来班会有一个相识 30 年的聚会。我很早就预订了回成都的机票。怀着一颗期待的心，一直等着，盼着……结果"临门一脚射偏了"。当国航洛杉矶的工作人员告诉我，我的护照上没有"中国签证"是不能登机的，中国不办理落地签证。我傻了……由于我的工作在暑期超级繁忙的关系，我忽略了需要去中领馆办理"中国签证"。在国外多年，虽然为了生活方便早就加入了外国籍，但是骨子里从来都认为自己永远是中国人，真的从没有把自己当老外。所以真的容易忘呀。

之后我决定第二天去中领馆做加急签证，然后千方百计地打电话改票，试了从日本转机、台北转机、韩国转机等各种途径，均无合适的机票。最后，还是把机票改成了从旧金山飞成都，9 月 7 号晚上 6:40 到成都双流机场。9 月 8 号如果还有在乐山的同学，我们午餐时间见哦。我想请大家，给我一个机会让我"将功赎罪"哦！

如果你还有时间，我们 9 月 8 乐山见喽！

陈　峥

2014 年 9 月 5 日

读完这封信，我又读了陈峥几个小时前给我发的微信——

我终于拿到中国签证了！本来最早也只能是下周一取。

后来我通过一些渠道找了中领馆驻洛杉矶的领导，终于特批了。今天两小时取到了签证。我的航班号：UA9；到达成都双流机场时间：9月7号下午6:40。我表弟会去双流机场把我接到乐山的。所以9月8号的中午聚会应该没有问题了。谢谢李老师关心！乐山见！

同学们都被陈峥感动了。我说："陈峥在我们班只待过短暂的时间，我只教了她一年，她就随父母工作调动转学到了南京。但她一直惦记着我们班，一直和我保持着联系。"我通过PPT给同学们展示了陈峥当年的照片——真是一个天真无邪的小姑娘，还有她保存的未来班的纪念册和我的照片，还有她读高中后给我写的信，以及她现在的照片。她还特意把补办妥的签证拍照发给我，我也给同学们看了。

七

李志英的来信也特别让人感动，她不但来信，而且还托陈晓梅同学给大家做了一个大蛋糕。她写道——

初84届（1）班的老师们、各位小伙伴们：
    请让我再回到那纯真的中学时代给你们写这封信，故如此称呼你们。

原本计划回来同你们团聚的，原本打算回来亲自做些甜品和蛋糕给大家吃的。但是，还是没能回。所以，以此信表示我的歉意。

我从小是个吃货，中学时代一直是胖乎乎的，所以脑子里满满的都是中学时代吃的记忆：每天上午12点的下课铃声响起，我们就如欢快的鸟儿一样飞向食堂；李老师家还有美味的金钩月饼；吴蔚外婆煮有阴米子稀饭；晓梅家的糖醋排骨；王琦妈妈做的红薯萨其马；付饶爸爸的碗一样大的汤圆；还有姜茹爸爸细如发丝的凉拌萝卜丝。记得当时她爸端着满满的一盆洁白的凉拌萝卜丝请邻居们一一品尝，这个温馨的场面一直留在我的脑海里。多少年以后，我试着要做姜茹爸爸那细如发丝、洁白的凉拌萝卜丝，可做出来的总不是记忆中的味儿……谢谢大家带给我这么多温馨的记忆，让我至今难以忘怀。

现在已为人妻、为人母的我一样是个吃货，只是不再胖了。我已学会了养生，已学会做好些中西餐了，也学会了做各种蛋糕（黑森林、提拉米苏、抹茶蛋糕……），还有其他各种甜品（焦糖布丁、葡式蛋挞、珍珠奶茶……），当然，还有四川的担担面、水煮鱼，只是记忆中的乐山豆腐脑还是做得不地道。

还记得当年全班同学给我过生日，我当时站在讲台上哭得稀里哗啦的。30多年过去了，每每想起这一幕，我依然泪如雨下。

因此，此次，我托晓梅给大家订的也是吃的：蛋糕。并取名为："未来"。请不喜欢吃甜食的男生也尝一尝。

点点的烛光中，我在诚挚地祈福：祝老师们、小伙伴们身体健康，也希望我们每一个人都拥有甜蜜的现在和未来！

初 84 届（1）班　志英

2014 年 9 月 2 日于广州

许艳在朗读李志英的信时，大家都被感动了。屏幕上是小姑娘李志英圆圆的脸蛋，笑眯眯的。当年她是为数不多的住校生，生活自理能力很强，性格文静，不多言不多语，但很有内涵。李志英的来信，勾起了大家对她亲切的回忆。

八

龚驰群的信，是我朗读的。读之前我说："这封信是一篇散文，朴实无华，富有真情实感！"同学们静静地听我读信——

亲爱的未来班的老师和同学们：

当我这样写着的时候，我的脑海里清晰地浮现出你们的脸庞：班主任李镇西老师、语文周长富老师、英语黄世杰老师、数学王淑媛老师、物理严永槐老师、化学赵香永老师、地理刘明俊老师、历史杨耀辉老师、体育冯宗秀老师、音乐刘富煜老师，还有每一个同学的笑脸；浮现出李老师每天给我们念《爱的教育》《青春万岁》《红岩》的样子，黄世杰老师利用午休时间给每个同学补习英文音标的样子，初中一年级时高虹、李松、王晓松和我代表全班参加年级百科知识竞赛取得第一名的场景，初中二年级的夏天全班最后一次佩戴红领巾告别少年时代并举行篝火晚会的情形，参加全校歌咏比赛时我们全班同学一起高歌《少年，少年，祖国的春天》《在太行山上》的情形……

　　记得有一年寒假，大年初一上午，班长何静红突然来我家敲门，说李老师和吕老师（这个好像是师范学校的老师？）叫我们一起出去放鞭炮。然后我们加上王红川和周涛师生 6 人一起到岷江河对岸的青山上，兴高采烈地放鞭炮庆祝新年的到来，还专门带了相机照了相。现在想来，当初李老师的年纪其实比我们也大不了多少，骨子里也就是个大孩子吧，既是我们的师长，更像我们的兄长。我那时候热衷于集邮，常常周末跑去李老师家里玩，肆无忌惮地翻李老师的集邮册，还要求他把多余的邮票送给我，还见过李老师的妈妈，是非常温和慈祥的长辈。李老师，您还记得这些吗？

　　还有教历史的杨老师，教语文的周老师，都待学生非常亲切。杨老师的家就在教学楼的旁边，我中午在学校食堂买了午饭，常常端着饭盒去杨老师家里吃，和他女儿一起玩；周老师也是，随时都是笑眯眯的模样，放学时偶尔遇上下大雨，我就会去周老师家借雨伞。杨老师，周老师，你们都好吗？

还有很多很多这种温馨的记忆，关于各位老师的，关于各位同学的，无法一一描述了……

30年，的确是一段漫长的岁月，但又觉得，过去的日子从未真正远离。过去的点点滴滴，那些珍贵的片段，如同一粒粒珍珠，藏在记忆的贝壳中，越被岁月的大海冲刷，越激发出温润的光芒。

是谁说英文没有灵魂？ Classmate，同一个班级的伴侣，这样表达的涵义似乎远比中文"同学"来得深刻。我们曾在青春年少时相遇，并肩行走过一段路程，我们曾相互鼓励，共同奋进，也许我们今后的人生旅程不曾重叠，我们所能做到的也仅是努力追求各自心中的梦和光明，但当我们仰望星空时，我们的心是辽阔而透明的。

最后，想用王蒙《青春万岁》的序诗来结束我的信。请李老师来念吧，一如过去：

所有的日子，所有的日子都来吧，
让我编织你们，用青春的金线，
和幸福的璎珞，编织你们。

有那小船上的歌笑，月下校园的欢舞，
细雨蒙蒙里踏青，初雪的早晨行军，
还有热烈的争论，跃动的，温暖的心……

是转眼过去的日子，也是充满遐想的日子，
纷纷的心愿迷离，像春天的雨，
我们有时间，有力量，有燃烧的信念，
我们渴望生活，渴望在天上飞。

是单纯的日子，也是多变的日子，
浩大的世界，样样叫我们好惊奇，
从来都兴高采烈，从来不淡漠，
眼泪，欢笑，深思，全是第一次。

所有的日子都去吧，都去吧，
在生活中我快乐地向前，
多沉重的担子，我不会发软，
多严峻的战斗，我不会丢脸，
有一天，擦完了枪，擦完了机器，擦完了汗，
我想念你们，招呼你们，
并且怀着骄傲，注视你们。

龚驰群

2014 年 9 月 5 日

幸福比优秀更重要

龚驰群的信，再次把我们带到了过去，带到了青春时代。最后的诗是我和许艳一起朗读的。当最后一行诗句读完，屏幕上显出了龚驰群当年可爱的小姑娘形象，纯真无比。同学们情不自禁地热烈鼓掌，表达着内心的激动。

九

接下来，我播放了特意为这次活动制作的一个视频，内容是通过老照片对 30 年前的回顾。视频的配乐全是当年未来班所唱过的歌曲：《唱着歌儿向未来》《少年，少年，祖国的春天》《校园的早晨》《年轻的朋友来相会》……

视频一开始，便是未来班班歌的歌词："蓝天高，雁飞来，青青松树排成排，我们携手又并肩，唱着歌儿向未来……"然后由远及近推出当年的全班合影。接下来，是"让我们重拾温馨的记忆，回望那些年我们留下的倩影……"这些倩影包括同学们的郊外野炊、江边嬉戏、歌咏比赛、课外活动，等等。历史依然鲜活，往事并不如烟。随着"纯真岁月，花季少年……"字幕的出现，同学们的毕业单人照一一推出，黑白照片上的十五六岁的同学们纯真幼稚，特别可爱。"人生如歌，我们已走过三十年"展示的是毕业以后的照片，同学们在不知不觉中长大。最后，在"童心不泯，青春万岁"之后，是同学们当年的合影。我们在感慨的同时，把憧憬的目光投向未来……

又一次荡气回肠的心灵冲撞，又一次沉默之后的掌声爆发……

我说："前年春天，我在收拾书房时，从书橱的深处掏出一盒老式磁带，是什么声音呢？想听听，可没那样的录音机了，于是我拿到学校请电教老师给我设法把声音弄出来。几天后，电教老师给了我一个优盘，我将它插进我的笔记本，于是听到了这样的声音——"

我的笔记本传出了一个清澈悦耳的童声，大家都听出了，这是许艳当时的声音："亲爱的谷阿姨，您好！代问王健阿姨好！您为我们谱的班歌，我们于 12 月 19 日收到了，全班同学非常高兴，也非常感谢您和王健阿姨！为了表达我们的心意，此刻，我们全班同学正在教室里，对着录音机，准备在我们的李老师的指挥下给您唱几支歌。虽然我们唱得不好，又没乐器伴奏，但我们唱的每一支歌，都包含了我们未来班全体同学对您，亲爱的谷阿姨，还有王阿姨的感激和敬意！我们每一个同学都相信，虽然相隔千里，但这朴素而发自肺腑的歌声，会把我们连在一起。谷阿姨，现在就请您听，您为我们谱写的班歌《唱着歌儿向未来》，由李老师口琴伴奏。我们唱得不好，请您原谅！"

"蓝天高，雁飞来，青青松树排成排……""我们欢乐的笑脸，比那春天的花朵还要鲜艳……""五月的鲜花开遍了原野，鲜花掩盖着志士的鲜血……"一首又一首歌，从笔记本里传出，响彻会议大厅，响在每一个人的耳畔。同学们听到了 30 年前自己的声音，心灵再次受到震撼。

十

我拿起一叠发黄的纸："大家看,这是什么? 这是当年未来班成立大会上,陈晓梅、付饶等同学创作的三幕话剧剧本《相会在未来》,这上面有陈晓梅的字迹,有付饶的字迹,还有我修改的痕迹。昨天晚上我仔细看了看,虽然从艺术的角度讲还比较粗糙,但表达了同学们当年对未来真诚的憧憬。剧本表现的是未来班毕业 25 年后的 2008 年大家聚会的情景。"

大家非常惊讶。我继续说："我随便念念人物表——马庆,清洁工人;王晓松,摄影家;刘大庆,邮递员;许艳,歌唱演员;毛利,农艺师;田晓敏,医生;王薇,邮票设计家;陈建,木工……"我一边念,同学们一边哈哈大笑。

我又说："有一个非常奇妙的巧合呢! 剧本设计了一个情节,李志英因为特殊原因不能前来参加聚会,专门写了一封信回来。今天,李志英真的不能来,真的写了一封信回来! "

大家惊叹,都说这个巧合太神奇了。

我继续展示"文物":我当年给大家刻印的歌单《歌唱祖国》《妈妈,我们远航回来了》,还有我给大家写的"征文启事",我给大家读过的长篇小说《青春万岁》《红岩》,当年中秋节活动和少先队篝火晚会的纪念书签,书签背后是我画的画,等等。

我说："这次聚会,我给大家带了两份礼物:一份是我将谷建芬阿姨的班歌歌谱手迹和她给你们写的全部信件的复印件,二是我的著作。我送给大家。"黄杰和许艳替我将谷建芬老师的信和我的著作一一送到老师们和同学们的手中。我的著作是《爱心与教育》《做最好的老师》《李镇西老师教养女儿手记》。我特别强调:"在《爱心与教育》中,有你们的故事,所写到的同学都是真姓真名呢!"

十一

"这次活动,筹备组还专门为参加这次聚会的老师们准备了一份礼物,这是我们班同学一点小小的心意。"许艳说。

黄杰代表同学们给每一位老师赠送纪念品,是一个精美的印章,每个老师收到的印章都刻着自己的名字。

但少了一份,没有历史杨老师的。许艳解释说:"由于历史杨老师在之前没能提前联系上,而礼物上需要刻上老师的名字,临时来不及了,只能等这次活动结束之后,我们再准备一份,专程送去您的家里。"

杨老师耳朵不太好,但当他明白过来后,很大度地摆手:"没关系没关系!我很开心!"

轮到同学们一一发表感言了。每个同学在发言中都感谢老师们当年的教诲,都祝福大家身体健康,中秋快乐。王晓松匆匆赶来,周涛刚下飞机也匆匆赶来。同学们一阵惊喜。

已是公安局局长的张海波说:"李老师对我最大的影响,就是教我做人。几十年来,无论我做什么,我始终守住做人的底线,善良,正直,勤奋!这不是客气话,我真的很感谢李老师!"他的话让我非常感动。我接着他的话说："我愿意重复一遍我刚才说过的话，无论你们做什么，比如张海波，无论你是局长还是什么，都是张海波，我希望我的每一个同学都善良。前年，《小崔说事》播出了关于我的一期节目，第二天，我在我的博客上便看到了一段留言，留言者说自己是当年李老师第一届未来班的一员，含泪看完了《小崔说事》，听到了熟悉的班歌，未来班的班歌还在传唱，这是老师留给我们的精神财富。这个同学还说，当年有人说李老师教大家太善良，会不会不适应社会。他要说，他是适应社会的，而且做到了老师所希望的那样——善良，正直，向上！当时看了这段留言，我非常非常感动。因为的确如此，当年不少好心的同事都担心我的学生太善良，走上社会会吃亏，但30年过去了，我的学生站出来作证——善良的人不会吃亏！后来我知道那是李志英的留言。"

我又说："今天我们这个聚会应该记载下来。筹备的同学已经在谋划编印纪念册了，并向我约稿。我这里……哎，周一！"

突然听我叫"周一"，周一赶紧说："到！什么事，李老师？"

我问他："你是不是我永远的学生啊？"

他不假思索："那当然啦！"

我说："好，那我给你布置作业了，这次聚会结束后写一篇文章！"

"这……"就那么两秒钟的迟疑，然后是斩钉截铁："我写！"

我对大家说："听见没有？听见没有？连周一都要完成这个作业，大家就没有什么理由不完成了！"

哄堂大笑，还有掌声。

我说："周一，大家知道的，当年把李老师气惨了啊！我把他骂哭了，他居然坐在下面一边哭，一边说要派人来打我，害得我 30 年来都不敢出门！哈哈！"

大家再次爆笑，周一笑得特别开心。

时间一晃两个小时过去了，联谊会接近尾声了。许艳说："为了筹备这次同学会，筹备组的几位同学——黄杰、吴尉、何静红、王琦，作了大量的筹备联络工作，在此我们为他们付出的辛勤努力表示感谢！"

大家热烈鼓掌。

黄杰再次播放一个精美的视频作为结束语。又是扣人心弦的画面，又是抚摸心灵的旋律，在时钟大背景下，一张张老照片缓缓浮现，又一一飘离。同学们当年的单人照以电影胶片的形式滚动推出，极具历史感。照片旁边或周围，一行行字幕轮替出现："青春是一场远行，回不去了；青春是一场相逢，忘不掉了。""年华似水，追忆是朦胧的梦境。""这段回忆之旅将成为我们最美好的珍藏，在人生停靠的驿站，会令我们蓦然回首往事。""如今，我们想挽回那已经不复返的美好时光，就想让时间停留在那，好好地，静静地欣赏……""看我们能否把回忆的窗户打开，重拾三十年前的快乐……""致我们成长的时光！"我再一次热泪盈眶……

许艳说："我们今天的同学聚会，在优美的音乐声中就快结束了，对本次由于各种原因未能参加同学会的同学，表示最亲切的问候！祝所有的同学工作顺利、事业有成！祝我们最亲爱的老师们身体健康、幸福圆满！愿我们的同学与师生情谊，地久天长！"

十二

晚餐的时候，大家共同举杯，为我们的团聚，为明天的美好。李志英送的蛋糕，让我们感到了未来班的团圆和幸福。晚饭后，我们又在歌厅引吭高歌，我唱了两首歌：《我爱祖国的蓝天》和《在那桃花盛开的地方》。

因为我和刘大庆、许艳、耿梅曾经读过同一个幼儿园，所以我们自然也合影。

张海波的性格稳重但不死板，为人朴实，待人真诚，富于思考。当年他就曾和我讨论过一些严肃的问题。比如，他曾经问我："李老师，你是否信仰共产主义？"我很认真地回答他："我拥护共产主义所描绘的美好世界，但现在还谈不上信仰共产主义。按马克思的描绘，共产主义社会人人自由，个个幸福，按需分配，我哪有理由不拥护呢？但要信仰一个主义，必须全面学习，系统研究，这样的信仰才是理性的，是内在的，而不是外在的，更不是强加的。而对于共产主义理论我现在完全还没达到'全面学习''系统研究'的程度，哪能轻言'信仰'呢？"无论当时还是现在，我都觉得我的回答没错。所以，20 世纪 80 年代我在写一篇关于德育的文章时，写了这段对话，没想到后来我被严厉批评，说我"公然向学生声称'不信仰共产主义'！"今天跟海波说到这件往事，他说已经不记得了，但他说："我的确认为，对中小学生的教育，不宜拔得太高，而应该贴近他们的实际，从基本的做人开始。"我深以为然。

海波现在在某部门担任领导，用共产党的话语来说叫"人民公仆"，用老百姓的话来说叫"当官的"。我再次嘱咐他在这物欲横流的时代守住灵魂。他诚挚地说："您放心，李老师，您教育我们的善良和正直，对我影响很大。无论如何，底线我会守住的。"我相信他说的是真话，但这个社会、这个体制，真让人不放心啊！我只希望他能够坚守到最后。让时间来作证吧！

十三

吃了午饭，我们从农家乐朝沿江边向凌云山方向漫步。不规则的乡间小道，小道上的泥沙，还有大片大片的竹林，一下子让我们找到了当年的感觉。左边江水静静地流淌，右边是农舍、菜园子、小狗，还有满目葱茏。我是1982年春天开始教书的，那时候还没有双休日，只有星期天，但我常常带着学生来这荒芜的小岛，尽情撒欢。我们在这里野炊、斗鸡、捉迷藏，还把鞋脱了站在江水中打水仗……这些记忆，直到现在还鲜活地留存于学生的心中。毛利说："我印象中，那时候李老师经常带我们出去耍，差不多每个星期天都要去郊外搞活动！"许艳说："我妹妹读乐山二中，那时候特别羡慕我在李老师班上，因为经常有郊外活动，好耍！而她的班上没有这些，只有不停地做作业！"

我们穿过一片片竹林，走过一条条小道，说笑着。我对王薇说："王薇，有一个细节，你可能已经忘记了，但我记着。那是快毕业的时候写作文，题目是什么我忘记了，大概是写老师的吧，你写的是我，而你的作文第一句话是：'李老师，你的确是一个高尚的人！'当时我觉得你很夸张，但我知道你说的是心里话，对一个孩子来说，怎么想的就怎么写。虽然我知道这句话对我来说过奖了，但我还是很感动，因为这是来自学生真诚的评价！这句话对当时才参加工作不久的我来说，是一个很大的鼓励和鼓舞！"

但今天说起这件事，我心里却想到了李松，心里又是一阵愧疚。其实当年被我"恶狠狠地骂"过的学生不只李松一个人。所以，当时王薇说我"的确是一个高尚的人"显然有些夸张。

王薇说："我也一直想跟你说声'谢谢'。"

我问："为什么？"

她说："有一次，我们外出活动，很晚才回来。你骑自行车把我送回家。我现在对你说声'谢谢'。"

王薇说的这件事我的确一点印象都没有了，但我想那应该是我做过的，因为这是一个老师起码的职责。所以我说："任何老师都会这样做的。"

王薇说："当时我妈妈也特别感动，因为她经常听我说你的好。现在我妈妈对你印象还很深呢！"

我相信，王薇说的是心里话，我说的也是肺腑之言。在这里，师生之间不用也没有必要"互相吹捧"。30年的时间可以见证我们师生情感的纯真，这种情感超越了一切世俗的功利，尤其是在当今这个充满物欲的时代。

于是大家感慨现在的老师如何不如过去，送礼呀，势利呀，再也不家访了，等等。我听着，不好说什么。只是在心里想，其实30年来我做老师也不是什么"高尚"，不过是凭着良心做事而已。一切都是应该的，自然而然的。

我们终于来到了当年戏水的地方，隔江而望便是千年屹立的乐山大佛。我们背靠大佛合影。容颜虽然不再年轻，但青春依旧在心中蓬勃。

十四

晚上，我们在江边吃火锅。结束之后大家又直奔歌厅。我和大家一直惦记着陈峥。她改签了旧金山直飞成都的航班，将于傍晚在成都双流机场着陆，然后直接到歌厅。我们在歌厅一边唱歌，一边等着她。

我唱的都是老歌：《我爱祖国的蓝天》《喀秋莎》《怀念战友》……学生们唱的自然要现代得多。成丹烈、许艳、田晓敏、黄杰、刘春华、姜茹等人，唱得真不错。尤其是许艳，还一边唱一边跳，载歌载舞。在黄杰的建议下，大家一起唱《小苹果》，气氛一时达到高潮。

九点多，经历了十几个小时飞行的陈峥终于来到了我们中间，大家以热烈的掌声欢迎她的到来。我们要她一一猜猜同学们都是谁，她认出了许艳，其余的在我们的提示下有的能说出名字，有的简直认不出了。也难怪，她在我们班只读了初一，初二开学她就转学去南京了，毕竟32年了。虽然叫不出名字，但她和大家依然亲热，一来就和我们一起唱歌。

不一会儿，门又被敲开了，进来一位中年人，我一看，大叫："张劲松！"然后给大家介绍："这是当年比你们低一个年级的学生，叫张劲松。我没教过他，但他当年一直非常羡慕我们未来班，也很尊敬我。今天听说我们毕业30周年聚会，特意赶来参加我们的活动。"大家报以热烈的掌声。

张劲松说："李老师说得对。未来班是我当年特别羡慕的班级，我一直关注你们。李老师是我特别崇拜的老师！我祝福大家！"

继续唱歌。黄杰又提了一个建议："我们来个怀旧专场，唱一唱当年我们未来班常唱的歌曲！"大家都说"好"。

于是，《让我们荡起双桨》《校园的早晨》《共青团员之歌》《外婆的澎湖湾》《妈妈，我们远航回来了》《军港之夜》《年轻的朋友来相会》……同学们本来很想唱唱我们当年歌咏比赛的一个曲目《五月的鲜花》，但很遗憾歌厅的曲库里没有这首歌。

我们充满激情地唱着，跳着，在歌声中，同学们都回到了十二三岁，我回到了大学毕业之初。青春的旋律，让时光可以倒流。

十五

9月8日中午，陈峥请大家吃饭，地点在肖公嘴的"老房子"。因为刚好是中秋节，本来有的同学的家里早已有安排，但王琦说："人家陈峥大老远回来，我们怎么也应该陪陪人家！"于是，除了的确有特殊情况的同学之外，能来的都来了。

大家纷纷和陈峥合影，然后又一一和我合影，最后大家一起合影。

我举杯说："今天，我们在此欢迎陈峥回到祖国的怀抱，回到我们未来班！同时，今天又是中秋佳节，是家庭团圆的日子，我们未来班也是一个温暖的大家庭，所以今天也是我们30年后团聚的日子。我祝福同学们，祝福我们永远的未来班！"

在一片"干杯"声中，大家一饮而尽。

陈峥常住美国洛杉矶，我就开玩笑说："你是从洛杉矶回来吃乐山鸡！"大家都笑了。我又说："离开中国时，你可以买一只正宗乐山鸡回洛杉矶！"大家又笑了。

毛利、王琦说李老师对每一个同学都很公平，没有因成绩而歧视任何一个学生。我说："是的。包括现在，无论你们从事什么工作，只要善良正直，都是我最优秀的学生！"大家感慨现在教育却不是这样，太功利，太势利。他们从自己孩子的身上，看到一些老师缺乏爱心，只有功利心。我听了，心里只有叹息。

让我欣慰的是，这个班的学生至少就目前我所知道的而言，大多普通平凡，但都守住了最初的本心，善良，朴实，勤劳，正直，而且性格、性情变化都不大。陈峥小时候也是这样文静但不失大方，品行纯真而纯正。王琦、杨红还有姜茹几个同学则性格豪爽、大气、仗义，特别热心集体事务，乐于为同学们服务。王薇、陈晓梅温文尔雅，秀气可爱。李燕琼朴实而内敛。秦智英一直都那么低调，羞涩，说话都脸红，现在也是这样的。何静红、吴蔚则明显成熟稳重，在班上很有威望。周涛、王晓松温顺柔和，现在依然平和而彬彬有礼。黄杰和当初的性格有些变化，那时他比较调皮，不过也不太过分。现在他如此富有组织能力和号召力，是我当初没想到的。同学们说我也没有什么变化，一直都那么富有激情，那么青春焕发。

十六

我说："真的很感谢你们！我至今记得我生病住院前一天，许艳、毛利、冯萍、黄慧萍、耿梅等同学到我宿舍，哭着说：'是我们不听话把李老师气病了。'然后又给我唱歌，要我录下来，在医院想你们时就听一听。"许艳说她还记得这件事。

我说，那次住院我溜出来和你们一起去峨眉山。王琦说："什么时候李老师再带我们去峨眉山清音阁，在当年照相的地方按当年的坐姿造型再照一张相。"

我说："好呀，我一定抽个时间回来，我们再一起去峨眉山！"

当年许艳、毛利和冯萍三个小姑娘是好朋友，三个人都天真烂漫，活泼可爱，她们几乎形影不离。我说："还记得吗？你们还常常吵架闹别扭呢！我经常给你们调解，劝你们要大气。"她们都笑了。是呀，无论当年和小伙伴闹了多少别扭，甚至打架，若干年后想起来，还不是童年趣事一桩！

当年许艳给大家的印象就是思想单纯，心底透明，甚至有点傻乎乎的小女孩，特别可爱。有意思的是，她现在还是这个性格。她快人快语，心无城府，一双眼睛宛如秋水而清澈见底，让人一眼就可以望穿。今天在饭桌上我们都说许艳一直保持童真，单纯可爱。她很正经地说："其实我很有心计，只是你们不知道而已。"我故作惊讶："真的吗？你真会装呀！"众人大笑。我说："这几天媒体报道好几位女大学生被人骗，失踪了，如果哪天听说许艳也被拐卖了，我一点都不惊讶。"大家都说："就是就是！"许艳居然跟着说"就是就是"，还说："我曾经就上错过车！"众人再次爆笑。我表扬她："许艳的歌唱得好！昨晚唱那首《唱着歌儿去拉萨》，你一边唱一边跳，载歌载舞！"她马上很严肃地对我说："啥子'唱着歌儿去拉萨'哦，是《坐着火车去拉萨》，你唱着歌儿咋个去拉萨嘛？要坐火车才能去！晓不晓得哦！"众人第三次大笑。毛利说："呵呵，许艳还批评李老师了！"

十七

陈峥跟大家聊美国，聊洛杉矶，邀请大家去美国就和她联系。我开玩笑说："干脆下次未来班把聚会地点放在洛杉矶！"大家都说好，特别是毛利，迫不及待地说："不一定十年一次嘛！"大家跟着说："就这样定了！"我说："冷静点，去洛杉矶，需要统一的时间，要大家都能够统一时间，几乎不可能。"但大家说："十年后我们都退休了，有的是时间。"我说："那好，到时候许艳负责经费赞助！"大家说："好！"许艳一脸为难："唉，我哪儿接（去）找哦！"

说笑归说笑，大家还是很认真地说希望以后彼此多联系。我说："我们创建一个微信群嘛！"黄杰说干就干，很快便创建了一个名为

"未来班"的微信群，大家纷纷加入。

我们这次聚会以一顿开心的午餐画上句号，真是意味深长，别有情趣。我说："陈峥虽然回国遇到麻烦，但为我们这次聚会活动增加了曲折而有趣的戏剧性，同样，如果龚驰群没有特殊原因而参加聚会，我们就少了一封感人的信。"大家点头称是。

天下没有不散的筵席。临别时，我一一和大家握手，彼此祝福中秋快乐。

十八

在回成都的车上，我还想着未来班。越想越觉得学生太可爱了！当初教他们的时候，我真的没有一点功利心，就想让班上有趣一些，让同学们感到好玩，有意思，觉得在李老师班上很幸运，于是我想方设法让班级生活丰富多彩，想方设法和别的班不一样，于是有了那么多次郊游，那么多的活动，包括"未来班"……没想到这一切在30年后都成了学生们充满温馨的记忆，因为有了这么多年轻的记忆，青春便可以万岁，而我们的未来班也成了我一个教育的经典——也是青春的经典。

晚上，在未来班的微信群里，吴蔚同学发了一条微信——

甲午中秋，

聚会嘉州，

赢得师生共祝。

三十三年，

望中犹记灯火一中路。

可记否徐浩峨眉郊游处，

一片青葱岁月！

举杯问同学少年，

尚能忆否？

——庆乐山一中未来班毕业三十年师生聚会圆满结束。

感谢各位老师和同学，衷心祝福你们一切顺心平安幸福！

2014 年 9 月 6—8 日于乐山

我们的青春
与未来

30 年前的那个夏天，我用铁笔在钢板上刻着一张张蜡纸，然后又用滚筒一页页地印成一本本书。封面上，是一群少男少女站在甲板上眺望着远方——那是未来。这粗糙而活泼的封面也是我用铁笔在蜡纸上画的。我们把这本班级史册取名为"未来"，由王薇同学用毛笔题写。

1984 年那本朴素的《未来》，现在静静地躺在历史深处；2014年，这本《未来》的"续集"以精美甚至堪称"豪华"的形式出现在一张张并不青春的脸庞前。30 年，未来班的生命以这种方式联结起来，浪漫而意味深长。

在 30 年聚会的时候，我提议同学们写点文字，然后汇集成册，作为当年《未来》的续集。我特别跟同学们说，内容不限，长短不论，真实即可，真诚就好。聚会结束之后，同学们陆陆续续发来了他们的文字。有的描述聚会情景，有的回忆当年琐事，有的抒发真挚友情，有的梳理人生经历……所有的文字从未来班出发，然后指向青春，指向生命，指向新的未来。

我有幸成为每一篇文字的第一读者。仿佛回到了30多年前，又重新帮同学们批改作文。交来的文字，有叙事，有写人，有议论，有抒情，还有几篇诗歌。我细细地品味，目光从字里行间掠过，自己的心却穿过了每一个同学30年的人生。眼前的文字，和当年稚嫩的容貌重叠，颇为有趣，很是感人。我无法用"文笔好不好"来评价这些篇章，因为这已经不是文字，而是同学们30年人生的结晶，是只有我才能够读懂的生命的吟唱。

如同当年给同学们写作文评语，我还是非常认真地在每一篇文字后面写下我的感言。写着写着，我再次感觉到了某种穿越——我搞不懂自己是在给当年的小男孩、小姑娘写作文批语呢，还是和已经人到中年的作者对话；我究竟是这些作者们的"李老师"呢，还是他们今天笑称的"西哥"。

可以想象，同学们很长时间不提笔写东西了，要写一篇文章不是那么容易的，况且大家都那么忙。但同学们都克服种种困难交来了自己的"作业"。有几位同学无法联系，因此这本书里没有他们的文字，但不要紧，我相信这些同学的心也已经融入了我们共同的记忆。在这本集子里，有着每一个同学青春的密码和生命的温度。

我们想念失去联系的几个同学，希望他们也能够读到这些文字，读到我们对他们的呼唤，更希望有一天他们能够带给我们重逢的惊喜。

这本集子取什么名字，我和同学们费心良久。先是在微信群里讨论："青春万岁""回到未来""情系未来""今天，唱响未来""青春不老，未来作证""青春与未来"……大家认为，"青春""未来"这两个词是必须用上的——前者代表我们的一段岁月和一种情怀，后者代表我们的班级和我们的梦想。最后，在一个周日下午，我、黄杰、何静红、张海波、田晓敏和许艳同学在一个茶楼经过反复斟酌、推敲和争论后，最后敲定：让青春告诉未来。含义丰富，任大家解读。书名依然由王薇同学题写，这也是一种特别的纪念。

在这里，我还要代表同学们向著名作曲家谷建芬老师表达一种特别的感动与敬意。30 年前，谷老师为我们谱写班歌，这首唱了 30 年的歌，至今还滋润着我和我学生的成长；30 年后，谷老师依然关心着我和我的学生，关心着未来班。这次当我代表未来班同学请谷老师为这本书写一句话的时候，谷老师欣然答应。不过，她寄来的远不只是一句话，而是一封饱含对未来班真情与关切的信。谷老师对未来班持续 30 年的爱，我们该怎样感谢与报答？

30 年，一个沉甸甸的数字，这个数字所代表的时光直抵我们的心灵而富有震撼力。再过 30 年，又将有怎样的岁月和故事？让我们继续期待着"未来"……

2014 年 12 月 10 日

舒德君：
从故事中走出来和我重逢

未来班 30 周年聚会时，舒德君没有来。因为没有人知道他现在在哪里，他和大家失去联系很多年了。我也是 30 年没见他了。后来有人终于知道了舒德君的下落，说他现在在南京。那天晚上我和他聊 QQ，他说他好多年前去了南京，也很想念大家。我说我实在难以想象他现在长成啥样了，见了肯定都认不出了。他说他非常欢迎我去南京。聊着聊着，他跟我说再见，因为他要去遛狗了。我佯怒，曰："怎么？我连狗都不如？"他那边哈哈大笑。

这次去南京讲学的前两天，我想到了舒德君。跟他联系，他说他在广州出差，但一定赶回来听我的报告。昨晚我刚到南京，给他打电话，他说他刚刚回南京，要来看我。我说这么晚不用了，明天就见面了。

今天上午我正在给老师们讲故事，我看见远处演讲厅的大门打开了，进来一个中年人，他在倒数第二排找了个位置坐下了。因为很远，我看不清楚他的模样，但我估计是他。不一会儿，我在播放视频时，给他发了个短信："刚才我看见一个人进来了，是你吗？"随即便收到他回复的短信:"是我,我在倒数第二排坐着。"那一刻,我很激动。30 年了啊!

上午讲课结束了,我刚走下讲台,高大魁梧的舒德君便迎了上来,和我紧紧拥抱。松开之后,我端详着他:"嗯,模样也没大的变化,如果在街上碰见你,我还是能够认出的。只是没想到你现在长这么高了。有多高呀?"他说:"一米八三。"我说:"真没想到呀!"

中午我们一起吃饭,吃饭之后我和他聊天,我拿出笔记本电脑,给他看 30 年前的老照片,也给他看这次同学们 30 周年聚会的照片,还给他看同学们唱班歌的视频,让他听 30 年前他和同学们给谷建芬老师唱歌的录音。他非常感动,说真没想到我把这些资料保存得这么好。

下午的报告继续进行。舒德君坐在了前排。我讲教师职业的幸福,讲如何陪伴着孩子度过每一个日子。我讲到了未来班,讲当年我的学生给谷建芬老师写信和谷老师给他们的信,还讲我带孩子们走向大自然的故事。我亮出一张照片,照片上,我和一群孩子快乐地坐在草地上傻笑着。我指着其中一位男孩说:"这位男孩叫舒德君,当年毕业后,我和同学们 30 年来再也没见到他。这次聚会也没能够联系上他。但最近,我们得知他在南京。今天,此刻,他就在现场。我也没有想到,我俩分别 30 年之后,今天能够在这个场合相逢!"

听课的老师们都惊呆了,大家四处张望。这时舒德君站了起来向大家点头致意。全场响起了长时间的掌声,许多老师甚至起立鼓掌。

我很感动地说:"谢谢老师们热烈的掌声!现在我都还记得,33

年前的 1982 年寒假结束后的第一天，我上课讲的是《卖炭翁》。中午放学回家，舒德君和我同路，他和我一边步行一边聊天。这是我认识的第一个可以叫出名字的学生。我记得，他说我普通话说得好，我笑了，说那是因为他没有听过什么是真正的普通话。"老师们都笑了。我不禁感慨："时间真快呀！30 年过去了！"

接下来，我播放未来班的照片，许多照片上都有舒德君的形象：和我在河滩斗鸡，我带着他去郊游，我们一起在峨眉山万年寺，舒德君和我还有一群同学弯着腰在岷江中戏水……每幅照片都洋溢着青春而沧桑的气息。我又播放出这次 30 周年聚会时黄杰同学制作的一个视频，这个视频非常怀旧，在舒缓的音乐中，一张张老照片飘过……把我带回了 30 年前。这时候，我看见前排的舒德君已经泪流满面，他宽大的手掌捂着脸，身子微微颤动着，然后又用手掌不停地抹着泪水。再看看其他老师，许多人都在擦着眼泪。我的鼻子也开始发酸……

我真没有想到，舒德君会在这种场合和我重逢。看着这些老照片，再看看眼前的舒德君，我感到他是从故事中走出来，走到我的身边。

报告结束了，舒德君的眼睛还红红的。他开车送我去机场。在车上，他对我说："李老师，今天我看到你第一眼的时候，我就想哭，不知为什么。这种感觉、这种感情，只有我们彼此能够明白，外人很难理解。"我们继续聊着。他说他真没想到我还保留着当年那么多的老照片。我问他孩子多大，他说她女儿已经读大三了。我再次惊叹，当年的小男孩，现在女儿都读大三了。他说现在自己创业，也有一份属于自己的事业。还说："李老师，我特别赞同你今天说的那句话，就是无论做什么，没有高低贵贱之分，只要善良，只要正直，只要守法，就是优秀的学生！"

2014 年 11 月 30 日

永远感谢
谷建芬老师

刚刚挂了电话，谷建芬老师的声音好像还在我耳边响着，那么亲切，那么温和。

十年前，也就是 2004 年秋天，我在北京见到了谷建芬老师。距 1984 年 7 月见她，已经整整 20 年了。那次相见后，我没有再去打搅谷老师。去年 12 月，我在北京待了一周，想见见谷老师，因为 2013 年 12 月 19 日，恰是我们收到谷老师谱的班歌 30 周年。但我把谷老师的联系方式弄丢了，无法与她联系上。上周我去北京，也想过去见谷老师，还托了朋友打听她的联系方式，可依然未能如愿。

今天，我托两位媒体的朋友——中央电视台的林卉和中国青年报的李斌帮我打听谷建芬老师的联系电话，没想到不到一个小时，他俩分别把谷建芬老师的电话告诉我了！于是，就有了今晚和谷老师的通话。

刚才我怀着激动的心情拨通了谷老师的手机号，我在等待通话的时候想，谷老师的声音会不会有变化呢？还像十年前一样亲切吗？这么想着，一个慈祥的声音传了过来："你好！"我激动地说："谷老师，

幸福比优秀更重要

您好！我是成都的李镇西……"谷老师有些迟疑："李……哪三个字呀？"我说："姓李的李，城镇的镇，东西的西，李镇西。您当年给我的学生谱过班歌呀！"她一下明白了："哎呀，我现在人老了，记性不如过去了。谱歌的事我记起来了。"

我说："我今天给您打电话没其他的意思，就是想转达我的学生对您的思念和感激。当年唱着您的歌的学生，现在长大了！今年都45岁、46岁了，可他们依然记得您。前不久我们举行了未来班毕业30周年的聚会，同学们再次唱起了您谱写的班歌，都很想念您，感激您！还有同学说，李老师，如果能把谷建芬阿姨请到乐山来就好了。我说：'这不太现实，但我一定设法把你们对谷阿姨的感激之情转达给她。'"谷老师直说："好，好！谢谢！"

我又说："我更感谢您！当年，我不过是一个刚参加工作的小伙子，和您素不相识，可您给我谱班歌对我鼓舞太大了！也许您当年不过就是凭着善良做了一件小事，但这件事却影响了我一生。最近我写了一篇文章，谈对我影响的关键人物，写到了您。我再过几年就退休了，可我永远不会忘记工作之初，您对我的鼓励！"

我还说："我的学生到现在还保留着您当年寄给我们的文具盒呢！30多年了啊！"她问："这是怎么回事？哦，我想起来了，好像当时孩子们给我寄了钱……"我说："不是，您为我们谱了歌，同学们就给您寄去了许多小礼品，您就用您刚领的稿费给我班每个孩子都买了一个小文具盒寄来！"她想起来了，笑了。

我接着说："谷老师，未来班当年唱您谱的歌的孩子们，30年来都没有辜负您的期望。他们无论做什么，都善良、正直、勤劳！"谷老师高兴地说："好，好！"

因为激动，我急速地说着，完全忘记了让谷老师说。我意识到自己的失礼，便问："谷老师，您怎么样？身体还好吧？"她说："还行。毕竟年龄大了，身体还是不如过去。50 岁、60 岁没有什么差别，过了 70，身体就明显不如过去了。还有就是最近几年，一些朋友相继离去，这对我的心情影响比较大。比如前天王昆去世了，唉！不过呢，这就是生活。现在我不参与任何社会事务，就清清静静在家为孩子写点儿歌，主要是给古诗词配曲，做点有意义的事。"她问我今年多大，我说 56 岁了。她说："人最有价值的年龄是五十几岁、六十几岁的时候。"

她问我现在的情况，我说："我在一所中学工作，也兼顾着一所小学。"我还告诉谷老师："您当年给我们班孩子谱的班歌，现在是我们附属小学的校歌。每周一，我们的孩子都会唱您谱的歌。"她问歌词是什么，我说："蓝天高，雁飞来，青青松树排成排，我们携手又并肩，唱着歌儿向未来……"她说她现在记性不好了，有些事需要提醒才能记起来。她要我给她寄点我班学生唱班歌的资料，她要看看。我说："好！我明天就给您寄去。我把同学们唱您歌的视频，还有中央电视台《小崔说事》中我班孩子唱班歌的视频，以及未来班的学生这次聚会唱班歌的视频都给您寄去！"

最后，我说："我们这次聚会很成功，同学们都写了文章，回忆这 30 年的人生经历。我们打算编一本书。今天下午我和几个学生还讨论这本书的事儿呢！我想代表同学们向您提一个请求，请您为我们这本书写几句话，好吗？"

"好！"谷老师欣然答应。我说："我代表同学们谢谢您了！您看，您对我和我班学生的关心持续了30年！"

不知不觉20多分钟过去了，我祝福谷老师身体健康："您一定要保重身体啊！下次我去北京看您去！"

"好，欢迎欢迎！"谷老师依然热情而温和。

挂了电话，我赶紧到未来班微信群里告诉大家这个好消息，同学们都很激动，也很感动。

2014年11月23日

附录：谷建芬老师来信选登

一

李老师：

您好！

来信收到。为孩子们写歌是我们的职责，正因为我们写得太少了，所以孩子们才要唱歌，这难道不是对我们的意见吗？

我常常是忙了东头顾不了西头，忙了大人的忘记了孩子，这很不应该！

能为你们写歌，为孩子们增添一点快乐，我是很高兴的。

　　好吧，词改好后，我就谱。

　　谱好后寄给你们，请提意见。

　　此致

敬礼!

谷建芬

1983 年 11 月 10 日

二

未来班全体同学：

　　你们好!

　　收到你们的礼物，心里真是不安。这是你们的光荣与成绩，怎么好算在我的头上呢? 这样做不太公平。不过，你们的心意我全懂!

　　即将面临升学考试，此刻你们的心情一定是紧张而激动的。这里，我和你们讲几句：

　　无论考上高中或考不上高中，或者考职业技校，这只能说是学习的渠道不同而已；升学能学习，不升学做别的工作，也同样是学习，关键在于自己对人生的想法是什么。只要有追求，即使在最差的条件下也能作出贡献，闪烁出智慧的光芒，对吗?

　　你们送的礼物，吃的放不住，全家及王阿姨都品尝了，好香啊! 乐山大佛和女同学送我的精美工艺，我留作纪念。

心中不会忘记你们的深情厚谊。谢谢了！

谷建芬

1984 年 4 月 27 日

三

乐山一中未来班全体同学：

你们好！

寄来的信，收到了。

我因参加大型歌舞的创作，比较忙，未能及时复信，请原谅。

你们的要求，我答应。对于你们给予我的信任，我是非常高兴的。我给你们写的歌太少了，这是我们的工作没做好。

寄来的词看过了，我觉得需要改动一些，应该具备青少年的特点和风格为好。我请人帮助修改可以吗？改好了，我再谱。

怕你们着急，先回信告诉你们一声。

祝好好学习，天天向上！

谷建芬

1984 年 11 月 10 日

四

亲爱的乐山一中未来班的同学们：

你们好！

你们的来信、食品如数收到。看到它们如梦初醒。

如果不是李老师给我发来的一大本30年前的所有记事、亲笔书信、光盘视频……我想这些事是真的吗？不是在做梦吧！

亏得你们想得到，怕对我的提醒仍不充分，又买了30年前我吃过的芝麻糕……从思觉、味觉唤起我这30年前的梦快快醒来。这一切太神奇了！

说来也怪，你们在30年前、10年前、3年前的信阴差阳错没见到，因此这30年的空白就冲淡了所有的记忆……

但是今天当我看到了李校长寄来的1983年11月10日我给你们写的第一封信，以及这之后的九封信，等等，记忆的大门终于打开，这一切令我感慨万千，不可思议！

现在我已是80岁的老人了，对我来说这一切都是不可多得的机遇，但是，现在有了你们的牵挂，我居然看到了这些，这就是幸福！

现在因年事已高，更多的事不做了，我只为孩子们写少儿古诗词的新学堂歌，来安度晚年，非常舒怀。

这里请接受我对你们的衷心感谢！！

谷建芬
2014 年 2 月 6 日

李镇西校长：

　　您好！

　　首先感谢您给我寄来的详细的资料，从中让我回想起30年前的时光，恍如梦。

　　做教育工作实际上与创作音乐是一回事，只要走心就会认真地去对待所有的细节，小得不能再小的细节也会事关大局。从你的"镇西小语"中所悟出来的道理，那正是教育的本色。一切从小做起，这也是我人生中所努力追求的。

　　晚年，我的养老方式就是给孩子们写古诗词歌，从中追补我人生中缺失的中国传统文化，以使我晚年会更充实些。

　　随信寄去三本少儿古诗歌曲：一是两册一套的音乐绘本，一是31首的少儿古诗词歌。希望能让武侯实验中学的孩子唱起来。

　　这方面有什么要求，请告知。

　　此致

敬安！

谷建芬

2014 年 12 月 7 日

教育：
我永远的"初恋情人"

未来班的毕业纪念册《让青春告诉未来》印好了。我特意回到乐山和学生们小聚，也算我们自己给自己举办一个《让青春告诉未来》的首发式。因为昨天是临时决定聚会的，所以来的学生并不多，但气氛依然热烈喜庆。

刚好今天是西方的情人节。所以，我首先举杯说："今天是情人节，我们在这里聚会，手捧我们自己编撰的《让青春告诉未来》，感慨万千。我想到前几年有一次聚会的时候，田晓敏开玩笑说：'李老师，我们是你的初恋。'我说：'是的，未来班是我教的第一个班，你们就是我的教育初恋，而且我可以很自豪地说，对教育这个情人，我一旦爱上，就从一而终！'"

大家都笑了。

我又说："我是你们的老师，所以我可以不谦逊地对你们说，你们要向我学习。为什么呢？我一旦决定要做什么事情，就会执着地去做，并且一定会成功！这点值得你们学习。你们看，你们手中这本精装的《让青春告诉未来》，去年还只是一个设想，是当时黄杰、吴蔚等同学的建议。那时候我们都觉得成书不易，但五个月过去了，这不已经变成现实了吗？所以，无论做什么事，只要执着、努力，就没有什么不能成功。"

大家都点头表示赞同。

我继续说："让我感动的是，每一个同学的文章都写得那么认真，还有黄杰、王琦、吴蔚等同学为这本书付出了那么多精力！还有我们在场的科任老师冯老师、刘老师和没有到场的老师，都很支持这本书。这本书是我们大家智慧和劳动的结晶！春节快到了，这本书算是我们自己献给自己的新年礼物！"

在朗朗的笑声中，大家开始觥筹交错，互相祝福。但和以前的聚餐不同，这次同学们匆匆吃了菜，便迫不及待拿出《让青春告诉未来》翻了起来，那么专注，那么痴迷，面前的美味佳肴统统不存在了。

看大家这么喜爱这本书，我再次觉得我为同学们做了一件非常有意义的事，幸福感再次油然而生。我又想到我的历届学生，接下来，接二连三都会有"毕业 20 年纪念""毕业 30 年纪念"，那么，这样的毕业纪念册还会一本一本地诞生。

再过几年我就退休了，但教育永远是我的"初恋情人"。

2015 年 2 月 14 日

附录一:《让青春告诉未来》目录

序言:我们的青春与未来(李镇西)

1. 师恩如山

师长赠言

老师照片

唱着歌儿向未来

谷建芬来信

2. 岁月如水

毕业留言

毕业照

往昔照片

3. 情怀如诗

纪　实

关于未来班:喷薄的记忆惊涛拍岸(李镇西)

青春可以万岁——未来班毕业30周年聚会纪实(李镇西)

相　逢

仿佛又回到了昨天(李燕琼)

一直难忘的歌(姜　茹)

青春永远万岁(王　薇)

难忘的兄弟姐妹（杨　红）

仿佛我们不曾分别（秦智英）

我们的三十年（王　琦）

青春正喷薄而发（张海波）

记　忆

相亲相爱的一家人（陈晓梅）

信守一个约定（耿　梅）

那些年一起走过的岁月（胡延涛）

尘封已久的记忆（黄惠萍）

初中生活二三事（黄　杰）

久别后的回忆（张　帆）

像刀刻在我的记忆里（唐明东）

人　生

那些年，这些年（张春银）

我这三十年（陈　峥）

三十年折腾录（成丹烈）

近墨者不黑（刘春华）

我，未来班，三十年（刘大庆）

先把自己炼成金子（彭　霞）

一生的承诺（伍　建）

感　悟

最美的相遇（付　饶）

三年与三十年（何静红）

西哥你懂的（李　松）

永远的未来班（周　一）

那种植入心中的精神（王红川）

且行且珍惜（周　涛）

追忆"未来"情，续写"青春"梦（毛加庆）

情　怀

破碎而清晰的记忆（陈　建）

长河远逝，真情永存（韩　军）

未来班，我们的骄傲（李　强）

我们没有随波逐流（毛　利）

那些日子（潘　洁）

无法抹去的记忆（王　钢）

最真挚的感动（许　艳）

来　信

好想好想再听老师为我们朗读小说（白　敏）

那些日子就好像在昨天（高　虹）

我们的心是辽阔而透明的（龚　倩）

记忆中的味儿（李志英）

抹不去的美好回忆（舒德君）

诗 意

喜相逢（冯 萍）

黑白照（田 敏）

桃花潭水深千尺（王小松）

我们在一起（吴 蔚）

风景（张红霞）

4. 相逢如歌

三十年再聚首

相会金鹰山庄

重回新一中

重游太阳岛

老房子宴会

2010 年同学聚会

2012 年同学聚会

2014 年同学聚会

2014 年成都聚会

2014 年乐山活动

附录二:《让青春告诉未来》节选

黑白照

田晓敏

30 年前的黑白照,
记录得那样完整美好。
源于老师真诚的教育之心,
和一直不悔的谆谆教导。

黑白照里我们领受《爱的教育》,
黑白照里我们学唱歌谣,
黑白照里我们系上红领巾,
黑白照里我们把学业认真学好。

黑白照里我们吟唱《五月的鲜花》,
黑白照里我们把《铃儿响叮当》转圈跳,
黑白照里我们做游园活动,
黑白照里我们在操场上奔跑。

黑白照里我们野营太阳岛,
黑白照里我们与小牛嬉闹,
黑白照里我们角力摔跤,
黑白照里我们向太阳问好。

幸福比优秀更重要

黑白照里三个小伙伴稚嫩乖巧，

黑白照里一群美少女人比花枝俏。

黑白照里两个小哥们眼神如星闪耀，

黑白照里一队英俊少年骑车往前跑。

三十年后的中秋我们相聚了，

看着黑白照我们泪盈眼角，

谈着黑白照我们又闹又笑，

时空似乎不曾变幻在此刻停住脚。

从此天涯也不再路遥，

共话同窗情谊在暮暮朝朝。

亲爱的老师同学无论你在何方，

衷心地祝愿一切都好！

2014 年 9 月 18 日

【李老师说】

晓敏，当我收到你这首诗的时候，我首先是惊讶，其次才是感动。惊讶于当年班上最小的同学之一，居然写出了这么好的诗！这里的"好"，不是说艺术技巧上如何炉火纯青，而是指真诚自然，如水一般清澈透明，流畅活泼……就像当年天真烂漫的你。我闭眼想了想，嗯，当年的你，真的是个特别天真烂漫的小姑娘呢！当然，时不时也哭着来我这里告状，说谁谁谁欺负你了。30年的岁月洗去了我们彼此年轻的容颜，但骨子里那份纯真依然流淌在生命里。不然，从你的心里怎会流淌出如此一尘不染的诗句？

一生的承诺

伍 建

这一生能进乐山一中读书是我的幸运，这一生能做李镇西老师的学生是我的幸福，这一生能做乐山一中初84届（1）班（未来班）的一员是我的快乐！

2014年9月6日，是未来班毕业30年后聚会的日子，其间老师和同学、同学和同学之间互相问候，热情拥抱……特别是李老师讲话中提到的教学目标是教会学生善良、正直、勤劳，这深深地触动了我。30多年来一幕幕情形就在眼前。我在这里不想再去回忆老师和同学对我的关心有多少，帮助有多少，因为这些是说不完的。我只想说这么多关心和帮助对我人生的影响有多大，我只想说我好像没有太辜负老师和同学的关心和帮助，我更没有给我们未来班这个集体抹黑！

我的童年，家里很穷，每次吃饭刚好一桌人，爸爸、妈妈、一个哥哥、四个姐姐和最小的我。那个蒸饭的甑子，完全可以装下我——因为那时我很瘦小。一天到晚就是吃不饱啊！从懂事起，知道为家里做点什么了，放牛、割草、喂猪、煮饭，甚至自己缝补衣服……12岁以前，我已经学会了现在很多成年人还做不来的事情，现在想起来，我那时不简单啊，呵呵！

1980 年考上了乐山一中（那时的一中是初中和高中一起的，在乐山市内招生，一个年级就 4 个班）。开学时，爸爸挑着担子，一头是一个自己改装的木箱，一头是被子和草垫，我在后面一颠一颠的，走进了当时乐山最好的学校，那时的我身高 129 公分，是全年级最小最矮的一个，老师们都爱摸摸我的头，揪揪我的脸。至今想起爸爸的背影，绝对不亚于朱自清老先生当时的感觉，鼻子也是酸酸的。

在校期间，遇到了好的老师，好的同学，可惜 11 岁的我突然没有人管了，就有点控制不住自己，毕竟是 11 岁的男孩，有些贪玩。一年之后我重读初一，跨进了初 84 届（1）班，尽管老师和同学给了我无限的关心和帮助，但以后的学习也还是难以启齿。在此过程中，我的老师和同学并不知道，那时我天天惦记的是家里：哥哥嫂嫂又同爸爸妈妈吵架没有？每周 5 毛钱的伙食费下周妈妈拿得出吗？家里的秧子栽了没有？谷子怎么打起来？这就是我的初中生活，谁能在这样的环境中好好学习呢？唉！

1981 年家里分家时，我们母子就得了一间木房子，只有一间！而且立柱已经和地面成 85 度的夹角。地面是千脚泥，墙壁是竹笆，采光很差。房顶的瓦稀稀疏疏的，站在地上数都数得清有多少块瓦片。经常还有缕缕阳光穿透瓦缝射进来，很刺眼。床顶上盖满了薄膜，下雨天再加几个盆子。

最搞笑的一次是，我觉得睡觉时有什么东西顶背了，钻下床去一看，哦，明天有菜了——居然冒出几根苦竹笋！现在说来那是好菜啊，但当时吃着却是苦涩的。

1982年5月12日，爸爸走了，虽然从我懂事起就知道他有病，什么重活也做不了，但他的离去仍然给家里带来了不小的打击，妈妈身上的担子更重了。爸爸走时，我没有在家，未能见他最后一面，这是我一生的遗憾。之后我产生了辍学的念头，因为家里太穷了，妈妈太苦了，我想自己养活自己。但当时李老师和同学们知道后，竟然背着我为我捐款。同学们怕我周一睡过了，上学迟到，便为我买了闹钟；怕我在学校喝生水，便为我买了热水瓶。最后竟走几十里路来看我，给我做思想工作，就为了让我能完成初中的学习。同学们啊，你们不能想象我那时的眼泪何止决堤般涌出！初中的学习生活不用我在这里细述，基本每天都被老师和同学感动着。

初中毕业，我没能考上中师中专，跳不出"农门"。我怀着不甘心的复杂心情，在妈妈坚韧的目光中，走进了茅桥高中。以后的日子，基本就是我和妈妈两个人相依为命了。其实从13岁起，自己就是家里的男劳动力了，耕田、栽秧、打谷已经难不倒我了。

进了高中，我也无法集中精力学习。成天想的是喂鸡能赚多少钱，喂兔子效益如何，甚至算出了喂兔子的年利润，设计出了兔舍，进行了项目论证。还定出了近期和长远的目标，近期是挣 5000 元修房子，远期是挣 30000 元存起来，以后就可以什么也不干了。现在想起来，呵呵！结果三年后高考的结果大家不用猜都知道了。

领了高中毕业证我灰溜溜地回家了。那时农村的高中生可是癞蛤蟆的耳朵——缺货，乡武装部长一句话叫我去当兵，我还不干！不为什么，就为了我母亲！理由很简单，百善孝为先，我不想她一个人在家受我哥哥的气。结果我同学去当兵的基本都没有回来的，不是壮烈牺牲了，而是当官了。不然我现在可能不比黄杰同学差哦，说不定也是个政委之类的，呵呵！

之后，我打过石头，在冷冻厂分割过猪肉，制过药，做过泥水匠、钢筋工，挑过灰浆……好像没有一个地方不欢迎我的，因为无论做什么，我始终坚守着善良、勤奋和认真。

1994 年，凌云中学的老校长往我家跑了好几次，叫我做了一件我做梦都没有想过的事情——教书，还是初中！因为缺钱啊，去就去吧！虽然是代课教师，但 88.5 元 / 月呢！干！一不小心，我居然成了区级优秀老师，一周 24 节课（那时一周 5 天，为了挣补课费，一节 2 元呢），还是班主任呢！呵呵，现在想起来我都觉得自己不简单哦！那时的我，与自己的学生一起笑，一起哭，一起摸爬滚打，在峨眉山顶雪地里和学生一起喝酒，一个班就是一个整体了。为了自己的学生，我不惜与亏待我学生的老师翻脸！其实，我水平有多高呢？但我有爱，而爱让我认真，让我动脑筋去研究，去探索，这样我慢慢就会教书了。

中考后，我教的语文一不小心又是全茅桥办事处的第一名，最高分和平均分都是！班上有一个考上乐山一中，两个考上草堂高中的（其实本来三个都可以上一中的，但两个学生考场失利）。我永远记得新校长去区里开会时说的一句话："我这次到区里开会，腰杆是最直的！因为你班上中考考得好。"其实这些对我来说，都不是最重要的。从 1999 年离开自己喜欢的学校后，我回忆自己的五年代课经历，认为自己最重要的收获是三个：一是我有 37 个现在我都为他们骄傲的学生；二是我教书期间还每天去搭潲水喂猪，经济上有收入，让我度过了最困难的时期；三是我在 1995 年有了自己的女儿，我想也是我值得骄傲的女儿。最重要的一点，我传承了李老师的教育方法，包括也给学生读《爱的教育》，还有李老师写的《青春期悄悄话——致中学生的 100 封信》。最后我成功了，所以收获了类似于我们给予李老师那样的尊重和爱戴！

回忆过去，我想说几句："当老师，首先不是要你的水平多高，不管你是特级、一级、二级教师，那只是你收入的差别，是你挣钱的筹码！要当好老师，关键是对学生有爱心，你愿意把你的学生当成你的朋友，你愿意做他们的朋友。我很骄傲，现在我的学生每年聚会都会喊我去，我很荣幸，真的！要知道，他们记住的我，只是个代课老师，是只值 88.5 元 / 月的老师啊！"

这是我人生中很重要的一段日子！

1999 年到 2001 年，我上工地了，学工地管理，开汽车、装载机、压路机……收获了不少学校以外的东西。2001 年 7 月 9 日，我到了现在的公司，从办公室做起，每月 400 元。还是因为我认真勤奋，2004 年升为总经理。其间好多故事，说不完，写不完，一本书也写不完……

妈妈老了，在 2006 年 4 月 26 日离家出走失踪了。最后我流着泪，在好多人的帮助下找了 17 个小时后找到了妈妈。去医院一检查——老年痴呆症！此后，我们过的就是妈妈随时离不了我们而我们也随时离不了妈妈的日子了。

说这些，不是想回忆痛苦，也不是想博得同情，更没有炫耀的意思。只是给老师和同学们汇报自己走过的路而已。每个人都有自己的经历，都有自己走过的路。我仅以这篇文字对自己作一个小结，为自己画一个感叹号。我的经历其实很简单，但李老师说的"善良、正直、勤劳"，这六个字我从来没有丢过！

借这个机会，我想再次感谢我的老师，我的同学！我的初 84 届（1）班，我的未来班！是你们改变了一个农村孩子的一生。我不算成功，但我会努力！我永远以你们为我的骄傲！人生还有时间，我会好好走下去，也希望我们每个同学走好自己的路。这样的我们才无愧于未来班。这也是我一生的承诺。

2014 年 9 月 11 日上午

【李老师说】

伍建，你总说我和同学们对你的关心影响了你的一生，但你可能不知道，这种关心和影响是互相的。未来班有许多故事，许多快乐，许多感动。你就是许多故事、快乐和感动的主角。当年的你，在班上朴实无华，因为你家一场变故，同学们表现出爱，你也表现出坚强。那年寒假，我和同学们步行来到乡下你的家里的时候，贫穷的环境和你的懂事与能干，深深地触动了同学们的心。大家都被你感动了。那个寒冷的冬天，围绕着你在我们未来班发生的故事，温暖着你，也温暖着每一个人。那次播下的爱的种子，在你的生命里发芽，成就了今天依然善良坚强的你。我那天说过，同学们无论从事什么工作，只要善良、正直而勤劳，就是我最骄傲的学生。伍建，你是！

先把自己炼成金子

彭　霞

一位从加拿大回来的朋友对我说："God calls each of us honest, hard, good." 大概意思是 "上帝要求我们每一个人诚实、努力和善良" 吧。我笑着说："30 年前就有人这样要求我们了！在乐山一中初中三年，我的班主任不但用他的爱心、热情和责任陪伴我们，还将诚实、努力、善良像种子一样埋在每个学生心里，他的叮咛成了我们以后人生的灯塔。"

——致敬爱的李镇西老师

这是我写在 QQ 空间里的一段话，虽然我一直是个只往前看的人，但我的初中，我们独一无二的 "未来班" 已是我生命链中发光的一环，在这 30 年后，我也禁不住要给它一个回望。当年的人、物、景从脑海里飘至眼前，历历在目。

初入初中，我和同学们是一群懵懵懂懂的孩子，而我们的班主任李镇西老师刚从大学毕业。现在想来，李老师当年似乎带着不灭的光和热裹挟着他的学生。他给我们班取名为"未来班"，做班徽，找名人为我们写的班歌谱曲。他站在学校操场的领奖台上指挥全班高唱班歌，尽全力激发我们的自信和对生活的热爱。他陪伴了我们三年，无时无刻不用他的行为教育我们做人要诚实、努力、善良。当时我们不知道这对我们意味着什么，但以后的经历，让我明白，他让我们树立了正能量的人生观。

高考失利，阴差阳错进了警界。在这个以男人为主导的系统，刚开始怎么办案我都不知道，师父说："不懂你就学。"于是我一头扎进案件堆里，最后竟成了公安局案件主办人员。1997 年夏天专项行动，我一个人主办、参办近 40 起案件。有一起案件，已有 4 个涉案人员被关在看守所。可我在审查时，总觉得其中有问题，于是顾不得酷热，带着助手，开着偏三轮摩托车，坐渡轮，一路奔到发案地——安谷镇，从源头查起，结果证实是安谷卫生院院长提供假的病情证明和病历。那 4 个被关押的涉案人员被释放。

有段时间，摩托车和赛车被盗猖獗，我加入专案组，查清苏稽镇一个村里的团伙。为了不打草惊蛇，半夜我们开着川路车进村，大家都趴在车的后斗里，结果下午时进村踩点的人迷了路，大家在村里乱窜，搞得鸡飞狗跳，但我们还是把他们抓了。

办案是很苦的事，但我总能在其中找到快乐。记得李老师曾强调"是金子总会发光的"，但我知道，那必须先把自己炼成金子。努力，逼自己一把就是修炼的过程。

是的，我最终在这个男人的世界中站住了脚。参加全省治安系统练兵比武，我手枪射击打出全省男女混合比赛第六名的成绩，荣获个人三等功。工作上年年被评为"优秀公务员"。

2007年，我被领导安排到城东派出所，这是个城乡结合地，管辖区从岷江一号桥沿江一直到青神交界处，人口大多是农民。上班第一天，我在我的工作日志本第一页写上："老吾老以及人之老，幼吾幼以及人之幼。"多年的办案，让我对法律心存敬畏，同群众打交道多了，我的理念变成了"情，理，法"。

记得一个下雨天，一个年龄很大的大娘来办户籍上的事，但户籍工作人员认为她的资料还差一项，有些为难。当我了解到她住在离派出所很远的三峡村时，便认真审核她拿来的资料，然后直接在上面签了字，让户籍工作人员给她办。我说："那么远又是山路，不能让她再跑了。"过了很久的一天，那位大娘来到我办公室，我很惊诧地从椅子上站起来问她："你的事不是已经办好了吗？"只见她从衣服内里摸出两个鸭蛋，说是给我的。我不要，她很真诚地说："是我家的鸭子下的，已经煮熟了，你吃吧！"她把蛋塞进我手里，还有温度，我当时心里的感受，无法形容。

我在这个所已经工作7年了，处理了无数的纠纷、闹事、阻工等，也一直尽力帮群众解决困难。任何时候，我都换位思考，站在他们的角度来处理问题，工作是很烦琐，但我的付出，得到的是我辖区很多群众的信任和尊敬。

没有谁能把日子一直过得如行云流水，在这30年的路程中，有太多的坡坡坎坎，但不管遭遇到什么，只要心中对美好的希望不灭，如同我们未来班的班徽上的那只海燕，总有冲破恶浪飞入云端的时候。

"诚实，努力，善良"——当年李老师种在我们心中的种子，在岁月的浇灌中，已长成大树，支撑着我们一步步前进，在失意时带给我们光明。想必当年的伙伴们都已为人父，为人母，希望你们将这种子种在下一代的心里，让那只展翅飞翔的海燕飞过我们的头顶，飞到更远的时光尽头。

致我们永远的班主任李镇西老师，致我们永远的同学们，致我们永远的"未来班"！

2014 年 10 月 27 日

【李老师说】

听说彭霞当了警察，我一点都不意外。因为当年的彭霞在班上就是一个风风火火、大气豪爽的女孩,有点"假小子"的风格。她特别热爱集体,特别爱帮助同学,且富有正义感。但是,我还是没有想到彭霞干得这么棒——威风凛凛又情意绵绵。那位老大娘给她塞两个鸭蛋的细节让我特别感动。我想对彭霞说:"侠骨柔情,你是未来班的骄傲!我为有你这样的学生而自豪!"

近墨者不黑

刘春华

现在说起未来班,我首先想到的是一些零碎的事,比如,大家帮助伍建,我不记得当时我跟李老师去他家没有,但这事我一直有印象。还有,李老师的字写得很好,他给我们上第一节课时自我介绍,在黑板上写下"李镇西"三个字,很潇洒,我当时忍不住说:"写得好!"我还记得英语黄老师爱找我们补课,最初我也不太理解,但后来我觉得黄老师真的是为我们好。还有一个印象深刻的事,就是上午最后一节课下课铃声一响,同学们都向食堂飞奔去抢饭;而我每天中午会去学校对面爸爸煤厂那里去吃饭。

李老师教育我们要善良和正直,我一直记着,对我影响很大。未来班的班训是:"团结,正直,勤奋,创造"。其他我不敢说,至少毕业30年来,"正直"我是做到了的。

高中毕业后,我考上了驾驶学校,是中专,但后来我是专科毕业。毕业后分配到峨眉九里汽车十三队。后来又调到乐山市印刷厂,印刷厂转制后,我便到了深圳,也驾驶汽车，但我感到自己不适应那里的工作，半年后我回到乐山自己经营中巴车。但几年后，由于经营状况不好，我又去搞装修，帮老板开车。后来他生意不好了，我就到了成都。在成都这么多年，我搞过物业管理，最后进入旅游界，开旅游车，经常跑乐山、峨眉、九寨沟一带，还有福建、广东、广西、贵州等地我都驾驶旅游车去过。三年前，我进入成都市公交公司开公交车。我主要是为了我女儿，才回到了成都。

我有这么复杂的经历，本来是很容易沉沦堕落的，但我却没沾染任何社会邪恶风气，这是很不容易的。因为工作关系，我曾和黑社会的人打过交道。我开车，见过形形色色的人。我还曾从监狱开车送犯人回去看母亲，看见犯人"报告政府"，类似的场面我见得太多，但我没有受影响。在乐山，有些政界的人，还有些后来被枪毙了的人，我都认识。我帮老板开车时，老板带我进入社会的阴暗面，他曾问我："你想不想当老大，要想就去杀个人，然后坐牢，出来你就可以当老大了。"说实话，我当时处在黑暗中，只要心里一放松，我就"过去了"。但我内心深处还有个底线，那就是"正直"。

老师教我的，就是善良和正直。当年在班上我成绩虽然不算好，但内心深处，就是想做一个好同学。成人之后，虽然我近墨，但没有受影响，并没变黑，因为我坚守良知。

我现在当公交车司机，收入不算高，但相对稳定，我知足了。我心态一直很好，什么都想得开，对人也宽容。我对每一个顾客都很和善，一直很随和，从没跟顾客吵过架，更从来不吼顾客。我觉得我还是素质比较高的驾驶员。工作中，平时捡过乘客们丢失的钱包呀，还有其他东西，我一律上交给调度。当然，这都是我们做公交司机最起码应该做到的。有一次，一位顾客坐过了站，到了终点站，我对他说："我还要等一个半小时才发车，你乘坐另外的车回去吧！"可他不愿意，他宁愿再等一个半小时也要坐我开的这辆车，因为他觉得我服务态度很好。我们马上就要评星级司机了，我估计自己评上五星有困难，但评上三星或四星是没问题的。

毕业这么多年，我说不清未来班具体留给了我什么，但在潜移默化中，未来班的确影响着我的人生。李老师当年对我们很好，经常带我们去玩。现在这么多年过去了，我见了李老师感觉他比我大不了多少，觉得比以前更亲近。总感到李老师和我们的距离很近，我们可以随便和李老师开玩笑。我完全把李老师当哥了，就是"西哥"。

【李老师说】

春华（现在我们叫他"花儿"，呵呵）当年在班上，朴实，和善，人缘好。这其实就是善良。这也让他在后来的岁月中如他所说"近墨者不黑"。当那天我在对大家说"只要善良、正直、勤劳，就是我最优秀的学生"时，我心里想的，就是包括春华在内的许多同学。春华就是一个普普通通的公交车司机，但一个让坐过了站的乘客执意要坐他的车返回的司机，该有多么的敬业与善良！这样的司机，就是我最骄傲的优秀学生！也许春华会说："西哥，你把我说得太高大上了，我就是做了我应该做的。"但我要说，所谓"善良"，其实就在平凡中。

青春正喷薄而发

张海波

2014年9月6日，中秋前夕。金鹰山庄大门横幅悬挂——"乐山一中初八四届一班毕业30周年师生联谊会"。与之并列悬挂的是另一幅标语："当好东道主，办好旅博会"。不由感慨：我们这代人，不惑有余，多是60后的尾巴，70后的前奏，参与并见证了国家和社会深刻的变革，太多的个人经历都与值得记忆的社会事件盘根交错，留下深刻的时代烙印。如此想来，这次的同学会也一定会成为旅博会的重要内容。是不是该再挂一幅标语——"当好东道主，办好同学会"？

"东道主"是由本地同学组成的：吴蔚、静红、晓梅、晓敏、黄杰……特别要说说黄杰同学，20多年的军旅生涯，让他性格豪爽果敢，行事严谨认真，极具指挥协调能力，真后悔当年海选班长时没投他一票，不过，此时的表现，更佐证了一个真理：是金子总要发光！哈哈，谢谢你们！归来的老师、同学可谓来自五湖四海：美国、新加坡、北京、上海、广州、成都……严老师、王老师夫妇专程从上海回来，让我们再次见到老帅哥严老师的风采；正在大洋彼岸焦急等待登机而返的陈峥同学托人送来花篮；身在广州不能返回的志英同学托人送来蛋糕……

刚一见面，和大多数同学会一样的：拥抱、握手、猜名字；和大多数同学会不一样的：班主任李镇西老师带来了一大堆"文物"，有每一位同学30年前的照片，当年老师、同学的手稿，我们一起读过的《青春万岁》……当我们再一次唱响我们未来班的班歌——《唱着歌儿向未来》时，我分明看到每一位同学脸上的自豪和心中的温暖。是的，我的青春有我、有你、有他，那些伴随着青春一起成长的一切，注定会定格为我们青春的模样。不管何时见到你们，在我眼里，同学们永远青春。

青春像一本教科书，当你青春时，你以为你读懂了它；多少年后，当你再翻开它，才觉得自己永远那么无知，永远都会有那么些遗憾和无奈留在那里。青春又像一条奔腾的河，总是那么迫不及待、前赴后继地流向时间的远方，那么激情与决然。

"所有的日子，所有的日子都来吧，让我编织你们，用青春的金线，和幸福的璎珞，编织你们。"青春的回忆永远是美好的：操场边的那颗黄桷树下有没有留下你晨练的身影？教学楼下长长的读报亭有没有留下你专注的眼神？我仿佛看到课间休息时，瘦小的红川永不言输地和同学斗鸡；中午放学铃声一响，像涨潮一样奔向食堂的人流，引领潮头的永远是晓松同学……每每想起，那些美好，仿如隔日，伸手可触，我们一起走过的日子，由此变得遥远而清晰，历久而弥香，在渐行渐远的时光里，慢慢有了温度。

看过高晓松的一篇文章，有句话印象深刻："人生不只眼前的苟且，还有诗和远方。"30年过去了，每个人走过来的都是一条康庄大道吗？当然不是，或平淡而坚实，或曲折而蹒跚。这期间，我们学会了舍弃、妥协、承受、担当……但是，心中的坚持从未放弃。

记得李镇西老师经常说一句话："毕业之后，我从不问你们从事什么职业，入仕也好，经商也罢，不管成功与否，只要你们做到了善良、正直、勤劳，在我眼里，你们就是成功的。"我想，这是老师对生命本真的认知，谢谢许多像李老师一样的老师们，你们在传播，也在引导。如今，同学们可以自豪地说，我们做到了，且无怨无悔，并将继续为之努力。细细想来，那些为我们的青春护航的老师们，言传身教，早已把善良、正直、勤劳刻在我们的心底，也许，这就是未来班的性格吧！从这个意义上讲，未来班是我们的过去，未来班更是我们的未来。

回望青春，真正让我们难以忘怀的，是那些微笑之中的泪水和泪水之中的微笑，一路走来，忽然之间，已成过往。如今，我们下一代的青春正喷薄而发，更应该思考的是，我们的青春能为他们留下点什么……

2014 年 10 月 15 日

【李老师说】

这次聚会，海波能够回来参加，我有些意外，因为他工作岗位特殊，节假日往往是最紧张忙碌的时候。但他回来了，这足以说明未来班在他心中的分量。现在海波在其单位被人称作"张局长"，但他自己却很清醒，有一颗平常心。这次在聚会上他真诚地说："几十年来，无论我做什么，我始终守住做人的底线，善良，正直，勤奋！"身居高位而本色不变，就叫"了不起"。海波，我相信你！

师生之间

被欢乐淹没

　　成都市明天举行名师论坛，要我上一节公开课。因为论坛设在成都十二中，自然对该校的学生上课。今天下午五点多，教研员唐旭华老师陪我去该校见学生。

　　到了教室门口，学生们刚好考试结束，正在收试卷。我便说我去一趟洗手间。等我回来走到教室门口，唐老师正在给坐得端端正正的孩子们介绍我，说我是"著名"的什么什么之类。她见我来了，便示意我直接进去。学生们傻乎乎地看着我。

　　"怎么？不欢迎吗？"我板着脸问，一脸的"不高兴"。这是我说的第一句话。

　　孩子们说"欢迎"，我还是"不高兴"地说："那怎么没掌声？"

　　啪啪啪啪……热烈的掌声响了起来，孩子们都笑了。

　　我也笑了，说："这还差不多。"孩子们笑声更大了。我继续说："本来刚才我一直在外面站着。我想，既然是'著名'的什么什么，也算'大腕'了吧？那我得等有掌声才进去啊，是不是？结果等了半天没动静。我实在憋不住了，便自己进来了。"

　　话还没说完，同学们又哈哈大笑起来。

我说："因为后天要在你们这个班上公开课，所以我先来看看大家。我们也是有缘啊！我问大家一个问题，你们以前上过公开课吗？"

大家都说"上过"。

"上公开课和平时一般的课有什么不一样？"我问。

同学们纷纷说："要作很多准备。""场地很大。""听课的人很多。""上公开课的时候，我旁边都坐着老师，还看我有没有记笔记。""我们很紧张。"……

我说："嗯，但上我的公开课，不用怎么准备。可能你们老师已经跟你们说了，后天我和大家一起学流沙河先生的诗《理想》。你们读一读，多读几遍更好，然后把不认识的字查一查，想想这首诗说的是什么，再把不懂的地方记下来，就可以了！还有，你们不用紧张，紧张的应该是我。但我又不紧张，因为我想，就算我没上好又怎么样呢？难道就会把我的特级教师撤消了？不会的。所以我才不紧张呢！刚才还有同学说，上公开课时听课的人很多。是很多，但听课老师不会坐在同学们身边了。因为我们在台上，他们在下面。我和你们都在台上。台上，就是我们的天下了！"

大家又笑了。

我说："大家有什么问题吗？"

一个男生举手了："李老师，我们可以和你合影吗？"

我说："当然可以！如果你们不和我照，我还会求你们和我照呢！现在既然你们要我和你们照，那我得矜持点，说我没时间，我忙，等你们反复求我，我再跟你们一起照。"

同学们又哈哈大笑了。

另一个男孩问："李老师，你的名字叫李镇西，这个名字是不是表示吉祥的意思？"

我问："哪个字表示吉祥？"

他说："西。"

我说："'西'表示吉祥吗？可我听人家说谁谁死了，就说他'上西天啦'！"

又是一阵爆笑。

他说："那你爸爸妈妈为什么给你取这个名字呢？是什么意思呢？"

我大叫："哎呀！我太愿意讲这个名字的来历了！谢谢你给了我这个机会！谢谢！"

孩子们哄堂大笑。

我说："流沙河爷爷说他是1958年被打成'右派'的。如果将来写史书，可以这样写——1958年，流沙河被打成'右派'，然后李镇西诞生了！"我一挥手，作了一个器宇轩昂的姿势。

"哈哈哈哈……"

我也忍不住笑了："呵呵，我的确是1958年出生的。那一年，中国掀起了'大跃进'运动。当然了，你们不懂的。总之说是要十年超过英国，十五年赶上美国，超英赶美嘛！于是，我爸爸妈妈给我取名'超美'，超过美国，所以我刚出生，叫'李——超——美'！"

孩子们已经笑得拍桌子打板凳了。

"超美啊！现在的人会以为是'超级美丽'，其实，是'超过美国'的意思。但为什么后来又成了'李镇西'呢？是这样，过了几年，中国不但没'大跃进'，反而造成经济极大的困难，毛泽东又说'不是东风压倒西风，就是西风压倒东风'，这本来是《红楼梦》上的一句话，毛泽东拿来说明当时的国际形势。我爸爸妈妈便将我的名字改为'镇西'，就是'镇压西方帝国主义'，所以我便成了'李镇西'！"

同学们又笑了。

我又问："请问这位同学叫什么名字呢？"

他说："王棋，下棋的棋。"

"嗯，王棋。应该是'棋王'吧？"

众笑。

我继续问："爸爸妈妈为什么给你取这么个名字呢？"

他摇头："不知道。"

"同学们，"我严肃地说，"每一个名字都寄托着爸爸妈妈对你的爱和期待。比如我以前有个同学名叫黄芪。当时我问他这个名字的来历，他说妈妈生他的时候出了许多血，医生便要他妈妈多吃黄芪，妈妈也希望他身体健康，于是便给他取名'黄芪'。黄芪同学当时说，一想到这个名字，便想到妈妈生自己的不容易，想到妈妈的爱。"

同学们静静地听着。

我说："在座的同学中哪些知道自己名字含义的？"

部分同学举起了手。

我表扬道："这些同学真好！还不知道自己名字来历的，请今天放学回家后问问自己的爸爸妈妈，这样你对爸爸妈妈的爱会多一分理解。好吗？"

同学们都点头。

一个女同学问："李老师，你是男老师，可为什么教语文呢？"

我一惊："咦？这个问题倒很怪。男老师为什么不能教语文呢？"

她说："我们的语文老师都是女老师呀！"

我笑了："不是语文老师由女老师担任，而是现在中国的中小学中女教师占了大多数，因此教语文的女教师自然多，其实不只是语文，其他学科，比如数学、英语，不也是女教师多吗？"

同学们点头。

我继续说："你这个问题让我想起了曾经还有同学对我说：'李老师，你小时候成绩不好吧？'我问怎么这么说。他说：'那你怎么教语文呢？'我说：'这是什么逻辑？'他说：'一般成绩不好才读文科，读文科成绩不好，就教语文。'我一听，那个气啊！我说：'告诉你，我们那时读中学根本没有文理科之说。而且我读中学时，各科成绩都很优秀，现在我还保存着中学的成绩单呢！我的数理化都不错。我读大学后回去看中学班主任，她还很惊讶我为什么会考中文系，她觉得我应该考物理系，因为我的物理成绩很棒。但我就是喜欢文学，我的作文从小就写得很好，经常拿到外班去作范文。所以，我教语文不很自然吗？'"

一个女生问："请问，如何提高语文成绩呢？"

我说："这个问题三言两语说不清楚，你最好问问你的语文老师，她会答得比我好。但我可以跟你简单说说怎么学好语文。同学们，语文和数学等理科的区别在什么地方呢？比如数学，没学过的教材，你们就读不懂，一个公式、一个定理，你们不懂就是不懂，不懂就不会做题。但语文呢，你们现在初一，可给你们一本高中的课本，你们打开也能看懂的，当然文言文除外。所以，数学要解决的问题是懂不懂的问题，而语文没有懂不懂的问题，语文要解决的是会不会的问题。比如，如果你们一进初中，老师给你们出道作文题——怎样写作文，你们都会这样写：中心要突出，结构要完整，详略要得当，前后要照应，过渡要自然，语言要生动，等等。但是，如果老师说：'好，同学们，你们就按你们写的，来写一篇作文吧！'结果好多同学照样不会写作文。这就是懂了，但不会。所以，语文老师讲了什么知识，问大家：'懂不懂？'大家都说：'懂！'老师又问：'会不会？'大家都说：'不会！'"

同学们爆笑。

"因此，学习语文，一定要解决会不会的问题。怎么才能会呢？我有一个观点，学好理科，要用题海战术，就是多做题。无论平庸的老师还是优秀的老师都会让学生多做题，区别仅仅在于这些题是不是选得好，是不是有价值。总之要学好数理化，肯定是要多做题，多多益善。而要学好文科，要用书海战术，就是多读书，读好书，越多越好。读多了，你们的语文能力自然就提高了。"

有同学问："请问我们读什么书好呢？"

我说："先说同学们爱读书，这太好了！现在中国最大的问题就是读书的人越来越少。前次央视搞调查，问行人是否读书，多数人都说没时间读书。问一位大学生是否读书，当然，这里的书指的是教材以外的课外书，这个大学生也说没时间。记者追问他最后一次读书是什么时候，读的什么书。他想了想，说，半年前，读驾照理论考试教材！"

同学们大笑。

"是呀，这太可笑了！你们读什么书，这三言两语也说不清，但我建议大家读好书，人的一生的时间是一个定量，多用些时间在这方面，就少了一些时间用在那方面。因此一定要读精品。比如，你们这个年龄，我建议可以读曹文轩的书。"

同学们都说："我们读了的！""《青铜葵花》！""《草房子》！"……

我说："很好。还有，我建议在你们这个年龄段，要多读古诗词，尤其是唐宋诗词。以前我教的学生，课间比赛谁背的古诗词最多。你们如果能够在初中阶段背两三百或更多的古典诗词，就非常好！否则，你凭什么说你是中国人？李白在四川长大，杜甫在成都也住过几年，因此，从文化上讲，我们都是李白、杜甫的子孙。可是，你连他们的作品都不知道，家里来了客人，你带他去杜甫草堂却不能给他讲解杜甫，你不惭愧吗？中华民族的优秀文化就是通过古典诗词进入我们的灵魂，并得以传承下去的。所以我希望同学们多读多背古典诗词。现在注重国学当然是应该的，但注意，并不是所有古代作品都是好东西，古代文化中也有许多糟粕，不能盲目地去读去背，比如《二十四孝》，糟粕就不少。"

同学们都很认真地听着。

一个同学问："李老师，您喜欢读什么书？"

我说："我嘛，现在读文史方面的书多一些。"

另一个同学问："您最喜欢的小说是什么？"

我不假思索地回答："雨果的小说:《巴黎圣母院》《悲惨世界》《笑面人》《九三年》《海上劳工》……希望你们以后也能喜欢。"

有同学问："李老师,怎么写好作文呢?"

我说:"简单说吧,写作文有两个源泉:一个是书本,多读书,自然会学会很多写作的方法技巧,你会情不自禁地模仿、借鉴;二是生活,写自己最熟悉的人和事,写自己的真情实感,最容易写好。另外,要在写作中学会展开,就是详写。大家知道,作文要详略得当。可不少同学往往只会略写……"

同学们大笑。

我也笑了:"这些同学写作文语言很精练,三言两语,一篇作文就完了。因为他总是略写呀!"

同学们继续笑。

我说:"要学会详写。什么是略写呢?就是简单地交代,交代发生了什么,做了什么。而详写呢,就是形象地刻画,说明怎么发生的,怎么做的。比如'太阳升起了',这是略写,而详写就是'一轮太阳从东方冉冉升起';又如'他在吃饭',这是略写,而详写就是'他狼吞虎咽地吃着饭,一边吃,一边和周围的同学聊天'。详写就是展开,把一件事写得细致生动。关于作文,我就简单说这点吧!"

有同学问:"李老师,您的爱好有哪些呢?"

我说:"大家猜猜!猜中有奖!猜中者,我给他上衣一套!"

说着我把"上衣一套"写在黑板上。

同学们又笑了。

有同学猜:"打篮球!"

"不不不，我的爱好不是打篮球。当然，我以前也打过篮球，但后来我想，总要给人家姚明一口饭吃呀！如果我去打篮球，那人家姚明怎么办？做人要厚道。所以我不打篮球，让姚明去打。"

同学们笑得前仰后合。

越来越多的同学猜："打乒乓球！""喝茶！""看电视！""看电影！""钓鱼！""开车！"……都被我一一否定。

有两个同学说："读书！""教书！"

我说："是的，我的爱好是读书，还有教书。我的学生非常喜欢听我的课，所以我非常喜欢给同学们上课！你们俩都猜对了，可我这上衣给谁呢？"

我脱下上衣，表现出很为难的样子。

女同学说："我不要，给他吧！"她指着那男生。

那男生说："我也不要，怕你着凉了。"

我说："那怎么行？我说话算数！"

他说："那你给我吧，然后我还你。"

我说："不行！上衣一套，说到做到。现在我们这个社会缺的就是诚信！我要用行动让你们见识一下，什么叫诚——信！"

同学们都半信半疑地看着我。

我对那男孩说："你上讲台来。"

他走上讲台，我把上衣往他身上一套，然后又把上衣取回来，说："好了，已经套过了，你下去吧！"

全班爆发出前所未有的笑声。

我说："笑什么笑？'上衣一套'，我不已经套了一次吗？"

大家继续笑。

我也笑了："呵呵，大家想想这问题出在什么地方？'上衣一套'，这个'套'，我理解的是动词，而你们理解的是量词。你们看，咱们中国的文字多么奇妙啊！"

又有一个男同学举手了："李老师，你像我姐姐的班主任。"

"你姐姐的班主任？男的，还是女的？"我问。

"女的。"

"嗯，你是说我像你姐姐的班主任一样漂亮？那就对了！"我说。

他说："我说我姐姐是女的，她的班主任是男的。"

全班同学又笑了。

他继续说："我姐姐的班主任也很爱学生。"

我问："你姐姐读哪个学校？"

"武侯实验中学。"

"啊，原来你姐姐就读于我所在的学校呀！她读哪个班呢？"

"初一（10）班。"

"哎呀，真是巧啊！"

另一个女生说："李老师，我爸爸妈妈也当老师，他们都读过你写的书，说写得很好，他们很感动。"

我一下子感动起来："你爸爸妈妈在哪所学校呢？"

她说："高新实验小学。"

"请代我谢谢你的爸爸妈妈！后天，我给你一本我的书，代我送给你爸爸妈妈，好吗？"

她说："好。"

时间已经过去很久了，我说："今天就交流到这里吧！"

可同学们不同意，还有很多同学举着手。

我只好又抽几位提问。

有同学问："李老师，你为什么那么幽默？"

我问："我幽默吗？我怎么不知道呢？哎呀，你们不知道，我这个人最大的缺点，就是不幽默啊！"

大家又笑了。

有一个男生问："李老师，你以前去过簇桥小学吗？"

"去过呀！怎么了？"

他说："我是簇桥小学毕业的。有一次我看到你来我们学校。"

我说："哦，你还记得呀！"

他又问："为什么有的校长很严肃呢？为什么好的校长都那么随和呢？"

我说："不能说严肃的校长就不好，这可能和每个人的性格有关吧！我就是这性格，喜欢孩子。其实，严肃也好，随和也好，只要真诚就好。关键是，不要装！大家说，是不是？"

同学们都点头称是。

有一个同学说："李老师，我注意到一个细节，就是你和每一个同学说话时，都用'您'来称呼同学，你为什么叫每一位同学都用'您'呢？"

"啊？这我还真没想到，我都没意识到我叫同学们时称呼'您'。"我真诚地说，"只能说是习惯吧！"

有女同学问："李老师，你这么喜欢学生，喜欢教育，那你的乐趣是什么呢？"

我说："我的学生爱我啊，我的学生喜欢我啊，我的学生对我好啊！上周在南京，我见到一位 30 年前毕业的学生，我们 30 年来一直没见过面，也基本没联系，但那天我在南京作报告，他走进了会场，听我讲他们那个班的故事，听着听着，他泪流满面。报告结束后，他走上来与我紧紧拥抱。他说，他第一眼见到我就想哭，不知什么原因。那一刻，我很幸福！"

同学们被感动了。

举手的同学依然很多，但天色已黑。我不得不硬着心肠说："今天就到这里了。以后还有机会的。同学们可关注我的博客，用百度搜索'李镇西新浪博客'就可以了。"

同学们都希望我以后多给他们上课。我说如果时间允许，我非常乐意。

班主任说："大家不是想和李老师合影吗？快围着李老师呀！"

孩子们呼啦啦地跑上来把我围得水泄不通。我立刻被欢乐淹没了……

2014 年 12 月 8 日

百感交集的
聚会

今天中午，成都市玉林中学初 98 届（5）班的十多位学生约我小聚。

这个班很特殊很特殊，因为我当初刚送走高 95 届（1）班又回到初一担任两个班的班主任，一个班由全年级成绩最好的学生组成，是所谓的"尖子班"，另一个班则集中了全年级最令人头疼的孩子——今天聚会的学生，就是这个班的孩子。

所谓"孩子"那是当年，今天站在我面前的学生，都是大人了。这个班的学生出生于 1982 年或 1983 年的比较多。今天见了面，好几位我都认不出来了。但他们都认得我，见了我很高兴。无论是当年文静的小姑娘沈蜀娥，还是当年调皮得不得了的吴桢，今天都让我感到特别亲切。当年的小男孩、小女孩，如今都是大人了。看着他们，我不禁说："我在外面讲学，经常说，只要是我教的学生，长大后男生个个英俊，女生个个漂亮！"

应该说当年我在这个班倾注了太多的心血。想想，要对付那么多的捣蛋大王，我得花多少功夫啊！但今天我落座的第一句话，便是对挨着我坐的马筱晓说："我要向马筱晓道歉！因为当年我错批评过你！"马筱晓是个很活泼的女孩子，当年也很调皮，没少挨我的批评。但有一次我却冤枉她了，具体细节我记不得了。我曾让马晓筱回忆一下写给我，但她没有写。估计她没往心上记。今天，马筱晓听了我的话，说："哪里哪里！没有没有！"我多次说过，学生的胸襟总是比我们教师宽阔。他们总是记住我们的好，而把我们的不好忘得干干净净。

饭桌上，我给他们讲了很多很多当年的故事。这些故事，他们是亲历者，但却不知道"内幕"。我今天也没有完全揭秘。但我的讲述，勾起了他们的回忆。他们听得特别专注，特别认真。戴实说："我们又回到了当年的课堂上！"

张宇航也是当年让我操心的孩子，但今天他说："我们当年读书的确不行，但李老师教会了我们做人。这么多年过去了，我们班的同学没有一个成为罪人而被关进去。"我说："我现在想得最多的是我的教训，尽管教你们时我不再动手打学生了，但有时候你们太让我生气了，我抓住你们的胳膊时还是要忍不住使劲捏。"吴桢说："是的，你就捏过我，把我的手捏得好疼！"大家笑了起来。

戴实说："什么时候聚会找个大的房间，就让李老师给我们上一堂课，哪怕是像当年一样给我们读读小说也行。"

吃饭中，张凌打来电话致歉，说因为特殊情况来不了。他说他很想见见我："李老师，您是我最后一任老师！我离开您后就再没读书。我下次一定专程去看您！"这个张凌，当年在班上也如猴子一般调皮，成绩也不好，经常被我骂，后来中途转学，去沈阳学足球。走的时候，我们为他开欢送会，他泪流满面。再后来，他以足球运动员的身份去了日本，一待就是十年。前几年回来还给我打电话，说很想我。

当年这个班并不是个个都"差"，也有不错的，但集中了全年级最"差"的学生，这是公认的。因此这个班就成为全年级"差生"最多的班。然而，这个班的孩子和我感情很深。无数次我带着一群调皮捣蛋的孩子去公园玩，在野外斗鸡。

本来还想和孩子们多待一会，但中途我接到一个电话，我不得不提前离去。

分别的时候，吴桢说："李老师，到上海你一定要跟我说。"我问他："这次是到成都出差吗？"他说："不是，我就是专程为这次聚会回来的。"我太感动了，特意和他单独照了一张合影。

这群学生中，有两位是我的同行，一位是马筱晓，在成都泡桐树小学西区教书，兼做德育工作；一位是郑姝，她现在是成都十一中的英语老师，目前教高一。我对她俩说："我们都是同行，以后多联系。有机会我送你们几本我的书。"

郑姝说："李老师，听说你们学校的校训是'让人们因我的存在而感到幸福'呀，这话当年你也对我们说过的。"

我说："是的。"

写到这里，我突然感到后悔，因为走得匆忙，都没有和马晓筱、郑姝合个影。我们三个老师合影，多有意义啊！

2013 年 11 月 16 日

以耿梅为镜

今天早晨我离开乐山驱车回成都，一路上都在想着耿梅。昨天的聚会，让我最最开心的，就是见到了从广州赶回来的耿梅。耿梅已经不仅仅是我教过的一个学生的名字，而且成为我记忆里的一个标志，标志着我犯过的错误。

1984 年 7 月 2 日，是同学们毕业离校的前一天。师生相处了三年，毕业时自然难舍难分。不少同学一到学校就给我送来了礼物——有自己的照片，有钢笔、影集，等等。我对同学们说："谢谢同学们！但是，对我来说，最好的礼物，是你们提的意见。同学们，在和你们一起度过的日子里，我做了一些我应该做的工作，也犯了不少错误，有的错误可能我至今都还不知道。真对不起大家！同学们就要毕业了，我们这个班就要解散了，你们也就要离开学校了，但我却还要继续在这个学校工作，下学期又要结识一批新的学生。因此我请每一位同学给我写一封信，作为留给我的礼物。"

学生们没有思想准备，都很惊讶。我接着解释说："这封信只要求写一个内容——对李老师的意见。平时的作文中，你们说李老师的好话已经很多很多，所以在这封信里面就不要再说任何表扬的话，专门给我提意见就可以了，帮助李老师总结教训，更好地教育以后的学生们。反正现在你们已经毕业了，就不要有什么顾虑，哪怕写得不那么准确，也不要紧。只要是真诚的，李老师都非常欢迎，也非常感谢！"

第二天，也就是 1984 年 7 月 3 日举行毕业典礼那天，同学们把他们写的信都交上来了。我看了之后，被孩子们的真诚感动了。其中有几封信直率而尖锐，直刺我的内心。我决定在班上公开读读这几封信，以此向同学们表达歉意和谢意，也算是给同学们最后的讲话。

我读的第一封信就是耿梅写的——

敬爱的李老师：您好！

三年来，您在我们身上花费了不少心血，同学、老师、家长都看见了。我们深深地感谢您！您工作负责，大胆，富有创新精神，把我们未来班搞得生机勃勃。我们深深地感谢您！

在这即将分别之际，您诚恳地叫我们给您提提意见，好吧，如提的不对，请李老师原谅。

第一，我发现您对中等生关心不够。比如某某某同学（注：耿梅原文写了真名，我这里略去），她明明有不少缺点，您却很少找她摆谈，这使某某某同学产生了以难为难的情绪。其实您发现了这些同学的缺点，就最好找他们个别谈一下，时间不论长短，这些同学会感动的。

第二，您有时批评同学语言很尖刻。李老师，您还记得吗，一年级时，有次我违反纪律惹您生气，您不但请来了我的家长，而且当着我的面在全班同学面前说我"脸皮厚"……当时我不服气地小声争辩了几句，您便更加严厉地叫我站起来，并列数了我"脸皮厚"的六个标志，同学们都盯着我，我羞愧极了，但咬着牙硬是没哭！当然，也许您是对的，但您知道吗，您已经刺伤了一颗幼小的心。

……

读到这里，我非常内疚。

其实耿梅和我还有些渊源，或者说有一些"特殊关系"。她的父亲和我的父亲在 60 年代是同事，都在乐山教育局工作。我的父亲去世很早，所以后来我只要见到父亲的同事，都有一种亲切感。当年我去耿梅家家访时，见到耿叔叔，就想起我的英年早逝的父亲。所以，应该说，我在潜意识里，对耿梅还是有些情不自禁的偏爱的。当年的耿梅是一个腼腆甚至有些害羞的小姑娘，成绩不算出类拔萃，但也不错，属于中上吧。她很关心集体，我记得她常常帮着班上的同学抄写黑板报。但就这么一个女孩，却因为一个很小的错误被我骂"脸皮厚"。

那一天做课间操时，耿梅没有认真做，而是一直在和同学议论着什么有趣的话题，又说又笑。我当即严厉地呵斥："耿梅！为什么不认真做操？兴奋个啥？"我的声音很大，引得周围其他班正在做操的同学都转过身来看着耿梅。她的脸一下就红了，但又表现出满不在乎的样子看着我，还笑，嘴里小声嘀咕着什么，好像是不服气地顶撞我，于是，我便更大声地骂道："错了还不接受批评吗？不要脸皮太厚！"一向文静柔顺的耿梅当时一下子火了，和我顶撞起来："你凭什么说我'脸皮太厚'嘛？"结果，回到班上后我当着全班同学叫她站起来，气急败坏地骂了她很久。我记得我说："我刚才说耿梅脸皮太厚，她不承认，好，我现在就跟她分析一下，让她明白她的脸皮到底厚不厚。别人都在认认真真做操，她却又说又笑，这是脸皮厚之一；我批评她，她不知道自己错了，这是脸皮厚之二；她不接受批评，也不改正，这是脸皮厚之三；老师批评她，她居然还好意思笑，这是脸皮厚之四；她一边笑还一边和我顶嘴，这是脸皮厚之五；而且到现在她还没有半点认错的意思，这是脸皮厚之六！"

30 多年后的此刻，我还为当年的行为悔恨不已。当初我为什么要用如此恶毒的语言挖苦耿梅？也许是我觉得她冒犯了我的尊严，我必须狠狠地"迎头痛击"；而我在捍卫自己尊严的同时，却严重伤害了学生的尊严。

当时，我真诚地对同学们说："是我错了，同学们！在这里我真诚地向耿梅同学道歉！"教室里很安静，同学们都认真地听着。

我继续读着一封又一封信——

"我觉得，您对同学们的了解还不够。"这是黄慧萍同学的信，"是的，您把我们当作您的朋友，把自己的理想和希望都寄托在我们身上，但是不管是希望还是理想，您都要在了解的基础上给予寄托，同学们才会真正受教育，这样您的理想和希望才会在不久的将来实现。"

"您的脾气有些急躁，"这是龚驰群的来信，"有时控制不住竟对我们大发雷霆，使我对您有些'害怕'，请您改正这个缺点，别让下学期的小同学也对您产生'恐惧'。"

"您应该多多注意保护您的身体，若不是什么特别要紧的工作就千万不要熬夜！"白敏同学的来信表达了对我的关心。

……

信读完之后，我再次向同学们表达了感谢。我说："毕业之际同学们留给我的这几十封信，就是留给我的几十面镜子，我可以从中看到自己的缺点。下学期也许我的工作会有改进，将来也许我会在教育事业中取得成绩，甚至像同学们所希望的那样成为优秀的老师，而这一切都是与你们的这几十封信分不开的！我永远感谢你们，亲爱的同学们！"

当天晚上，我写了一篇长长的日记，记录了同学们给我写信所提的意见。

后来，请学生通过书信给我提意见，成了我做班主任的一个"传统节目"。每一届学生都会给我写这样的信。每一封信的确都是一面镜子，30多年来，正是有了无数面这样的镜子，我才得以成长起来，成为受学生爱戴的老师。

我曾经对一些年轻老师说过："我的成长，就是不断把教育失误变成教育财富的过程。"当然，把教育失误变成教育财富，前提是我们能够诚实地对待自己的事业，严肃地对待自己每一天的工作，唯有这种真诚和严肃，能够让我们坦然地面对自己的失误——为了我们心爱的事业和学生，我们勇于解剖自己和否定自己，因为这能够使我们更加成熟，使我们的教育走向成功。泰戈尔有这样一句诗："真理之川从它的错误之沟渠中流过。"也正是从这个意义上说，每一次错误，对所有具备真诚反思精神的教育者来说，都是一个进步的台阶，我们沿着错误的台阶一步一步走向事业的成功。相反，那些敷衍地对待自己的工作并且被某些狭隘的功利思想束缚头脑的人，往往会拼命地掩饰错误，会给自己找许多"借口"和"理由"来原谅自己。对这样的人来说，每一次自我原谅都是新的错误，这个错误同时也是一个陷阱——他们即使可能从这次错误的陷阱中艰难地爬上来，但随时都可能掉进另一个错误的陷阱，而永远不能够走向教育的成功。

而一届又一届学生给我写的一封封提意见的信，就是一个个成长的"台阶"。

从这个意义上说，我真心感谢耿梅，感谢30多年来给我提意见的学生。后来，我把伤害耿梅自尊心的事作为教训写进了《做最好的老师》等著作中。

几天前得知在广州工作的耿梅要回来参加这次同学聚会，我特意带上了当年的日记。昨晚我给她看了这篇日记，她说她还记得这件事，但她更记得我去家访，我带他们去玩儿，我如何如何对他们好……我不禁感慨，学生的胸襟总是比老师宽阔！

今早在酒店退房时，我放了一本《做最好的老师》在总台，请酒店服务员转交给耿梅。然后我给耿梅打了一个电话："耿梅，我马上回成都了。我送一本书给你，放在酒店总台，你自己去取吧！记住翻开第67页，上面我提到了你。"

一个多小时后，车刚开到成都，我接到耿梅的手机短信："李老师，谢谢您！这次听说您要参加同学聚会，所以我兴奋地赶了回来，看看老师一切都好，还像 30 年前的李老师，真的好开心！老师，我到成都一定专程去拜访您。老师您保重！请代问万老师好！收拾好心情，一定好好拜读老师的专著。谢谢您！"

2014 年 1 月 29 日傍晚

又：刚才，在整理这本书稿的时候，手机响起了，拿起一看，是耿梅在我的一条微信后面的评论："有师如您，是我们今世的福分！"

2015 年 2 月 15 日晚补充

教育：
关注每一个人

——在苏霍姆林斯基教育思想研讨会上的演讲

尊敬的卡娅女士，尊敬的顾明远先生，尊敬的各位苏霍姆林斯基的追随者们：

大家上午好！

今天，我在这里向卡娅女士、顾老师，还有各位苏霍姆林斯基的追随者汇报我学习和实践苏霍姆林斯基教育思想的感受，心情激动，备感荣幸，同时又有些忐忑不安。原定今天的题目是"什么是'优秀的学生'？"，但刚才听了顾明远老师的演讲，受到启发，我把题目改为"教育：关注每一个人"。我觉得这个题目更合适些。

我们先来看看苏霍姆林斯基的教育理想是什么。让每一个从自己身边走出去的人，都拥有终生幸福的精神生活，这是苏霍姆林斯基的教育理想。在这里，我们可以看到，苏霍姆林斯基眼中的人，决不只是少数有可能成为科学家、艺术家等名人的天才少年，而更包括了未来只能成为普通劳动者的孩子。有人曾经质疑："苏霍姆林斯基为什么没有培养出同他一样赫赫有名的杰出人才?"进而怀疑苏霍姆林斯基教育思想的伟大。我认为,这种想法是偏颇的。

对比当今中国的教育实际,苏霍姆林斯基的"人学"有着强烈的现实针对性。如果我们只盯着学生是否获得了这样或那样的大奖,是否考上了清华北大,而忽略了我们培养了无数善良勤劳、富有智慧的普通劳动者,这是教育的悲哀!而当今中国的教育还没走出这个悲哀,或者说正在经历这样的悲哀。让我们看一组图片,看看在当今中国的校园里我们已经司空见惯的现象——

(我用PPT展示出一张张高考"捷报""喜讯"的照片,高考佼佼者佩戴大红花的照片,还有教室里墙上的各种励志的口号:"只要学不死,就往死里学""不学习,何以养活你众多的女人""提高一分,干掉千人""十年磨剑,梦想驻清华;六月试锋,腾飞在北大!"……)

当这几位考上清华北大的学生的照片被学校大张旗鼓地张贴出来"庆贺"的时候,更多的孩子有一种被冷落甚至被羞辱的感觉。你把这少数几个高考成功者作为你学校的教育成果,你让更多的没考上大学的孩子情何以堪?我们现在的教育就是这么势利!尤其是在一些学校的校庆活动中,这种"势利"得以淋漓尽致地展示,这个局长那个厅长,这个老总那个大款——被请上主席台前排就座,被显赫地宣传,好像他们才是学校的"优秀校友",而绝大多数普通的毕业生则被忽略了。你让学生怎么看母校?可怕的还不是这些现象的存在,而是大家都觉得这样做是正常的,这才是真正可怕的!

(继续展示图片)看,这就是被励志的学生,这么疯狂。他们正怀着"提高一分，干掉千人"的"壮志"冲刺高考呢！而被"干掉"的"千人"是谁呢？不就是自己的同学吗？不就是自己的同龄人吗？我们现在的教育不是培养爱，而是培养恨。这样怀着恨的学生就算是考上了大学又怎样呢？你们看，这孩子不是很阳光吗？但后来考上大学却成了震惊全国的杀人犯，他叫"马加爵"；再看这个孩子，这么秀气文静，可考上大学后也成了杀人犯，他是"药家鑫"。也许有人会说我以偏概全，因为大学生中的杀人者毕竟是个别。是的，杀人的大学生是个别，但冷漠、自私、麻木不仁、极端的个人主义、精致的利己主义……却绝对不只是个别。

去年合肥有校长通过肖苏教授跟我联系，想到我校来参观学习，我直言——而不是婉言——谢绝了。我说去年 12 月 16 日我在《中国教育报》上专门发表过一篇文章，主题是"武侯实验中学谢绝参观"。原因有二：一是我们学校创办时间不长，远没有达到可以让别人来"参观学习"的程度；二是我不希望学校今天一拨参观，明天一拨学习，我希望学校能够安宁，能够朴素，保持学校清净的环境。不过，现在我可以通过图片给大家展示我们学校。

（一边展示图片一边讲）一进大门，可以看到大门口一块大石头，上面写着："实验大师思想，践行平民教育。"所谓"大师"就是陶行知和苏霍姆林斯基。而"践行平民教育"，是因为我校地处城郊，80% 的孩子是当地失地农民的孩子和进城务工人员的孩子，这些孩子是一些势利的学校不愿收的，但我们的老师却陪伴着他们成长。就凭这一点，我们学校的老师就了不起。在我们的校园里，没有标语口号，教学楼上有一行醒目的红字："让人们因我的存在而感到幸福"。

这是我们的校训。我们的校园，没有校长的介绍和图片，没有领导的题词，没有校长陪领导视察的照片，没有诸如"再创新高"的捷报，没有什么"国家级课题"或"实验基地"的牌子……有的只是展示普通孩子校园笑容和普通老师讲台身影的图片或文字。我们的校园，有着葱茏的草木，还有参天大树。梅贻琦说，大学不只是有大楼，而要有大师。我说，一个学校，既要有大楼，更要有大师，还要有大树。若干年后，学生对母校的怀念，可能就是对一棵老槐树的怀念，或对一棵银杏树的怀念。

你们看，我们学校每一个角落都很美。这张照片上，从这个普通的小孔看出去，不正是一幅立体的画吗？你们看看楼梯的转角处，不也是一幅美景吗？一个教育者，应该有着感受美的情怀，能够从最普通的地方，发现美，感受美，欣赏美。这是雾中的校园，朦朦胧胧，也很美。这是夜色下的校园。这是春天的校园。这是秋天的校园，黄叶满地，多美！

最美的风景是人，人最美的风景是读书的场景。你们看，这是我校的开放式书吧，一百多米长，这些书都放置在公共区域，孩子们随时都可以拿来读。你们看，这就是孩子们读书的场景，多美。

这是我们的课堂，这是我们的老师。这幅照片我要说说，一个中午，朱青老师把几个孩子叫到教室外过道上辅导，或蹲或坐，师生之间构成了一幅最美的画。当时我碰巧经过，便用我的长焦镜抓拍下来了。我拍照一般都是抓拍，很少摆拍的。这是我校化学组的老师在草坪上搞教研活动。这是我们的老师在郊外玩儿的照片，大家看，我们学校的小伙子多帅，我们学校的女教师多美！

这是孩子们在文艺演出，大家看，这些孩子在我们的教育下，那么优雅，那么文雅，那么高雅！这是我们的运动会，孩子们生龙活虎。在我们学校，倡导对每一个劳动者的尊重，比如对这位食堂师傅，这位保洁工人。这是我们的升旗仪式，师生一样的认真而庄严。

这是一组前天的照片，我校为十月份过生日的老师举行生日活动，吹蜡烛，切蛋糕，还做各种游戏。这是一对新人举行婚礼，新郎新娘都是我校的老师。这是我校老师的读书活动，每人带一本书互相推荐交流。

这是校园里天真烂漫的孩子，这张照片也是我在操场为孩子们拍的。那天孩子们在操场上奔跑，我跑到他们前面仰面躺下，然后抬起头"啪啪啪"地拍了几张。这张照片我最满意，我将其放大了挂在我校教学楼的一面墙上。我要让每一个走进我校的人，都被孩子们这青春的激情所感染。

我刚才说了，我校的墙面没有标语口号，也没有领导人的照片，那么我校墙上贴的是什么呢？是我们老师和同学的照片。你们看，这是我为我校老师抓拍的课堂照片，老师那精彩的一瞬被我用长焦镜捕捉下来，定格成永恒。大家看，老师们上课时的表情和姿态多传神！还有上课的孩子，多专注，多投入，多可爱！他们是我们学校最美的风景，这就是我们的校园。

我们的校园，就是突出普通的人，普通的老师和学生，而不是把眼光只盯着那少数天才孩子。每个学校都会有几个天赋很高的孩子，今后他们也可能成为名人，但教育不能只为他们。

最近我写了一篇文章，题目叫"贪官是哪个学校培养的"。为什么会写这篇文章呢？因为我有感于辽宁省政协副主席陈铁新落马时，媒体在介绍其简历时，居然从他读的小学和中学说起。我当时的第一反应就是，陈铁新的母校倒霉了！其实客观地说，陈铁新成为贪官和其母校并没有必然的联系。我这样写道——

　　一个学校成千上万的毕业生，形形色色，什么人都有，出一两个败类，不能算异常；再者，一个人终究是会变的，尤其是社会这个大染缸，或同流合污，或出淤泥而不染，更多的时候是个人的选择，而不能把什么都株连到母校。所以，我们当然不能简单地认为，是贪官读过的学校培养了贪官。

　　但问题是，如果陈铁新没落马呢？许多学生都曾经被母校要求呼喊"今天我因学校而荣，明天学校因我而荣"的口号，现在看来这真是讽刺啊，上述陈铁新的母校如今肯定是不会因陈铁新而"荣"的。但是，在此之前，这些母校肯定是曾经因他而"荣"过的。在学校的校史陈列室，担任过"中共丹东市委副书记、市人民政府市长""中共朝阳市委书记""辽宁省政协副主席"等官职的陈铁新或许因此而作为"杰出校友"被宣传，母校甚至可能会跟来访者骄傲地说："陈铁新就是我们学校培养的！"

　　贪官不是任何一所学校培养的。陈铁新堕落为贪官，其母校完全不必自责和自卑，应以平常心待之。学校对每一个学生尽到自己应尽的教育责任就完全可以问心无愧。无论学生日后有着怎样的发展——或显赫或暗淡，或伟大或平凡，或高尚或卑劣，或英雄或罪犯……学校和老师都应该保持从容的气度与平和的心态，学校应该有自己的风骨与尊严！如果学生发达了便趋炎附势，倒霉了便唯恐避之不及，这么势利的母校，学生——包括成了贪官的学生——也会在心里看不起的。

回到这个朴素的问题：什么是"优秀的学生"？

我想到刚才卡娅演讲时的一句话，这句话让我怦然心动，便赶紧加进了我演讲的PPT。这句话是这样说的："我们的国家、我们的人民正经历着复杂的过程，但我们的教育者正在把我们的孩子培养成有用的人。所谓'有用'，就是把这些人培养成善良、有人性的人，有这些特质的人，是人类进步的条件。"

在我的教书历程中，我的确注重对学生善良的培养。这里我展示一篇文章。这篇文章是我十多年前教的毕业生写的，题目叫作"善良：李老师对我最大的影响"，文章片段——

……现在回忆起来，那段时光是我人生中非常宝贵的经历。是李老师改变了我，告诉我，也告诉大家，"让人们因我的存在而感到幸福"，是李老师告诉大家，让我们的心中充满爱与关怀，孝敬爹娘，爱护弟妹，关爱他人，乐于奉献……

在我的记忆中，初2000届（3）班就是一个家，同学们就是这个家的孩子，李老师就是这个家的父亲，在这里，没有冷漠，没有孤独，没有自私自利，没有勾心斗角，处处充满了帮助，充满了温馨，充满了真心的祝福和鼓励，充满了团结和友爱，大家同甘共苦，共同进步……

李老师总是希望我们都能够阳光而快乐地成长，他也常常带我们出去郊游，每次郊游，他总是像一个大孩子一样坐在我们中间，女生们把花环戴在他头上，男生们跟他摔跤、扳手劲……在认识李老师之前，我只有在电视上看过这样欢乐的场景，从来没有想象过，还有这么融洽而没有距离的师生关系居然会出现在我的生活中！

我不知道怎样写才能最真切地诉说那段诗一般美丽的日子。十年来，那段日子常常在我脑海中浮现，我甚至有时做梦都梦到以前李老师给我们上课，和我们一起参加活动，带我们出去郊游，教育我们好好做人……一直以来，我都以作为李老师的一名学生而感到自豪，甚至后来我还一度质疑自己从事科研工作是否真正有意义，因为我一直认为，做科研所发表的论文和承担的项目比起李老师对人的成长关怀来讲显得太微不足道了。

李老师教育我的东西，时时刻刻在我的脑海中，提醒着我怎么做人。我留在父母身边学习和工作，怕他们年纪大了孤单，常常回家给他们按摩，陪他们聊天；我把自己很少的补助寄给在外地读书的弟弟，希望他能吃好点；我像过去一样给班上学习后进的同学讲作业，复习考试……

孝敬爹娘，爱护弟妹，尊敬师长，友爱同学，让人们因我的存在而感到幸福，这是李老师十年来给我留下的最最宝贵的精神财富。

读着这样的文字，作为老师我无法不感动。这孩子质疑他从事的科研工作是否有意义，他写这篇文章的时候在做什么呢？他是一名工科博士，在做研究。一个工科博士的研究怎么能说"没意义"呢？但他是以此来表达对我的崇敬。我要说，他能够成为工科博士和我关系不大，我又没教他物理，他天赋那么高，和他父母的遗传基因有关，和我的教育没多大关系。但是他对善良的保持，却和我的教育有关。

前不久我写文章说，天才学生到哪里都是天才。其天赋和学校教育关系不大——郭沫若不进乐山一中，而进了眉山一中，一样会成为文化大家的；钱学森就读的不是北师大附中，而是南师大附中，一样会成为科学巨匠的。教师对于天才孩子的意义，在于为其人生导航，教会其做人——善良，正直，勤奋！

要培养孩子的善良，尤其要培养孩子一颗柔软、敏锐而细腻的心。苏霍姆林斯基在《给教师的一百条建议》中写道："我总是认为，一个最重要的教育任务就是要教儿童用心灵去认识世界，用心灵去了解别人——不仅是亲友，而且是生活道路上遇到的任何同胞——的处境。把小孩教得会感觉出他所遇到的人内心沉重、有某种悲痛，这是一种最细致的教育本领。"他还说："一个人可以不通过语言就理解别人，能感觉到别人内心最细微的活动。"

苏霍姆林斯基不但这样说，还这样做。他曾经带一年级的孩子在学校的花园里，从暗处观察从旁边经过的女庄员们，教导孩子们观察妇女们的眼睛，学会感觉和了解她们每个人内心的情况——是晴朗的平静还是乌云般的苦恼。苏霍姆林斯基和孩子们看到了一个年轻母亲脸上的幸福，看到了一个妇女每天采摘路旁野花时的快乐，看到了两位每天都拿泉水当镜子照，整理发型，欣赏自己美丽的姑娘；还看到了一位在战争中失去丈夫和两个儿子的老妈妈的悲伤……"儿童的情感修养就是这样培养起来的。能用心灵感觉出别人情绪的儿童就会关怀人。"苏霍姆林斯基这样总结道。

这才是真正富有人性的人！如此细腻的教育，才是真正的教育。再看今天我们的教育，是何等的粗糙，何等的坚硬！我们的学生有这样细腻的心灵和柔软的心肠吗？我们的教育，一切都让位于应试，因为分数才是"硬道理"！

什么是我心目中"最优秀的学生"？上个月，我教的第一个毕业班"未来班"举行了毕业30周年聚会。在聚会上，我说：从教30多年来，一批又一批学生毕业后来看我，我从来不主动问学生是做什么的。"也许你们的职业不同，收入不同，或者从世俗的眼光看，你们之间的所谓'社会地位'也有所不同，也许有的是局长或其他什么长，有的是普通劳动者，但我不想想知道这些，因为在我的心目中，只要你善良、正直、勤劳，你就是我最优秀也最令我自豪的学生！"

（展示聚会照片）这个男生，现在是成都市59路公交车的驾驶员，再普通不过的一位普通劳动者，但是他服务态度好，受乘客欢迎。有一次他开到终点站，发现一位乘客坐过了站，便让他转乘另一辆车返回，结果这乘客说："不，我等你重新发车，我就想坐你驾驶的车！"能够让乘客如此留恋的公交车司机，就是我最优秀的学生！

这位当年的男孩，现在被人称作"局长"，因为他现在是公安局局长。我现在提起他，不是因为他是局长，而是因为他坚守着善良。这是他在聚会上发言，他说："李老师对我最大的影响，就是教我做人。几十年来，无论我做什么，我始终守住做人的底线，善良，正直，勤奋！这不是客气话，我真的很感谢李老师！"

这个孩子当年是我班上唯一的农村孩子，也是唯一的住校男生，家里离学校30多里地。有一次我们得知他不想读书了，想辍学，一问原因，原来他父亲刚刚因病去世，他想回家种地，担当起一个男子汉的责任，其实他当时也就十四五岁。同学们知道了，决定帮他。在一次班会课上，我们背着他开始讨论如何帮助他。有同学说："为他买一个闹钟吧！他家里没有钟，有一次星期一早晨他估计着时间从家里出发，走到学校时，大门都还没开，因为天都还没亮。"还有同学说："还应该给他买一个开水瓶。他平时住校经常喝自来水。"就这样，同学们纷纷捐款，你一毛他两毛，最后给他买了闹钟和开水瓶，还买了许多学习用品，最后还剩几十元钱，当时的几十元钱相当于现在几千元啊！于是，在一个周末，我带着十多个孩子步行到了他的村子。当时我们远远地看见他在地里干活，我们便悄悄地走到他的身后，在田埂上站成一排，一起呼出他的名字。他转过身来，一下便流泪了。后来他没有辍学。这是他今年参加聚会的照片。他说他中学毕业后到处打工，在工地修过房子，开过推土机，在肉联厂割过肉，干过很多活儿，其中有五年还在乡村初中当代课老师，而且还当得很好，创造了学校的教学佳绩，他说当年李老师是怎么教他们的，他就怎么教学生。但后来因为不能转正，只好离开了学校。一路走来，每到一地，他说自己都很受欢迎，因为自己坚守着善良。现在他是一家企业的总经理。他说："我这一生最幸运的，就是做了李老师的学生，做了未来班的学生！我最大的愿望，就是来世再做李老师的学生，做未来班的学生！"

这个女生高考落榜，后来当了警察，现在是一名非常优秀的女警察。这样的学生不也很优秀吗？

这个男孩，小时候学习成绩很好，但有点轻微的小儿麻痹后遗症，我特别呵护他。现在他已经是一位著名的西医骨科专家。他的优秀不仅仅是医术高明，更在于医德高尚，不收病人红包，关键是他退患者的红包时又不伤患者的自尊。这些学生，无论从事什么职业，因为善良，都是我最优秀的学生！

什么是我心目中"最优秀的学生"？这里，请允许我插播一个短片，这个短片是我校去年为建校十周年拍的，目的是介绍我校的教育。片子不长，就十来分钟，请大家看看。

（我开始播放。片名为"让人们因我的存在而感到幸福"。片子没有高调的理念和华丽的场面，而是讲了我校王颖老师帮助转化一位后进生的故事，朴素而感人。片子结束时，全场响起了热烈的掌声。）

补充说明一下，刚才大家看到的我校校门前的校名是谁写的呢？最开始有老师建议由校长题写，我说我不是最合适的人；又有老师建议请一位文化名人题写，当然也可以，比如我可以请流沙河先生题写，但我说，应该请我们学校的孩子写。于是我们在全校孩子中征集"成都市武侯实验中学"几个字。最后初一（5）班的程文迪同学写的校名被选中了。当时我和程文迪同学在校门口站在她题写的校名前合影，我对她说："等你80岁的时候，你可以牵着你的孙子到这里来，指着校名说，这是奶奶当年在这里读书时写的。"我就是希望普通的人也能够载入我校的史册。

这部片子没有校长的介绍，没有领导"亲切关怀"的展示，没有学校占地多少亩，有多少教职工，等等，这些都没提，这些也不重要，重要的是这片子表达了我们的办学精髓，就是对人的关注，这个人，既是老师，也是学生。这部片子中的王颖和孩子都是我校的，是真人演真事，只不过因为只有十分钟，我们不得不把转化的过程大大简化了。但我们的老师每天都在和后进生打交道，故事比片子中的要复杂得多。最初片子中还有一个板块叫"领导关怀"，用领导视察校园的图片来展示。我说不用，宣传学校就应该突出普通的教师和孩子。就这样朴素清爽，挺好的。

什么是我心目中"最优秀的学生"呢？我心目中最优秀的学生，善良，正直，勤劳，睿智……是大树就顶天立地，是小草也茁壮成长，他能够成为最好的自己。这样的学生，每一步脚印都很坚实，每一个日子都很充实，每一份工作都很敬业，每一枚铜板都很干净，也就是说，他挣的每一分钱都是自己的合法劳动所得！因此每天清晨醒来都很憧憬，每天晚上睡下都很香甜，永远不用担心第二天会被双规。他的亲人、朋友、同事以及他所遇到的所有人，都因他的存在而感到幸福，他自己也因此而获得幸福！这就是我心目中最优秀的学生。

我们学校没有标语口号，但在我们教学大楼前的台阶上，镌刻着一篇短文，题目是"我也有一个梦想"，这是我十年前写的，但没署名。我不署名，是因为我想让这篇文章成为我校老师共同的心声。其中谈到我期待的学生时，有这样的段落，我在这里读一下——

　　如果他们是科学家，他们会像邓稼先、袁隆平一样为中华民族的强盛和富裕竭尽自己的才华；如果他们是文学家，他们会以中国人民的欢欣和苦难作为自己创作的源泉，进而写出反映我们这个时代的真实的史诗；如果他们是国家公务员，他们决不会以权谋私大搞腐败，而是时刻牵挂民间疾苦，把每一位劳动者都当作自己的亲人；如果他们是普通的商店服务员，他们会以自己的真诚善良和周到的服务，让每一个顾客感到春风扑面……

　　更重要的是，我希望从我身边走出去的每一个学生都是独一无二的最好的自己。在明丽的蓝天下，每个人都是一棵生机勃勃的树。我们生活的世界本身像一片森林，其中有的人是乔木，有的人是灌木；有的人是参天的白杨，有的人是婆娑的杨柳。我每一个学生将来所从事的职业肯定各不相同，但有一点我希望相同，他们都是自己所在行业的佼佼者。问题不在于做什么，而在于要成为最好的。

　　也许不是最美丽的，但可以最可爱；也许不是最聪明的，但可以最勤奋；也许不会最富有，但可以最充实；也许不会最顺利，但可以最乐观……因此，若是一名工人，就要当技术最出色的工人；若是一名营业员，就要当服务质量最佳的营业员；若是一名医生，就要当医术最高明的医生；若是一名教师，就要当最负责的教师；甚至哪怕只是在街头摆了一个小摊经营杂货，也要当最受顾客赞道的劳动者。也许不能成名成家，不能名垂青史，但可以成为同行业中千千万万普通人里最好的那一个！

最后，我想以苏霍姆林斯基的一段忠告，结束我的演讲——

请记住，远不是你所有的学生都会成为工程师、医生、科学家和艺术家，可是所有的人都要成为父亲和母亲、丈夫和妻子。假如学校按照重要程度提出一项教育任务的话，那么放在首位的是培养人，培养丈夫、妻子、母亲、父亲，而放在第二位的，才是培养未来的工程师或医生。

谢谢大家！

2014 年 11 月 1 日

谁是我
"最优秀"的学生？

这个问题源于一次记者对我的电话采访："李老师，怎样的学生才能算您最优秀的学生？"当时我没正面回答，而是说："这个答案不言而喻吧？——德智体全面发展呀！"我这不是敷衍应付，因为"德智体全面发展"难道还不优秀吗？但显然也没认真回答。因为我想，如果我说出自己的真实想法，他不一定相信。

我的真实想法是什么呢？

在今年我的第一个毕业班——乐山一中未来班毕业 30 周年聚会上，我说了这样一段话："从教 30 多年来，一批又一批学生毕业后来看我，我从来不主动问学生是做什么的。也许你们的职业不同，收入不同，或者从世俗的眼光看，你们之间的所谓'社会地位'也有所不同，也许有的是局长或其他什么长，有的是普通劳动者，但我不想知道这些，因为在我的心目中，只要你善良、正直、勤劳，你就是我最优秀也最令我的自豪的学生！"

事后有学生给我写信说，她当时听到这话很感动，眼眶都湿了。

在一些记者、教师和学生家长心目中，考上清华北大的孩子是最优秀的学生，成为科学家、艺术家的孩子是最优秀的学生，当上总裁或局长、厅长的孩子是最优秀的学生……如果你跟他说，最善良的孩子才是最优秀的学生，他可能不但不会相信，还以为你矫情，或者以为你培养不出"精英"，便自己给自己台阶下。

不要以为我把别人想得很功利。我们的教育，不，首先是我们的时代早就功利得让我目瞪口呆了——以成败论英雄，以成绩论教育，这已经不是潜规则而是明规则了。衡量一个孩子是否优秀的标准，早已不是什么"德智体全面发展"了（当然，这依然写在各种文件中），而是出类拔萃的考分和名牌大学的通知书；评价一个人是否成功的尺度，也早已不是什么善良、正直、诚信、勤劳，而是看他是不是成了"家"成了"长"。你看大家都是这么个观念，我却在那里说什么"善良"云云，真是太苍白啦！

不是我的学生中从没有所谓的"出类拔萃"者，相反，按世俗的标准，从教30多年来，我送毕业的学生中，后来成为各行各业佼佼者的人还为数不少呢！县委书记、公安局长，还有这个"长"那个"长"，真还不止个别。这且不多说。我学生中后来成为行业翘楚的更是不少。我是经常从媒体上看到有关这些学生的报道的。比如十多年前，许多报纸都在炒作一个大学在校女生，说她还没毕业，就因为学业优异、能力出众而被某国际跨国公司聘为该公司亚洲地区副总裁；又如也是十多年前，一位青年作曲家夺得国际大奖，据媒体说这是我国作曲家第一次荣获此殊荣；还有去年，也是媒体炒作了一阵某青年企业精英被派往北美担任高管的事……读者可能已经猜到了，这些新闻的主角都曾经是我的学生——注意，我说的是他们"曾经是我的学生",而没有说他们"是我培养的"。但当时这些新闻被炒作时,记者都来采访我,问我的感受,我的回答很是让记者们扫兴:"和我没关系的!他本身天赋就很高,再加上人家的家庭教育非常好!他不过是在我的班上读过几年书而已。我对他影响实在不大。"但这话又被记者视为"越有成就的人越谦虚"。其实我说的是大实话,比如那个青年作曲家,我又没教他作曲,怎么是我"培养"的呢?至于我学生中后来成为博士、教授和博导的——听说还有正在申报院士的……这样的学术人才那就更多了。但我也不认为他们是我培养的,甚至"参与培养"都谈不上。天才到哪里都是天才——郭沫若不进乐山一中,而进了眉山一中,一样会成为文化大家的;钱学森就读的不是北师大附中,而是南师大附中,一样会成为科学巨匠的。

别说我偏激,事实就是这样。

当然,我刚才说我对这些学生"影响实在不大",就说明多少还是有点影响的,只是"不大"。什么影响呢?就是爱的感染,善的引领,童心的保持,做人的导向——这才是教育的根本。孩子的天赋和老师没关系,但人生的走向却和教育有直接的关系。我当然认为上面例子中那些学生是我最优秀的学生,但所谓"最优秀"首先不是因为他们是"业界英雄",而是因为他们保持着善良、宽容、正直、勤奋、诚信、谦逊、平等、向上等品质。我还想说的是,这些品质并不能说是我给他们的,或者说这些品质仅仅是我教育的结果,不不不,不是这样的。我在教他们的几年里,给过他们关于真善美的教育,但这种教育并不是往他们"空荡荡"的大脑中"外加"一些"美好的品质"——人之初,性本善,孩子的心灵是纯洁的,也是善良的,哪需要我给他们"灌输美德"呢？因此，我要做的更多是帮助学生保持善良，保持童心，并且随着年龄的增加，将这份善良在不同的领域呈现出来，将这颗童心在更高层次上展现出来。正如苏霍姆林斯基在《要相信孩子》一书中所指出的那样，我们的教育对象的心灵绝不是一块不毛之地，而是一片已经生长着美好思想道德萌芽的肥沃的田地，因此，教师的责任首先在于发现并扶正学生心灵土壤中的每一株幼苗，让它不断壮大，最后排挤掉自己缺点的杂草。

我认为，这就是教育。

任何一个班级，任何一个学校，天才孩子毕竟不多，日后能够成为栋梁之才的学生毕竟是少数，绝大多数的毕业生，将来是普通的劳动者。可是这些"大多数"，在一些学校的校史陈列馆里，在隆重的校庆典礼上，他们大多是不会被归入"杰出校友"之列的。但在我看来——我愿意再说一遍，只要善良、正直、勤劳，都是我们最优秀的学生！

在拙著《爱心与教育》中，我写到一个叫宁玮的学生，她是我高90届的学生，当年参加高考却差几分落榜，家住农村的她走上了打工的路。20多年来，她先后辗转全国各地，从餐馆端盘子做起，一直到后来自己开了一家小馆子。她每到一地，都以自己的善良受到周围人的尊敬和称赞，因而赢得信任与帮助。她的故事并不曲折，不过就是在一个个普通的日子在每一件事情上自然而然地展现出细微甚至琐碎的善良，但却感动了许多读者。后来，我多次把她作为最优秀的学生请到我的学校、我的班级，让她讲自己的故事，用爱传递爱。

还有一个叫伍建的学生，是我教的第一个班"未来班"的孩子。

当年在班上就学习成绩而言他并不优秀，但他纯朴、善良、勤劳，而且懂得感恩。因为父亲病逝，他曾经想过辍学回家干农活，但同学们给他捐款，鼓励他克服困难。在同学们的鼓励下，他留在了班上，并完成了学业。后来他没考上大学，但他人生的每一步都走得很正。这次聚会，他在回忆自己的 30 年的经历时说："我打过石头，在冷冻厂分割过猪肉，制过药，做过泥水匠、钢筋工，挑过灰浆……好像没有一个地方不欢迎我的，因为无论做什么，我始终坚守着善良、勤奋和认真。"让我感到特别亲切的是，他还当过五年乡村代课教师，而且凭着爱心和勤奋，他的教学成绩突出，和学生们结下了深厚的情谊。他说："那时的我，与自己的学生一起笑，一起哭，一起摸爬滚打，在峨眉山顶雪地里和学生一起喝酒，一个班就是一个整体了。为了自己的学生，我不惜与亏待我学生的老师翻脸！其实，我水平有多高呢？但我有爱，而爱让我认真，让我动脑筋去研究，去探索……我传承了李老师的教育方法，包括也给学生读《爱的教育》，还有李老师写的《青春期悄悄话——致中学生的 100 封信》。最后我成功了，所以收获了类似于我们给予李老师那样的尊重和爱戴！"

关于未来班，还有一件小事让我感动而又惭愧。30 周年聚会结束后，同学们商议着编印一本图文并茂的纪念册。这就涉及费用问题，主事者黄杰同学说每个同学平均分摊费用，我则提议，有能力的同学可以多捐一些，困难的同学可以少出甚至不出经费，我还带头表态捐一笔钱。但黄杰说了一段话："我和几位同学也谈到过捐助赞助的问题，但我们一致否定了这个想法，因为同学们都是平等的，我们不想在哪怕一件小事上，伤害了任何一个同学平等的尊严。"我当即承认我错了，我没想那么深。同时，我为我的学生保持了这么一份纯朴的善良而欣慰。

像宁玮和伍建，以及有着 25 年当兵经历的黄杰，并没有在媒体中"显赫"过，他们至今默默无闻，可这样的学生就是我最优秀的学生。1994 年 9 月 1 日，是我所教的高 95 届（1）班的黄金涛同学的17 岁生日，我在送他的一本书的扉页上写了一首诗。这首诗，代表了我对我"最优秀学生"的标准——

名字也许太普通，

人格永远不会平凡；

生活也许很清贫，

事业永远不会黯淡；

歌声也许会暂停，

旋律永远不会中断；

理想也许还遥远，

追求永远不会遗憾！

2014 年 10 月 11 日于大巴上